RED ARCHIVES 01

奥 浩平
青春の墓標

レッド・アーカイヴズ刊行会［編集］

社会評論社

■第1部

■第2部

第１部

青春の墓標

ある学生活動家の愛と死　　　　奥 浩平著

文藝春秋　1965年10月20日刊

イラスト出典：『青春の墓標』（文藝春秋刊）

■奥　浩平（おくこうへい）

一九四三年一〇月東京生まれ。目黒区立第六中学を経て一九五九年都立青山高校入学。二年生のとき安保闘争に参加、以後マルキストたらんと決意する。一九六三年横浜市大文理学部入学。七月、マルクス主義学生同盟中核派に加盟。戦闘的学生活動家として、原潜寄港反対、日韓交渉反対など広く闘争を続けた。一九六五年二月羽田で警官隊と衝突、警棒によって鼻硬骨を砕かれて入院。一九六五年三月六日服毒自殺。二一歳六ヵ月。

まえがきにかえて

奥　紳平

これは、奥浩平の遺稿を集めたものである

浩平は、去る三月六日夜、自宅の勉強部屋で一輪のピンクのカーネーションを握りしめ、夜具の上に俯せになって硬直していた。勉強机の上には、「資本論」第一巻、商品と価値の頁が読みさしのまま開かれていて、遺書はなかった。しかし、机の引出しから一〇〇錠入りのブロバリンの空瓶三個が発見された。検死官の推定によれば、午前十時前後に服毒、午後四時頃絶命した。

検死の際、係官を訝らせた四肢の紫斑は、安保以来五年に亘る学生デモにおいて、機動隊の警棒の乱打や軍靴まがいの靴先で蹴りつけられた傷痕であった。

浩平は、一九四三年十月九日東京に生れ、日黒区立第六中学校を経て、五九年四月都立青山高等学校に入学したが、六〇年六月十五日新安保条約批准に抗議する国会デモの最中に樺美智子が倒れたその翌日、都立青山高校、駒場高校、早稲田学院等の社研のメンバーが組織した安保阻止高校生会議のデモに加わって以来、マルキストたらんと決意し、その後は旧共産主義者同盟系の高校生会議と行動を共にし、六三年四月横浜市立大学に入学してからは、同年七月マルクス主義学生同盟・中核派に加盟、続いて翌年十二月革命的共産主義者同盟全国委員会に加盟することによって、終始戦闘的革命家としての道を歩んだのだった。

去る二月十七日の椎名訪韓阻止羽田闘争で、機動隊の装甲車を乗り越え、殴りつけられた警棒の一撃によって鼻硬骨を数個に砕かれて入院した。その死は、退院後一〇日目のことである。

二十一歳と六カ月の、熾烈な短い一生であった。


浩平には、父母の他に姉と私を含めて二人の兄があったが、複雑な事情もあって一年前から、父と二人で生活していた。

日頃から父には優しかったが、死の前夜は殊のほか心を尽して労り、明日は友だちが大勢集って酒を飲むことになっているから帰宅を遅らせてほしいと頼み、初め七時までと指定し、後に九時に変更した。

当日の朝は、食膳に向い合って父の声色を使ってみせるなどいく分か甘えたところもみせ、きっぱりとした元気な声で父を送り出した。

その後刻、近所の主婦は玄関先で靴を磨いているのを見かけて朝の挨拶を交したが、信じ難いほど快活であったというし、また、幼児をつれて散歩していた別の近隣者は、一輪のカーネーションを手にした浩平が、幼児を誘って戸口まで駆ッコをしたと告げている。

ピンクのカーネーションは謂れのある花で、明らかに父に宛てた筆舌に尽しえぬ謝罪の〝遺書〟であったが、なぜ死なねばならなかったのかという問いには答えてくれない。

そして、死者の唇が固く閉して語らない以上、可能な唯一の方法は生前に書き記したノートや書簡の類いを手がかりに、その生の死に至る道程を辿り、これに意味づけを試みる以外にない。そこで、当初はその生に深く係わりその死に関心せざるをえない人々のために、遺稿を纏めて簡易な形での複製を志したのだが、間もなくして朝日ジャーナル誌上で、井上光晴氏が挿話的に弟の死に触れたことから、「現代の眼」の学生問題特集号において福田善之氏によって、ある学生活動家の死として遺稿の一部が引用される所となり、故人と直接面識のない人々にも強い関心を抱かせる結果となった。そこで、あえてこうした形で公開することにしたものである。

遺稿集と呼ばれるものが一般にそうであるように、本来、不特定な多数の読者を予定せずに書かれた文章なので、詳細な解説を付けることが望しいのだが、他人の解説はつまるところ別個の虚妄を築きあるいは甚しい歪曲に終ると思われるので、多少とも参考になることについては、すべてあとがきに持ち越すことにする。

従ってここでは、唐突に登場する二人の女性について簡単に紹介しておこう。

第一章・高校時代の冒頭に収録した三通の大浦圭子の母に宛てた手紙は、その当時の赤裸な日々の記録である五冊のノートが、高校時代の親友であった村岡健への手紙と共に、卒業後焼却されているため、死後収集された数少ないこの時期の唯一の書簡である。

大浦圭子は、一九六〇年四月二日に自殺した目黒区立第六中学校の下級生で、その圭子の姉とは同級生であったが、直接の交友はほとんどなかったらしい。詳しくは判らないが、美術の特異な才能に恵まれた年令の割にはかなり早熟で多感な少女だったらしく、学年屈指の成績で中学を卒業し、都立の有名高校への入学を控えて電車に飛びこんだ。

当時の通俗週刊誌は、制止しようとした若い警察官も重傷を負ったことから興味本位に取扱い、新聞も肉体と精神との均衡を欠いた成長に対する親の無理解から起った事件だという評論家の論評を掲載したが、大浦圭子の死後幾度か訪れた浩平はクリスチャンであるその母親と対話し、多数の同年輩の人の中で最も深くその死を理解しているという印象を与えたということである。浩平は、その一年程前から誰に誘われたでもなく近くの教会に通うようになり、日曜日のミサには欠かさず出かけていたし、青山高校のキリスト教研究会のメンバーでもあったことから、巻頭の手紙が書かれたものらしい。遺稿出版のために提供されたのはこの四通だが、この外にもう一通キリスト教に対する痛烈な疑義を発した手紙が差出され、ある高名な牧師の手に渡り紛失して、ここに納めえなかった。

多少図式的になるが、安保を境にして〝キリスト教・大浦圭子の死〟から〝マルクシズム・樺美智子の死〟という変遷過程の重要な契機になったと思われるので収録したものである。

また、浪人時代が始まって間もなく、「今度の日曜にデイトしないか」という書き出しの手紙に発して極めて頻繁な文通を開始し、結局は自殺のライトモチーフとなる中原素子は、青山高校の同学年に在学した社会科学研究会のメンバーで、婦人問題に強い関心をもつ意識的な高校生であったが、浪人した浩平より一年先に早大法学部に進学し、黒田寛一氏の率いる革命的共産主義者同盟につながるマルクス主義学生同盟（後に中核派と革マル派に分裂）のシンパとして極めて積極的に活動していた。

二人の交流は共に青高を卒業した春に始まったのだが、その後のことはこの遺稿集の多くの部分を占めている手紙の中で明らかにされるので、これ以上の説明は不要であろう。

尚、☆印を付した註は編集者の加えたものである。

第一章　高校時代

一九六〇年四月～一九六二年三月

○大浦圭子の母への手紙
○論文
○高校時代の奥君について　安倍邦夫

大浦圭子の母への手紙　日付不明

因子様、直子様

お手紙大変有難うございました。あのようなお手紙をいただけるなどとは全く考えてもおりませんでしたので、嬉しく思っています。

お手紙には圭子さんの死が僕の幸福のために役立つなら圭子さんがどんなに喜ぶことでしょうと書いてございましたが、実はその通りでございます。僕は日増しに『圭子さんが僕の為に死んでくれたのだ』という気持を深めております。僕はお宅にうかがった帰り道で、果して圭子さんの自殺が正しいかを考えました。そしてそれは「正しい」という結論に達しました。世の中では自殺は悪いことだということになっておりますが、その理由は「生きているから死んではいけないのだ」ということであったり、過去に多くの人々が生きた証拠がありますし、現在も沢山の人々が未来に向って生きつづけているということが明らかであるから、死んではいけないのだということだと思います。しかし僕にはそんな理屈は納得出来ません。多くの人々の言うことが必ず正しいことだといって押しつけるやり方には納得出来ません。しかし、どこを探しても絶対的な不変の真理などというものは見つかりません。だからといってまた多くの人々が言うことを正しいことと決める訳にはいきません。僕は一切他を批判することをやめました。比較するからいけないのです。人が何と言っても僕達は必ずいつも個人として生きています。もっと本当に自分が正しいと考えることを実行すべきだと思います。

圭子さんの自殺を正しいと考えた時、僕はもっともっと以前に死んでいるべきだと思いました。もっと以前に死ぬべきだったのにこれまで生きてきたからには一刻も早く死ぬべきだと思いました。懸命に努力しましたが、結局死ねませんでした。全く自分にあきれました。本当は少しも死にたくないのだということも解りました。圭子さんが人間として最高なる者だとしたら、僕は最低よりもっと下の段階にいる人間だと思いました。死ぬべきだと思っていて死ねないのですからね。結局何も考えていないのだということでした。僕は全く呆然とするばかりでした。僕は考えました。生きてやろうと思いました。どれだけ努力して美しく生きられるか、どれだけ強く生きられるか試してみようと思いました。一切、人とくらべてみないで独自の道を歩もうと決心しました。人とくらべてみることは、この場合自分をいい加減にごまかすことですからね。この頃では、圭子さんの自殺が正しいなら、また僕の生き方も正しいのではないかと思うようになりました。しかし、固く決心しても自分だけの道を歩むことは全く困難です。いつの間にか努力をおこたっている自分を見つけます。しかしそのうちに努力を怠っている自分を見出してもそれに甘んじてしまうようになるのではないかと考えています。僕は手帳に圭子さんの写真を（雑誌から切り抜いたものです）貼って毎日何度か見て自分を励まそうと思っていますが、全く人生の苦しみのうちでこんな努力こそ一番苦しいものではないでしょうか。それは一生続くたたかいです。どうかもし御賛同を得ることが出来ますれば励まして下さい。又、僕はこの為に信仰の力を借りようと思っています。今年からプロテスタントの教会（ルーテル）に行っていますが、改めて信仰の値打を認識し信仰を深めたいと思っています。しかし信仰を持つことは難かしいことだとつくづく思います。僕にはキリスト教の表面の理念に合わないと思われるような小さな点ばかりが目についていて本当の神との出会いとか信仰の喜びとかいうものが理解できません。何故すべてのものを神がつくったと考えねばならないのかと、科学的な合理性が頭にちらついて、科学を超越した何者かに、じかに触れることがなかなか出来ません。どうかこれからいろいろとお教え下さい。よろしくおねがい致します。

興奮して乱暴な字で失礼ですが、お許し下さい。
さようなら

浩　平

大浦圭子の母への手紙　一九六〇年五月

お手紙大変有難うございました。二日の日にはいろいろおもてなしを下さり、いろいろ有益なお話を聞かせて下さいました上に、お手紙までいただき本当に有難うございました。

毎日圭子さんのことばかり考え続けております。お手紙に「犠牲」と言うことが書いてありましたが、僕も実はその通りのことを考えておりました。僕の間違いを気づかせる為に、神がお召しになったに違いないと思います。僕は熱心にキリストを探しています。僕は決心しました。牧師になります。僕は圭子さんの死を知って初めて自分の醜さを知りました。そして、美しく生きる為には、自殺するか、修道院に入るか、牧師になるか、その三つしか方法はないと思いました。自殺は出来ませんでした。修道院へ入るより前に何も知らずに苦しんでいる人に神を教えてやらねばならないと思いました。見ていて下さい。きつと立派な人間になって、圭子さんの死にどれほど大きな意味があったかということを証明します。

しかし、世の中で、僕程、弱い人間も少ないことでしょう。どんなに理論的にわかっていても自分を抑えることが出来ません。いつも「生かされている自分」を忘れて「生きていく自分」が暴走してしまいます。いつも神様の手を払いのけた後で「それでもやっぱり愛して下さる」ことを感じて泣きますが、それも束の間のことです。どうぞこの弱い僕を励まして下さい。

それから一つすばらしいおもいつきを提案致します。僕達の学校のキリスト教研究会ではすでに決めたのですが、毎日夜十時になったら聖書を読むのです。私達は毎日聖書を読むことにしておいてもなかなか実行出来ません。しかし他の人も同じようにしていると思えば自然張り合いも湧いてきます。如何でしょうか。五分でも十分でも毎日聖書を読むことはすばらしいことだと思います。

御健康、御幸福をお祈り致します。 さようなら

大浦圭子の母への手紙 七月一五日

大変ごぶさたして申し訳ございません。なんでもお話し下さいというお手紙、大変嬉しく拝見させていただきました。首を長くしてお待ち致しておりました圭子さんの写真を送っていただき、改めて見なおしてみましたところ、もう大分しなびていたあの感情がよみがえって胸が一杯です。本当に有難うございました。今までお手紙を出す時は、いつもお忙がしいのに御返事を下さったり、何か悪いような気がしておりましたが、今日のお手紙でこれからはまめに手紙を差し上げようと思いました。

土門拳の「筑豊のこどもたち」という写真集をごらんになりましたでしょうか。豊畑先生も圭子さんがあの写真集を見たらあるいは死ななかったかも知れないとおっしゃっていたのを御記憶でしょうか。実にあの写真集は僕に義憤を感じさせないではおきませんでした。それが実在するという気がなかなかしませんでした。そして、こんな馬鹿なことがあって良いのかと思いました。そしてそれに続いてすぐあのいまわしい安保闘争が大々的に繰り拡げられました。そこでも僕は「こんな馬鹿なことが公然と行

われて良いのか」とそればかりを考え続けていました。「筑豊のこどもたち」の中にこんな言葉が書かれていました。「寒い風が吹きおりてくるボタ山の斜面に手をこごらせて、ボタ拾いをしなければならない自分たちの生活に、不平も不満も疑問もいだいていないかのようだ」この文章は全く僕に決定的な一撃でした。

そして当然第二の疑問が湧いてきました。牧師になる？　自分は背広を着ていて筑豊のこどもたちに「きみたち、一日水一杯だけでも飲めるだけいいんですよ、神様に感謝しなさい」こんな馬鹿なことが言えましょうか。それが福音を述べ伝えることでしょうか。あの人たちにとって必要なのは神様ではなく白米なのではないでしょうか。この考えは、僕は、不信仰なのでしょうか。唯物的なのでしょうか。「むしろ敵を愛し、憎む者のために祈りなさい」、実にすばらしい言葉です。しかしこれは僕にとって、すばらしい言葉なのです。僕が他の人に言う言葉では決してないと思います。受ける言葉であって働きかける言葉ではないと思います。ああ、やっぱりこれは不信仰なんでしょう。僕達の牧師は「安保闘争に行くな、政局安定のために祈れ」といいます。祈れ？　祈れ？　祈っていたら政局が安定するでしょうか。「安定する。神様は私達の願いをことごとくきいてくれるではないか。それを疑うのは不信仰な証拠だ」。多くの牧師さんはこう言うでしょう。でも実際、筑豊のこどもたちに白米を与えるのと神様とどっちが大切か。神様よりこどもたちの方が……とうとうものすごい暴言を吐くことになったようです。物質がなくても幸福になれる。どんなに貧しくても神様さえ信ずることが出来れば。もうやめます。循環です。信仰の弱さの暴露です。しかし社会党議員の中にも共産党にも自民にも民社にもクリスチャンがいます。牧師さんとも良く話し合ってみるつもりです。

こんな調子では洗礼を受けることはできないでしょうか。僕は「二日」が日曜日である月があったらその日に洗礼を受けたいと思ったのですが、十月二日は丁度月曜日ですし、六カ月日です。この日に洗礼を受けたいと思うのですが。何か少しずつ神から離れてあのもとの「無意味な人間」になってしまうような気がします。

この頃は毎日が忙しくて非常に張り合いを感じています。連日第六回原水爆禁止世界大会と民主主義擁護高校生会議、また青山高校の社会主義研究会を設立する準備などに追われています。中学時代からの癖ですが、僕は忙しくないと勉強もしたくない、何もしたくないという変った人間です。明日も原水協の総会に出席する資金集めの街頭カンパを行います。

大分夜も更けてまいりましたので、今日はこの辺で失礼させていただきます。夏休みには是非お邪魔させていただきたいと思っております。圭子さんの絵がみたいのです。ではどうぞ御健康にお気をつけ下さい。二人のお嬢さん方にとって良いお母さんでありますように。さようなら

七月十五日　　　　　　浩　平

論　文　一九六〇年九月

マルキシズムとキリスト教
――ある二青年の会話から――

ＣＨＲＩＳＴＩＡＮ　今度の安保闘争での君たちの行動は、君達の理論が如何なるものであるかを極

く明確に教えてくれたと僕たちは思っている。君達は社会的な正義感の上にたち、資本家の冷酷無比な搾取の現実を実践的学問的に認識してこれを攻撃して、すべての労働者を解放し自由を得させるために闘い続けている。しかし君達の求めている自由と解放は単なる物質に他ならない。君達の闘いは動物の食物の奪い合いと何ら異らない。労働者に味方して資本家との食い物の奪い合いを激しくしているだけなのだ。物質の奪い合い。実に醜い争いではないか。

MARXIST　では聞くが一体君達は何を求めているというのか。

C　人間の意思に内在する道徳的罪による苦痛と束縛からの自由を渇望している。それは飢えている者がパンを求めるというような物質的な欲望ではない。

M　確かに君たちの求めているものは物質的なものではなさそうだ。しかしそれは現実的貧窮の反映である。君たちはありもしない〝罪〟を自分達の頭の中に作り上げ苦悩しようと努力している。物質的支えのない君たちは、それを獲得しようとせずに頭脳で絶対の力、神を作り出し、すべての物質的貧窮をそれに還元し、心の安らぎを求めようとしている。すべて宗教は、抑圧されたものの吐息であり避難所であり、幻想としての存在ではないか。その証拠は長い歴史が正確に物語っている。キリスト教は物質的身体的自由を奪われたバビロン捕囚によって作り出されたし、過去に於て、社会不安の激増と宗教の発展は正比例した。

私たちは宗教のない世界を望んでいる。宗教がなくても人々が生活出来る社会を私たちは作ろうとしている。私たちがすべての社会悪は物質的困難から発生すると主張するのに対して、君たちはどんなに物質的困難の状態にあっても人々が神の言葉さえもっていれば……という。現在社会悪の多いのは人々が不信仰であるからに外ならないのだと君達は主張するだろう。確かにそれは真実かもしれない。が、物質的困難の原因を追求し是正しようとする事はしないので、神によって解決しようとするのは科学の発展方向をわき道へずらし、人間本来の物質的要求に応じようとしない卑劣な行為ではないか。

C　君たちは複雑な人間関係も含めてあらゆる問題が物質によって解決されると思っているのだろうか。宗教は絶対に物質的欲望を観念的に幻想的にみたそうとするものではない。魂の渇望は物質によってみたされない。私たちの求めているものは永久ではないものの永久であるものへの欲求である。不完全なものの完全なものへの渇望であって、これらは物質と何ら関係しない。これらは信仰のみによって得ることができるのである。

M　君たちは神、神、愛、愛とそればかりを並べたてて、社会の矛盾を追求しようとしない。それを行っている君たちの幾人かのキリスト教社会主義者とよばれる者たちは今自己矛盾におちいっている。君たちはキリストの言った愛のみによってすべての人類は幸福になると信じている。真理かもしれない。しかし君たちの多くは隣人愛という文句に魅了せられ、現代の社会形態を社会科学的に見つめることなくして、この文句に忠実であらんと欲して行動する。そして多くの不合理を引き起している。具体的に指摘するなら〝ほどこし〟行為がそれである。君たちの教会は資本家によって支えられている。然るに教会は〝キリストの愛〟という言葉を使って搾取にあえぐ労働者に〝ほどこし〟を与えるのである。君たちの教会は実に〝恩売り〟的な〝自己満足〟的な行為をキリストの名によって行っている。もし本当にほどこしをしようとするならば、何故ほどこしなどをしなくてもよいような社会を作るよう努力しようとしないのか。この様な教会の態度について、僕たちは少なからず疑問を抱かずにはいられない。

C　それは個人的な問題であってキリスト教の問題ではない。何故ならば社会的な認識の問題であって別に信仰には関係ないからだ。キリスト教の教える行動の原理というのは愛と正義である。隔てなく人を愛せということである。やらねばならぬと感じたものだけがやればいいのである。しかし僕たちは君たちの言う暴力革命というものは絶対に許せない。君たちは何故暴力という物理的な手段を用いなければ目的が達成されないのか。搾取圧力の罪悪を責めて神の正義公道を立てれば良いではないか。聖書には剣を取る者はみな、剣で滅びると書かれている。

M　そのような「神の言葉」で問題が簡単に解釈されればそれに越したことはない。しかし君たちの言うことはいつも主体性のない空想ではないか。実際問題として資本家が神の言葉によって生産手段を投げだすだろうか。このような社会に於て労働者の社会を作ろうとするならば、それは社会革命によってのみ成功しうるのだ。もし仮に、君たちの言う「神の言葉」によってそれが成功するとしても、それにはは莫大な時間がかかるということは君たちも簡単に納得するところだと思う。しからばその時間をどうするか。資本家の搾取は時と共に激しさを増し、労働者は時と共にその抑圧に打ちひしがれ喘がなければならないのである。この現実をどう処理するか。今や一刻も躊躇すべき時間はない。革命はすぐに起されねばならない。その準備のためにぼくたちは、常に革命的に行動しなければならないのだ。

ここに全くまとまりのない尻切れとんぼの議論を終る。

僕はただこれだけの原稿を書くのに十日以上もかかった。書けば書く程わからなくなった。僕は問題の焦点を次ぎ次ぎにかえざるを得なかった。そして感じたことは、キリスト教とマルキシズムとは始めから意見を闘わせるべき性質のものではないのではないかという疑問だった。全く観念的に〝神〟を唱えるキリスト教と、全く唯物的に〝階級闘争〟を唱えるマルキシズムは、どちらか一方が正しいと言えるような性質のものではなく、現在の世界の二本の平行した柱となって、青年の心を支えているのではないか。私たちがそのどちらを選ぶかということは、どんな見地に立って世界をみつめるかという点にあるのではないか。

☆青山高校同人雑誌「社会主義」に掲載した論文

パンフレットより(文化祭に向けて独自に作成) 一九六一年九月

〝さまざまの笑いの中に〟

さまざまの笑いの中に
今日も誰かの涙が流れている
だれかがどこかで笑うとき
だれかがどこかで泣いている
　涙も流さずに——そんなものは
もうとっくに渇れちまったのさ
さまざまの笑いの中で
今日もだれかが泣いている
だれかがどこかで泣いている

いっしょには笑えないものか
みんないっしょには笑えないものなのか

泣かないで！　泣かないで！
今を涙でごまかさず
未来を怒りで切り開こう
そのためには生きようじゃないか
静かなほほえみの中に
激しい憤りをこめて

〈一九六一〉
——釜ケ崎にて——
うす汚れた手拭と一杯の焼酎の中に
彼等は、シャベルをふるい続けてきた
〝もの言わぬ人種〟それはぼくらの呼び方だ
何故痴漢に労務者が少ないのだろう
それは
盛装の女達が彼等の異邦人であることを
彼等は知っているからだ

そして、今でも、こんな時にも
彼等の味方は彼等だけだ
新聞は冷たく警察をせめるのみ
「ブタの囲いが十分でなかった」と
「ブタにも少しは餌をやれ」と
きどった活字の間からは
せせら笑いがきこえてくる
そこには白い歯がある

小粒の雨が
灰色のコンクリートに沁みていく
誰も気づかないのか
砂漠のこの暗殺が
アルジェリア人のささやかな抵抗であるのと同じように
彼等の反抗が
彼等が人間であることを証明しているのだということを

――六月の豪雨に記す――

「あばれまわった豪雨！」「豪雨のつめあと！」「恐るべき水の威力！」「集中豪雨の猛威」
そして朝日新聞には
「水は手なずけられる！」
古代エジプトの新聞かなんぞのように
――水は手なずけられる――と
私達は二十世紀において
やっと水の力を知ったのであろうか
新聞は隠さずに伝えて欲しい
本当は何が原因なのかを
本当は誰がいけないのかを
見舞金を集める前に
はっきり言って欲しいのです

人々は笑いを求めているようだ――
松川の映画を見ながら
監獄の塀が青高の塀に似ているといって
笑った人があった。
去年の六月、十円ニュースでは

警棒に血を噴いて倒れる学生を
多くの大人達が声を立てて笑っていた
現代では
ドラマとドキュメンタリーの区別は
無くなってしまったのかも知れない
だからまだまだ全盛を誇るだろう
スリルとセックスとスキャンダルの週刊誌が……

——ある日の洋品店——

「バンドを下さい」

——太いのと細いのとありますが……

「どっちが流行ってるのかしら?」

——そりゃあ細いのでございますよ
「それじゃあ、細いのにするわ」

テレビで〝原爆の孤老〟というのをやる
老人達はあきらめきっている
「わしだけじゃないんだから……働かせていただき……
おかげさまで……」

カメラが追い求めるものは
飽くまで折り鶴であり、キリスト教団の奉仕活動であり、
そして、それ以外にないようだ
戦争の本当の原因は何だったのか——
それを明らかにしたジャーナリズムはない
そしていたずらに叫ぶのです
「もう戦争はこりごりだ」と

「人妻刺殺さる」
そう新聞に書いてある
人妻？　婦人といわずに何故人妻というのだ
妻とは男に対しての言い方
では男が殺されると
「人夫（ひとおっと）刺殺さる」というだろうか
だが、そんな新聞は見たことがない
何故だろう？
それは日本社会が
男を中心にしているからだ
見よ「嫁をもらう」「女のくせに」と

その同類語の豊富なことを
それはすでに封建性の問題ではなくなっている
同賃労働における女子の一方的な低賃金
それは次のように説明される
「だって女は家庭の主婦になるんだから」
このすばらしい論理が
いつまでも女性をねむらせ、ブタにしてきた
低賃金のために、実はやむなく結婚しなければならなく
されている——という本質は確かに現代の男性にとって
危険思想であろう

「愛の献血第一号」
そうでかでかと写真に載せられることを
みんなが恥ずかしく思うようになるのは
いつの日のことか
新聞が騒ぐヒューマニズムとは
そんなにえらそうなことなのか
現代では全くあたりまえのことも
「偉大なる人道精神」であり

「隣人愛」であるのか

私達の五十万年の歴史
だがそれは
一人の人間の命令でいっぺんに逆戻りしてしまう
その危険が日の前にぶらさがっていても
実際私達は何もすることができず
ただひとつの可能性を信じて生きているのだ
「まさか、人類が滅亡するようなことをしはすまい」

だがぼくは
「またか」とため息をもらして
降ってくる灰を眺める人々より
大使館に石をぶっつけに行く人々の方を尊敬する
何故なら
それらの人々には怒りがあり
もしかしたら
それらの人々によって
未来は安全に確保されるかも知れないが

ため息をついている人々によっては
絶対に よくならないからだ

夏の日の
ほこりにまみれたアスファルトに
五円玉がひとつ落ちている
ぼくはそれを拾いたかったが
てれくさくて拾わなかった

「かあちゃん、あたし貯めといたのよ」と
五円玉を差し出した少女を
母親は思わず抱きしめて泣いた――
筑豊の話、日本の実話、一九六一年の事実

そしてぼくは考えるのです
今しもキャデラックから降りたったあの紳士は
ほこりにまみれた五円玉を見て
何を感じるのだろうか、と――

Y君、君は何を感じていたろうか、——
君らがのりのついたワイシャツを着て黒板を見つめているとき
照りつける校庭で
灰色のシャツ一枚で働いていた人々のことを
物ひとつ言わずにシャベルをふるい続けていた人々のことを

君はお気づきだったろうか——
ぼくらの塀の向うに
とり壊し自由のバラックがあったことを
セメントの粉臭い部屋の中で
はなったらしの子供が一人泣いていたことを

君は知っているだろうか、——
職場換えと同時に
彼等の家は分解され
トラックのはじにつみこまれていくことを
ドロの落ちなくなった洗濯物が

つめこまれていくことを

そして君は知っているだろうか――
「二重構造」とやらを研究する社研さえ
見むきもしなかった人々のことを
彼等は働き続ける、彼等は死なない
私達が知っていようと知るまいと
彼等は黙々と生き続けるのだ

〈最後に〉
美しい心とひたむきな努力さえあれば
そして諧謔と排他と自己満足を捨てれば
じきにみんなわかってくれるだろう
何がまちがいで
何が本当に正しいかを

なにものも
人々の良心を拭い去ることはできない
もしそんなことが出来るくらいなら

人類はもうとっくに良心を失っていただろう
闘いが果てしなく繰り返されるものならば
むきだしの良心が
どうして眠っている良心をよび起さないでいるだろう
私達は
すべてに疑いの目を走らせても
これだけは信じていよう
何故なら、それを除いて
私達の行動の基盤はありえないのだから

大浦圭子の母への手紙　一九六二年三月二六日

お手紙有難うございました。「……ああ、そうだっけ、四月二日は圭子さんの……」。お手紙をいただいて感じた印象を率直に申し上げるとこうであり、ぼくは以下、自分のいささか非常識に思われるこの感懐の弁解に務めねばなりません。

あれから確かに二年間は確実にすぎ去った筈です。この二年間がぼくにとってどうであれ、問いつめられて答えるなら「人は生きねばならない」と言わざるを得ないでしょう。ぼくは二年前、豊畑先生がこう言われたのを思い起します。「死のうとしている者が目の前にいたら、暴力でも引きとめるだろうなあ」。ぼくは言います。「そんな権利なんかありませんよ」。先生は幾分困ったような顔をしてそれ以上言わない。これまでに幾度となくこの示唆的な会話を思い出しました。そして現在、ぼくは豊畑先生が正しいと考えますし、はじめて豊畑先生がぼくの経験に対して答えなかった意味を知ることができるのです。

これからぼくの行手にはさまざまの苦難があるだろう。すべてを投げ出したくなるような目に数知れず会うだろう。だが、ぼくはやっぱり生きていくだろう。いつも衝突と失望の中で、ほんとにささやかな、淡い希望を見出していくだろう、と思います。

圭子さんの中からくみとったものは、ぼくとしてはこうしたことです。ぼくは絶対に圭子さんは生きているべきだった、と思います。樺さんもみんな、みんなです。絶対に死ぬべきではなかったと思います。ぼくは徹底的に圭子さんを責めます。それが、結局、圭子さんから学んだぼくのものです。

大分大きなことばかり並べたてましたが、ぼくは圭子さんのことなどここ数ヵ月忘れていました。これからはもっともっと忘れていくでしょう。忘れていくことがあたりまえなんだ。毎日考えているとしたら異常だ、これがぼくの真情です。少なくとも一年前の数ヵ月は圭子さんのことは重大な問題だった。数ヵ月経た時、ぼくはもういつの間にか忘れてしまったのか？　そうではない。ぼくは圭子さんの死を乗り越えたのだ。ぼくは生きている。圭子さんは死んだ。死んだ人が生きている人間に課する問題は生という土台の上にのみ成り立たせねばならないのだ。そして、ぼくは圭子さんのことを次第に忘れ、遠ざかって行くのです。それと同時に、もっと別な、もっと困難な課題を迎えていく。ぼくは決して十分とは言えないが、着実に歩みを続けている、と、この頃感じます。自信満々ではないが（そういう人間は、ぼくの最もきらいな人間です）自分の人間的な足どりに、ささやかな希望をもちはじめました。
今年はどこも受験しませんでした。いろんな人にとやかく言われましたが（ぼくも幾度となく後悔めいたものを感じましたが）、結果的にみて、やっぱり良かったと思います。ぼくはこれから、今までの深い反省に立って、しっかりやっていくつもりです。ころんでもころんでも、きっと立ち上るでしょう。立ち上る力を、自分自身で作り出していくでしょう。四月二日には是非お邪魔させていただきたいと思います。みなさんも、生きている人間として、ただ顧みるだけでなく前を見つめられておられることでしょう。いろいろお話したいと思います。アルバイトをしておりますので、六時過ぎになりませんと、おうかがい出来ませんが、よろしかったらそうさせていただきます。ぼくはお宅の空気がとても好きです。

一九六二・三・二六　浩平

青山高校時代の奥君について

安倍邦夫

青高時代の彼について何か書こうとするとき、ぼくはある種の当惑を感じる。それは、一つにはぼくが彼を知ったのが一九六〇年六月であるから、高校生活の前半のことはなんにも知らないからであり、もう一つには、大学へ入ってからの思想と行動の多くを、そして何よりも「手を動かすことも足を動かすこともできなくなって」いく彼を一静観者として知っているからである。だから、ぼくは可能な限り、あったままの彼を記すことでとどめようと努力したつもりだが、ぼくの記憶に基づいて書く以上、ここに明らかにされるものは彼の豊かな現れのうちの、ぼく好みの一側面にすぎないのかもしれない。

ぼくがはじめて彼を知ったのは、六月十八日であった。当時、安保改定阻止高校生会議の活動家であったぼくは、三宅坂の国立オペラ劇場建設予定地で催された国民会議の集会にビラを配布しに行き、そこに結集した高校生に国会正門前に坐り込むぼくたちの隊列に参加するように呼びかけた。彼は、すぐに応じた。六・一五と一女子学生の死は、彼が五月以降参加していた国民会議のデモでは何もなしえないことを彼に感受させるに十分だったのだろう。そして、あの無力感と連帯感とが奇妙に交錯する夜を、ぼくたちとともに闘いぬいた。だが彼にとっては、六・一八は新たな、未知の世界への、輝かしい出発を意味するものであったに相違ない。事実、彼は決してその地点から後退しなかった。様々な転調をくり返したけれども、彼の思考には、当時の全学連の闘いと、それが結果した大衆との熱烈な連帯心とが、深く根を下すことになった。

翌朝、学校へ帰り社研の部屋で昨夜の坐り込みの意義や今後の闘争のあり方について話しあった。彼は陶酔のうちにあった。激しい行動意欲と知的な好奇心を支えているものは、異常な熱気であった。それが彼のどこから生れてきているのか、そしてそれが何なのか、もとよりぼくには解らない。しかしながら、その異常な熱気こそ、彼が彼であったところの、自殺という自己否定へ急速に進行せざるをえなくさせたところの、ほとんど体質的といいうる彼固有の部分だったと思う。

まもなく安保闘争は終熄していった。大きく開かれた好奇心は、日常生活の点検としてはたらきはじめる。たとえば世界史の授業などに対する疑問となって現れる。何か問題をみつけると、日をギラギラさせながらぼくのクラスにかけ込んできて、教師を批判したり、問題の捉え方について感じたことを話したりした。現代史、特に社会主義やファシズムに関係する事項を、古代の史実と同じように講義する教師を、彼は許さなかった。知ることだけでは、もはや彼は満足しなくなった。理解すること、そして論理的に分析され、彼の中に位置づけられることが必要になった。

　そうした過程は、以前は音楽部やキリスト教研究会に限られていた交友関係が、社研や新聞部関係のそれへ急転回していくのと並行している。合唱の指揮、友人の家でのレコード・コンサート、教会の習慣的な集会、こうした生活が、他人に迫り、語りかける徹底して能動的な生活におきかわる。彼は、彼の主体的現実を共有する者しか友人として認めようとしなくなった。友情の名における、惰性的な、ブルジョア的なれあいを、彼は大胆に拒否するようになった。対音楽部やキリ研の人たち、対ぼく、対村岡若、……めまぐるしく友人は変っていく。彼は友情においては、ドン・ファン主義者としてあらねばならなかった。

　こうした客体への真摯なはたらきかけ、状況へのひたむきな問いかけは、浪人生活、大学生活を通してますます激化され、すぐれて主体的、実践的な人格として凝固していった。

　彼がキリスト教研究会に所属し、教会へも通っていたとぼくは先に書いたが、ここですこしキリスト教が彼にとっていかなる意味をもつものであったか考えてみたい。当時、――その年の七月のはじめ頃、彼は内村鑑三の「キリスト教とマルクス主義」を常に持ち歩いていた。九月にぼくたちが作った「社会主義」という同人雑誌に、彼は対話の形式で「マルキシズムとキリスト教」という文章を書いている。そしてこんな結論をくだしている。「全く観念的に〝神〟を唱えるキリスト教とマルキシズムは、どちらか一方が正しいと言えるような性質のものではなく、現在の世界の二本の平行した柱となって青年の心を支えているのではないか」

しかし、マルクス主義についての認識が深まるにつれて、キリスト教という言葉は二度と聞けなくなったし、その本以後キリスト教関係の本も読まなかったようだ。かってな推測になるが、もともと彼にとっては、ドグマとしてのキリスト教の意味するところは、どうでもよかったのではないだろうか。「バイブル」よりも、神の「在」「不在」よりも彼の主要な関心は、信仰による生活に向けられていたように思われる。そして、六月以前の彼の生活においては、「生の意味への問い、すなわちキリスト教を信じること」として、全く感性的に把えられていて、「信じている」という歓びに満たされていたのであろう。

時間的に前後するが、その年の夏、原水禁運動がはじまる。彼は高校生会議青高支部の右能な組織者として、積極的に運動に参加する。連日のカンパ活動、活動家会議への参加、マルクス主義思想の研究、組織活動……。無論、思想的に十分な基盤があったわけではない。ぼくたちは、〝安保闘争における全学連と〝社会党、共産党の裏切り〟を、ヒステリカルにしゃべることしかできなかった。

十月、後期の生徒会選挙に、高校生会議系の代表として立候補する。落選。彼はこういった。「おれは選挙で自分の名前以外書いたことがないんだ」

副会長として生徒会執行部を構成する。そして「生徒会活動の活発化」にとりくむ。一般生徒と執行部の話の通じ合う部分を求めて、学園の生活問題、パンの質的向上とか生徒会ホールの建設運動等を活動目標にする。ここでも彼の熱烈な行動力は素晴らしいものであった。たとえばカツパンのうすっぺらい肉片が、本当の豚肉であるかどうか、価格に値するものであるかどうかを調べるために、保健所にまで出かけていくといったように。

しかしながら、何事も真にコミュニケイトされることなく、彼は失望する。

そして三年。彼はぼくや社研の周辺から離れていく。新たな友人Y君とともに、英語の参考書と、樺美智子さんの「人知れず微笑まん」とを持って、ぼくにとって彼は文字通り彼になっていった。深刻な自己形成が、自己に沈着して――ぼくにはそう思えた――進められていった。樺さんの遺稿集は彼の全体を捉えた。そのことは、当時書かれた彼の詩に発想の類似、用語の模倣となって具象する。彼の変化は彼における樺美智子像の変化であった。定着せぬ樺像に時にはいらだち、時には耽溺しながら、彼は成長した。「チボー家の人々」もその頃読んで、多くの影響をうけたようだ。

しかし、全然運動から離れてしまったわけではない。大衆闘争には、一個人として戦闘的に参加している。他への働きかけも、衝動的に行っている。一九六一年六月の政防法闘争の時だったと記憶している。学校の中央玄関の壁に行動を呼びかけるアピールをモゾウ紙に書いて、べったりとはりつけた。「はがせ」と命ずる生活指導課の先生に、泣きながら抗議する彼は、真に〝生ける奥浩平〟であった。

三年の終りには、もうあの陽気な笑いは失せてしまっていた。高校一年のとき「落語研究会」に所属したこともある彼にとって、疑いなくそれは彼の一つの顔だったのだ。そして他人の言葉を一度かみしめてから喋りはじめるようになった彼が、ふたたび彼らしい能動性を回復するためには、大学へ入って現実の大衆運動に触発されるまでの少なからぬ時間が必要だった。その間、どのような仕方で〝生の重み〟に耐えていたか、ぼくには解らない。彼の欠点でもあり、また他人から好かれる点でもあったナイーブな側面が役立って、意外と愉快な生活を送っていたのかもしれない。

第二章　浪人時代

一九六二年三月〜一九六三年二月

○中原素子への手紙

中原素子への手紙　一九六二年三月二九日

今度の日曜デイトしないか。今のうちならまだあるから昼飯ぐらいおごります。実は引越せそうな家を探そうと思っているんです。西武線の方にいいのがありそうだっていうんだけど、いまみんなで捜査中なんだ。ふらっとあっちの方へ行ってみないか。君のこれからのことを話そう。実は大変だと思う。女性解放の課題はより全般的、より広範、より深刻な問題を投げかけているし、絶対に急速には進展し得ないものだと思う。

よく飛びはなれて、結局は孤立している女性はすごく多く見かけるし、偉そうなことばかり言って、全然だめな奴だっているんだ。目下、我々にはすごく鋭敏な感受性が要求されているし、それは自然に出てくる訳でもない。そうした意味で、ぼくたちが面している現在は広範な問題意識を養い、感受性を培うために、ものすごく多大の勉強とまじめさが必要だと思う。

ぼくもこの一年間は英語の実力をつけて、数学で理論的な勉強をして、社会で徹底的に日本史を学ぼうと思っている。しっかりたのむぜ、おい。（まるでお説教だな）とにかく日曜はおいでよ。駅で一時に待ち合せよう。時間はいつでもかまわないんだけど。

ぼくは大分信用ないらしいけど、新島のことなら半分は君の責任だぜ。たしか去年の二月一九日だったな、君がたしか「どうだった、現地の模様は……」と意味深な顔をしてぼくに言った。だからついぼくも「うん、なかなか大変だよ」とか言ってしまったんだ。どうせ行ったのは下田で新島に近かったし。

じゃ、さようなら

中原素子への手紙　四月一一日

残念！　ジャック・チボーは五分の一しか読んでいないんだ（即ち第一巻）。あいつはぼくの読み始めの本の中で一番いろんなことをぼくに要求したものの一冊です。五分の一で沢山だった。おれはもうジャックは嫌いになった。去年の今頃は大好きだったけどな。でも君の指摘した部分は現在でも楽しい示唆を含んでいるように思います。確かにこういう連中が多い。多いだけじゃない。こんなことを君はいおうとしているんじゃない。

気になるから言っとく。この間の日曜、一時〇〇分から六時三〇分迄、ぼくが一番気をつかったことは、「決して君をおどらせまい」ということだった。最後にライオンで少しぼくだけがしゃべったことも反省している。君の手紙の、婦人解放に関する〈蛇足〉の部分は、全くわかりません。

三浦君はぼくは黙殺したいと思っています。「MEIN KAMPF」の翻訳を読んでその中から「偉大な英雄主義」だけを学びとろうとしているらしいですから。

感情でものを言うのは大賛成です。

ぼくはこれからこういう勉強をしたいと思っています。みんなを、同時に、強烈に感動させるにはどうすればいいか。新興宗教は少しでも、「もののわかった連中」の嘲笑の的になっている。ナチスの暴虐ぶりにはあきれて言うことすらない。おそらく君も、「上を向いて歩こう」「スーダラ節」「アリガタヤ」

を軽蔑しているだろう。

では、何故新興宗教はあれだけ多くの人々をひきつけ得るのか。ナチスは何故にあれほど簡単に統一勢力をつくりあげることができたのだろうか。日本の数千万人が、矢継早にとび出す流行歌にいちいち強烈な反応を示す。どうしてなんだろうか。低級だといって黙殺する中に、知的な喜びを見出して満足していていよいのか。大衆をひきつけることができたのは、大衆の要求を満たすことができたからだ。経済学者や歴史学者の第二次大戦研究が行われている。実に緻密に。では、彼等に次ぎの不幸をおさえる力があるだろうか。魔手はいつも、大衆の微妙な心理状況と、ムードと、精神構造と、不満のすきまに的確にしのび込む。ぼくは歴史を学んでも、経済を学んでも、いつもそのことは忘れまいと思うつもりだ。そして、言葉なり、文字なり、音楽なりで人々を感動させねばならないのだ。「論争」で心から納得する人間はない。それにくらべて、芸術の役割は如何に大きいだろうか？　こうした中からのエネルギーこそ、安保をたおすことができ、憲法を守ることができ、体制を変動させることができるのです。現在社会党がどんなことをしていようとも、「最も誠実」であるべき人々が、如何に利用と欺し合いをしていようともかまやしない。ぼくらは、現実に何事か期待しては絶対にいけないと思う。

「ああ、そうだったのか」と言って「おりこうさん」になっていく人々は、何ものかに期待していた人々だ。兄貴は独善的なお説教で言う。「今にあらゆるものに対して、Gently and steadly に失望がやってくるよ」ありがとう。ごくろうさん。兄貴よ、がんばってくれたまえ。失望とは何だろう？　それは期待からやってくるのだ。つまり彼は赤ん坊な訳なのさ。自分はそのまま、何ものかが、彼のところへ下ってき、彼をチヤホヤしてくれると思っていたのさ。

以上は、君の手紙に対する回答ではなく、君の手紙に同感しようとするぼくの気持へのお説教です。

あしからず。

　時々、市ケ谷の駅へむけて帰りながら、つくづくいやになることがあるよ、なぜだかわからないけど、毎日の日常的なおきまりのはんざつさにイヤけがさすんだな、きっと。「なにが、どうしたっていうんだろうな」と思う。みんな一人じゃねえか。満員電車にのりあわしているこいつら。適当に自分に誇りをもってやがって、人をこばかにして淡い優越感なんか感じやがって、ネクタイだの安い化粧品だのナガシマだのに夢中になりやがって、いいかげんもうろくしてオッチンでいく。でも読む(というより判読)のに三〇分ぐらいかかって理解するのに一時間もかかりそうな手紙がきているとちっとおもしれえよ。

　さいなら。一五ンチ引越すから一四カの晩にいく。

浩　平

くだらねえことに、やたらに気にしやすいのは、お互いさまです。

中原素子への手紙　四月一五日

　こんばんわ、女性はおこることがあるのだろうか？　おこることができなくなったんだろうか？　女性は生れてから死ぬまで、侮蔑されないでいられる時間があるのだろうか？　彼女達はおこらない。笑う、泣く、かんしゃくをおこしてつまらないことをする。そして、おこることはしない。彼女達には、おこらないかわりの、沢山のものが用意されている。彼女たちが仕方なしに用意したのか、それとも与えられたのかぼくにはわからない。彼女たちは笑う。侮蔑されて笑う。彼女たちは泣く。侮蔑されて泣く。彼女たちは自殺する。けれども決しておこらない。彼女たちは、「それがあたりまえだ」という言葉の中に、傷つけられない場所を見出したのだろうか。おりこうになった彼女達はあとに続くものたちにいう。「ね、あなたは女の子じゃないの、ね」続々とおりこうさんができてくる。おれは知らないよ。君がへたにおこることをしたならば、どんな損をするか。どんな目に会うか。

ぼくは女の人が何を感じているか（考えているか、ではありません）解らない。男はみんな解らないんじゃないのかなあ。今までの小説や文、教育、政治、それからありとあらゆるもの、それはみんな男のためになされた。「人形の家」？　あれが女性解放運動に偉大な貢献をしたとかしないとか、それはてんで単純な解放のこと。微妙な女心を巧みに描いた世界的名編なんて文句はどこにでもころがっているけど。女のうちの誰かさんたちは、どこかで腹を立てるだろう。「女の気持」という言葉には、対男性、対権力者、対御主人というムードがもられている。男など全く意識にない状態で、ただ女性そのものを見つめた中から出てきた言葉では決してない。

九歳だった。五月だった。今のように新しい家のにおいがぷうんとしていた。一つの場面は鮮かにぼくの頭に残っている。食卓を中に向い合っていた父と母。うす気味悪い静けさ……。母は家を出ていく。ぼくもついていく。

もう一〇年も経った。母はまた帰ってくる。彼等の間に、どのような反省がなされたのか知らない。父はとし老いた。だが、彼の考えが変った訳ではない。母は一〇年間実家にいた。だが、女性の立場について認識をもった訳ではない。二人は会う。一緒になる。みんながおめでとう、という。ぼくは言う。ごくろうさん。

それはただ無意味な時間の流れであり、はじめと、おわりとなんのかかわりもない。

父の行為に満身の憤りを抱いていた筈の姉は、いま楽しげに「女性自身」を読んでいる。彼女は、自身、「そこいらのおねえちゃんとはちがう」と思っている。兄貴が「女って結局ばかなんだなあ」というのに、心からの賛同の意を表す。

ぼくは自分の洗濯をした。飯も作った。料理では君になんか少しも負けない自信がある。君は餃子もシューマイもハンバーグステーキもつくるかい。まあ、そんなことはどうでもいいや。

ただ、おれは、女の仕事と、男の仕事の区別に対して腹がたって仕方がない。おつかいにいく。やおやが「大変ですねえ」という。何が大変なのか。女にもそういうのか。洗濯をしている、人が言う、「お天気がよくてよござんすね」よけいなことだ。そうしたものからぬけだせなかったとき、キャベツを買いにいって、同級の女の子に会うのが、たまらなくいやだった。

女は家で料理と洗濯とさいほうをするもの。そして男がそれをすると恥ずかしく感じる。……だれがそうきめたのか。急進思想で活動家を自称する人々の家庭生活。そしてまた、多くの知的文学雑誌に載る女房談義における彼らの会話。洗濯をする男にむけられる同僚たちの冷笑。これらのすばらしい秩序は誰がつくり出したんだろう。ぼくは君にすすめます。秩序を破壊しようとする者は反逆者です。圧倒的多数の人々にぶちのめされます。もっとおとなになりなさい。

女は感情のカムフラージュがうまい。そうせざるをえなかったのだろう。だが、それがぼくの腹の立つことだ。思っていることを言わない。言うことが本当かどうかわからない。何を感じているのか見当がつかない。もちろん君に対しても。君なんかは最も信用のおけない一人でしょう。

言っときます。女性の人間的な地位が高められない以上、女性の幸福がありえないと共に男の幸福がありえないということを忘れないで下さい。女性の悲劇は人間の不幸なのです。Gute Nacht!

浩平

一九六二・四・一五

中原素子への手紙　五月五日

ひばりが丘から田村町へ

この間アルバイトをやめる時に、ぼくも会社で飲まされました。ぼくがコップ一杯しか飲まない中に、二八歳のおじさんが半分ぐらいでグロッキーになってしまい、それから「奥君はなかなかいけるんだなあ、マージャンも出来るし、碁もやるし」というわけで、おだてられてはこちらも弱い、つがれるままに飲むまま、一〇杯ぐらい飲んでしまいました。なんとなく頭の中に明晰さがよみがえってくるみたいで、帰りの坂を下りながらまだ酔って騒いでいる連中をせせら笑い、哲学的なことを考えて帰ってきましたら、西武線はひと駅前でとまってしまい、タクシーは一五〇円なりなので、夜霧の中を歩きました。畑と新穂のにおいを吸っていい気になって歩いていたら、高田馬場線の方へいってしまい、一時間歩きつづけて家にたどりつきました。

ポチョムキンはぼくも見ました。白黒で無声で、少しまんがみたいにとびとびで、それでもなんとなく、ひびいてくるものがあるのは不思議でした。おぼえているのは、もっとも、階段のところで女が殺される場面と、肉にうじがわいて、きたねえなあ、と思ったところだけです。ああ、それからうち合いがはじまるのかと思ったら、握手しておわっちゃって、あっけなかった。

ぼくは今こういうことを疑問に思っています。

余剰農産物の蓄積は〈階級分化〉に一つの条件を与えたにすぎないのか、それとも必然的だったのか、ということです。

つまり、みんなが絶対的平等のもとで必死になって生きていた時代から農耕へ移ると同時に、どうしていとも簡単に階級分化が進んでしまったのか、ということです。ぼくには、このことは何か人間の本来的なものを示すことにならないかと思えるのです。結局、ぼくの言いたいのは、個人間に少しでも経済的な格差がおこった時に、それが人間の力によって、すぐにうめあわされる方向にむかわず、全く逆の、より一層拡がるように働いてしまったのだろうか、ということなのです。もし〈必然〉だったとすれば、仕方のないことですが、〈条件〉にすぎなかったとしたらことは重大です。集団の中においてのみ、絶対的平等の社会においてのみ生きられた人間が、まったく一つの個として、他をきりはなし（自ら）おさえつけ、経済的なヘゲモニー獲得に至るということは何か人間の本来的なものを意味することになりませんか。

こんな疑問はトンチンカンなのかも知れません。勉強すればすぐにわかることなのかも知れないのですが、とにかく、ぼくの納得のいくようには経済学教科書にも書いてないのです。

君はずいぶん悪いことを誘うんだなあ。おれは浪人学生なんだぜ。絶対にふらふら出歩かない、というのは三日ぐらい前のスローガン、だからやっぱり行きます。浅草ならおれが案内してやるよ。たかられても知らないぜ。ぼくは電車チンだけもっていこうっと。

「日本女性史」はぼくが君に下巻を返してもらおうかなと思っていたところ。あんまり書き方がうまくないが、なんとなくおもしろかったので、下巻も読みたいな、と思っていたのです。でもそれは四日前のこと。今日は一日おきにやっている日本史さえ、新書で肉づけしようにも読めないのです。けさ、あねきに君の葉書を頼んどいたが、もうついているかな?

「日本女性史」はあげます。どうぞ御自由に研究に役立てて下さい。少し汚してしまいましたが。

それからおねがいがあります。

今度は本のまた貸しでなく、バレーのまたおねがいです。説明するのめんどくさいので、もらったはがきをほうり込んでおきます。

因子さんというのは道子さんのお母さんで、道子さんに圭子さんというお姉さんがいたが(ぼくらより一つ年下)、二年前、大岡山の踏切りにとび込んじゃったの。六中の友だちです。

おとといは兄貴の友だちが死んだ。青高の音楽部の先輩で、何度もはなしたことのあるいい人だった。

中原素子への手紙　五月八日

中原君へ。

本送ります。ついに半分しか読めませんでした。君も忙しかったらむりに読む必要はありません。とにかく今のところぼくのところへおいておくより意味があるかもしれないから送ります。

歴史に対する不満、——ちょっとオーバーになりますがいわせてください。

歴史研究者がデッチアゲと不誠実を恐れて、歴史の真実性を求めていることはわかりますが、それは明らかに歴史学としての上部階層の中で行われていて、その限界をつき破ることはできないように感じます。

井上清——いっぱい書いているのに驚きます。講座No.７においても総括序文というような形で書いています。アメリカ帝国主義——このにっくき敵、敵階級——人民の不当な搾取・収奪・弾圧、といった、なんともいえない共産党臭を感じさせます。どれほどの人が日本人民の近代史としての実感を感じるだろうか——と疑問に感じます。

「アメリカ人民の歴史」（岩新、一八二、一八六）お読みになっていますか。ヒューバーマンは偉いなあといつもつくづく感じます。現代のぼくたちは先行するあらゆる歴史のみにくさと、美しさ、勝利と敗北、収奪と団結、そうしたものの限りない犠牲につらなっており、そうしたものの一つ一つのつみかさねが到達しているほんの今——そこにぼくたちが生きているという感情を少しも党派的でなく訴えかけてきます。その文学的な価値がすごく高く評価されているらしいのですが、ぼくはそうしたものをいまのところ日本歴史研究の著作の中で一度も出会ったことがありません。「アメリカ人民の歴史」の原題はWe, the people――われわれ人民です。ぼくたちは絶対に党派的であってはならない――と強く感じます。党派――をなしたらすなわちより広範な人々と手を切ることを意味し、――党派的にならなくとも絶対にぼくたちの目ざしている方へ歴史は動くでしょう。ヒューバーマンは敵階級――などという言葉を訳してつかわなくとも、未来への見通しを、一人一人がつかめる基礎をつくってくれていると思います。

（注――党派的という言葉、誤解しないで下さい）

ほとんどの人は「現代日本女性史」のはじめの数頁を読んだだけで――なあんだ、この本アカかあ、で終ってしまうのではないか――という気がするのです。

選挙に活動して下さい。創価学会九名です。こちらは新聞のきりぬきを用意しました。新聞ではえがたいニュース、キャッチしたら連絡して下さい。こないだ野坂参三の横顔なるパンフレットが放り込まれました。野坂さんはとってもえらいんだ、というようなことがごちゃごちゃ書いてありました。

革共同の組織はどの程度なのか、黒田寛一は当選できるつもりなのか――わかったらおしえて下さい。

この本、憲法がおしつけでないことの理論的根拠を与えてくれました。

さよなら

中原素子への手紙　五月九日

まだ雨がびしょびしょふり続いています。今日は大変失礼しました。あとで考えたら、ずい分悪いことをしたなあと思いました。それから今日はほんとうに彼女は何を考えているかわからない、という念をあらたにしました。言ってることと考えてることと違う、もしくは言ってることは思っていることのほんの一部にすぎないんじゃないか、ということです。彼女は実際はもっともっといろんなものにはらだたしさと、いまいましさと、それ以上に憤激を抱いているのではないかと思ったのです。

なんとも言えない、反省に駆りたてられる気持です。今ごろ彼も同じ気持でしょう。彼とは投げつけるような手紙の交換を二月にしてからポツリでした。一言も口をききませんでした。ところが彼の方から見つけてくるなんて、ちょっと愉快でした。相変らずの調子で、一人一人並べてはやり玉にあげて、いいたいことを言いました。金子のことをあれだけしか言わなかったのは、彼についてはもういい加減言いつくしていたからです。だが、彼のことを言いはじめたころ、なんともいえない責められるような気持になりました。仮りに山本さんがきいていたら、どういうことになるんだろう？　それと同時に、彼らはぼくたちを別の場所で糾弾しているかも知れない、それに、どんな権利があって、こんなことを言い続けるのか。ことに図書館新聞はひどくいやな感じでした。ぼくは犯人は遠井だと確信します。読んでいて直感しました。ああ、こういう奴もいるんだ、全く何も言わずにいたんだが……。

またおれはいい気になって安倍論をぶちはじめた。「人知れず微笑まん」を読んだらまたゾッとさせられるのだろう。いろんな人にあやまらなきゃならねえんだ、おれは……。

以下は今日わたそうと思ってたんですが、彼女がおっかない顔してたんで、つい出しそびれちゃったものです。〝クレハロン防虫網〟わざわざもってきてくれてありがとう。これで蠅に悩まされずに済みそうです。勉強しなけりゃいけないんだなあ。

五月九日

「階級社会の成立」どうもありがとう、おっかないお父上によろしく。

PS〈女の子であるってこと利用しちゃおうかな（四月一日）〉〈それどういう意味？〉もちろん彼女は答えません。身売りだな？　売春婦と同じだ、なんていう文句はちょっと景気がいいけど、実際、女の子であるってことを利用されたがる男が多いんだし、それに彼女はどっちみち田村町だし。あれ？　こんなこと言ってぶんなぐられないかな？　彼女どうするつもりかな、おもしれえな、おれは客席だ。安い入場料で眺めてりゃいいんだ。今日はえびがにの夢でもみようかな、おやすみなさい。

でも今晩もねむれねえんだろうな。


――衝突してる電車が、走ってきて見えねえなんてずい分まぬけな話だあな。

――いや、見えたときはもうまにあわないんだよ。

――だいたい、赤の信号と見まちがえるなんてどうかしてんじゃねえのか。

――確かに青に見えたんだってがんばってるんだとさ。

――最初の事故はすぐに連絡出来なかったのかい。

――衝突という状況に出くわす人間の力なんて限界があるぜ。

――不可抗力的要素が強いわけだな。

こうした議論はあと一、二日は日本全国で続けられるだろう。そして、この論議にふけるのべ件数は数十万にのぼるだろう。

　またしてもマスコミは成功した。世論の目が問題にならない局部点に集約されている時、支配者は安泰だ。そして民衆の目がたった一度でも彼等を凝視することをしたなら、彼等をささえている柱は下から揺れ動き始めるのに。だが、民衆は容易に気づかない。民衆の目をその方向にむけようとする行動は時間を食う。その中に次ぎの事件が確実にやってくる。擬制としての筆頭責任者は空涙を流して辞職し、事件は解決する。

　マスコミと支配階級が結託して行う芝居はいつもいとたやすく成功する。

　伊勢湾台風はどうであったか、釜ケ崎はどうであったか。そして、これから先いつまで芝居は功を奏し続けるであろうか。

　猿芝居が、猿芝居としての仮面をはずされ、民衆の前に登場するのはいつのことだろう。

　この論議において最も活躍したのは「田村町」の人々であろう。あるものは、この事件から哲学的命題をひき出そうと試み、あるものは人間の宿命について……。

　からかみのむこうからきこえてくるちちとあねのかいわ「こんどはたいへんだぞ、さくらぎちょうのときはふかこうりょくてきなようそがつよかったが、こんどはかんぜんなかしつだからね」

「そうさいはじしょくするんでしょうね」

「ああ。なにもそうさいのせきにんじゃないのにな」

「のってたれんちゅうもすこしたりないわね、せんろのわきをぞろぞろあるいていたなんて」

　ぼくはとろとろっとしてゆめをみる。

　しろいきれをかぶせたながほそいものが、いくつもいくつもいたのまにならんでいる。かぞえると一四〇こあった。とちゅうでかぞえまちがえたかな？　とおもったりする。どこかしらないばしょ。なんとなくざわめいてふあんなかんじ。めがねをかけたはげあたまのおじさんがきてまわりのひとにてをついてあやまり、すこしもかなしそうでないのに、なみだをぽろぽろながしている。ぼくはあれがそうだなとおもう。はげあたまにおおごえでやじがとんだ。いくらあやまったってしんだひとはかえってこないんだぞ！　やじをとばしたおにいさんはどなってぽろぽろなみだをおとした。ぼくは、ほかのひとがしずかなのをみて、あのひとのせきにんじゃないんだからいくらいってみてもしかたがないとおもっているのだなあ、とおもう。ふとうしろをふりむくとおくのほうにぼくのちっちゃなうちがみえる。ぼくはそのほうへあるきだした。はたけがつながっていて、むぎのほのにおいがし、ひばりがないている。こなっぽいやわらかいどろにげたがもぐりこんだとき、いまいたところとだいぶかんじがちがうなあとおもう。ぼくのうちがすこしずつちかづいてくる。ごろごろといもむしみたいにころがっていたしろいきれのかたまりがすうっとあたまをかすめていき、それからなにやらどてがあたまにうかび、せんろがさんぼんうかび、がらすのわれたでんしゃがうかび、きえた。うちにはいるまえにもういちどいきをしてはたけのにおいがはなをかすめたら、それじゃあだれがはんにんなんだ？　というぎもんがわいた。

それからぼくのめがさめる。おわり

ごがつよっか　ごごはちじ

つづきのゆめ
ぼくはべんじょでしんぶんをよんでいる。だれかがこつこつとをたたく。ふりむくとだれだかわからないがよくしっているひとがちょっとちょっととてまねきしている。ぼくはそのひとについていくと、そのひとは「このじこしっていますか」とぼくのしんぶんのしゃしんをゆびさしていう。「ええ、でも一かげつもまえのはなしでしょう」とぼくはいう。「ほかにもありましたよ。しうんまる、とうやまる、さくらぎちょう、にっぽり、それに、まいにちありますよこんなこと」なんとなくぼくはべんかいくちょうでいう。「そうですか、どうしておこったのでしょうね」とそのひとはいう。「しんごうがあかかったのにあおとおもったのかな？」「うんてんしゅがですか」「そうですすよ、なぜ？」「うんてんしゅがいけないんですね」「そうです」「そうですか。じゃあ、またちかいうちにあるんでしょうね？」「ええ、まためるんでしょう、そのうち」「そうですか」そのひとはぼくとならんでひどくいそいであるいていたが、ざんねんそうなかおをしてあるいていってしまう。「ちょっとまってください」ぼくはあわててそのひとをおう、そのひとはふりむきもしないでおおきなふねにのりこんでしまう。そばにいたひとに「あのひとはだれですか？」とあわててきくと「ああ、あれですか、ポチョムキンのすいへいですよ」きてきがぼー、ぼーっとなって、ふねがはなれていく。ぼくのせなかがさむくなり、ああ、ぼくはおいてきぼりにされた、とおもう。いてもたってもいられない。ふねはほんのちいさくかすんでいく。ふねのうえでさっきのひとがてをふっているのがみえる。ぼくはもときたほうへあるきはじめる。

そうだ、ぼくのなかまにしらせにいこう。ぼくのなかまとはなしをしよう、ぼくはわすれていた。めがさめる。さようなら。

今日えびがにとりに行きました。どぶ川のまわりは一面の畑でした。れんげの花がびっしり咲いていて、くまんばちがぶんぶんうなっていました。えびがには二匹しかとれなかったので、途方にくれていると、子供が二人よってきて、三十匹ぐらいつかまえてくれました。帰ろうとすると五〇センチぐらいのあかいへびが出てきました。子供たちはそれをつかまえてぼくにくれました。えびがには塩ゆでにしたらまっかになって、ちょっと伊勢えびの料理みたいに見えました。でかいやつを七、八匹食べました。兄貴が「やまかかしはくさくてくえねえぞ」というので、へびを食べるのはあきらめ、畑へ逃がしてやりました。にょろにょろはっていくのを見て、やっぱりうまいんじゃないかなあ、と思って残念でした。

畑にいるときはいろんなことを考えました。〈ぼくはあったかい陽ざしの中で、するめのあしに糸をくっつけてえびがにをとっている。見えるものは畑と木立ばかり。線路も血のしみた砂利もない〉ぼちゃん、蛙が水にとびこむ音、〈彼女はアレについて何を考えたかな？　きっと新聞を読　みながら、涙なんかこぼしたんじゃねえのかな？　あたし　はなんで泣いているのだろう？　あたしはかなしんでんのかな、おこってんのかな？　もちろん彼女は、一五〇日間に一人ずつおっちぬ分には涙なんか流しゃしないのです。これはちょっとへんだな？　そうですね、そんなことしてたらくたびれちゃうし、だれにも、もう抵抗力はできているし。ただ、一五〇日分いっぺんにやると、泣かない訳にはいかないのです。こんな悲惨さに対してもおれは泣くことすらできぬのか、という心理がはたらくやいなや、確実に涙が出るしかけになっています。涙が出れば満足です、とっても。そのことに関して、ぼくは責められなきゃならない。ぼくは樺さんとちがう。多くの人にとって希望のかてだった「人知れず微笑まん」がぼくにとってはなやみのたねだった。ぼくはいつまでも樺さんの詩は書けない。彼女もそうだ。……彼女もそうであってほしい。ぼくの同類は少しでも多い方がいいのだ。彼女もそれに似たようなことを、ちょっぴり告白した。安倍もいるし、これで安心、安心……。あっ、でっかいのがいた。いるいる、あそこに

も見えてらあ〉
……そこにはみにくさがある、へえー？　みにくさねえ、
そりゃあよかったね、アメリカ革命にあったように、フランス革命にあったように、ところで何があったんですか？
人間のみにくさがある。ほう、そうですかい、それで？
そこには悲惨さがある。それら以上の悲惨さがある。なるほどねえ――しかしよりひたむきな清純さが、自由以上の自由を求める心が、そこにはある。

五月六日

ああどうしてもねむられない。一時をすぎたというのに。やたらにいろんな人が頭に浮んできて涙がでてきてしまう。頭がカーンとなりそうな人の波と六月の太陽と国会と宣伝カーと死ものぐるいのアジ演説を七時間もぶっつづけに走りまわり、革靴がすりへり、それでも腹の底から込みあげてくる気違いじみた喜びと、勝利感とのあの状景。それから好きで好きでたまらなかった青高の女の子に、もう絶対に会えないんだ。ファイアーストームもありえない、屋上でまってて北風の吹く外苑の木をくぐり抜けて白い息を吐きながらやってくるあの人を見ることも絶対にできない。それにどうした、おれは彼女に嫌悪の感情だけを与えて卒業してしまったのだ。頭ン中にあの髪の毛と頬と唇が浮んできえて、涙がでてきて、月刊ミュージック社のどこまでも人のいいおじさんたちの顔が浮んできて、日本プレスの社長とあの友達がニヤニヤ笑っていて、村岡が出てきて冷やかに冷笑して、中学の教師がでてきて、最後に

は、ああ、おれは樺さんを見たことすらないんだ、一言話したこともなかった。あたりめえだ、死んでから知ったんだから、と思い、おれは樺さんには絶対に追いつかないんだ、ああいう種類のすべての人々におとっているんだという不安と、この八日間ぼくは一体何をした、どれだけ勉強した、予備校にいっている連中は今頃どうしているか、勉強はどれだけすすんでいるんだろうか、まだねむくならない。

おれはいつもひとり。人とすこし仲良くなりだすと、すぐいい気になって期待をおっかぶせ、彼はぼくをこんな工合に理解しているはずだ、なんてはずばっかり多くなって、いつの間にかそれを信じ込んでしまって、失望ばかり多く、裏切られたようにばかり感じ、被害者意識が強くて、それで次の時はどうするかと思うと、警戒心十分でおっかなびっくりしながら近づき、いつのまにか今度こそは、なんて確信をもちはじめ、またがっかりするだけだ。

女の子にもそうだった。ほんのこまかなばかくさいことに一喜一憂し、うろちょろし、買いかぶるかいい気になって。だいたいぼくが好きになったすべての女性のうちで、たった一人さえぼくを好きになったやつはいなかった。勝手にしやがれ、どうでもいいや。

五月八日

とにかく樺さんには、はげしく自分をせめるものがあった。決してうやむやに自己弁護のちょっとしゃれた理屈をもってきてごまかしてしまうようなところがなかった。そして同じ人間に対する激しい愛情があった。多くの自称マルクス主義者達の欺瞞に満ちた偽善に満ちた態度がなかった。彼女は、自然に、またはそうならざるを得なくてああなったのであって、マルクス主義者になろうと思ってなったのではない。

中原素子への手紙 五月一九日

中原素子君へ。

いま一二時です。こちらも書き直し三度目です。今朝速達で出そうと思っていたのですが（せっかくのお招きにあずかって、甚だ申し訳ありませんので）間に合いませんでした。以下、ちょっと責任を感じますので書きますが、最初に断わっておきます。ぼくも君と同じです。だから以下は好きで書くのではありません。君の手紙がこなければ、こんなことを書く必要はないのです（えらそうに……）。

今日、日本歴史講座No.2をとうとう買いました（ほんとになけなしの金なのです。このため十六夜日記が買えなかった）。何故律令制が崩壊しなければならなかったか、何故、orどのようにして武士階級が成立したか、封建体制の基礎はどのようにかためられていったか、等々知りたかったからです。「岩崎さんには、デッチアゲがないな」と村岡が言い、中原君はうれしそうにうなずいていた。君は先に「BGなんてとすぐ言うが、BGってなんだろう、私たちはそれについてどれほど知っているのかしら？」と言った。「日本歴史講座」を読んでいると、日本史研究者たちのすごい努力が手にとるようにわかるような気がする。絶対にデッチアゲとあいまいさと、独善的な判断をすまいという決意のようなものが感じられる。一日中家にいて、のらくらと勉強（的なもの）をしている。兄貴たちが帰ってきて勝手なこと言うのを知らん顔をしてききながら腹の中で笑って「ぼくの方が正しいな」とそればかり考えている。いつも正しい正しいと思っているうちに一日中の自己弁護が始まる。以上のようないろんな（ほんとはひとつの）理由で、No.2を買いました。No.1の方はあんまり読んでいませんが、そのうち（こいつが曲者）お返しします。ほんとにありがとう。

「学問をしていることが、ドブさらいの仕事をする人の社会に対する有益さに劣っていないかどうか」

（「人しれず微笑まん」一七〇頁、「飯坂氏」の言葉）を考えますか？　ぼくはこうは考えませんでした。

さて、一年間のさのさとうろついて、言いたいことを言いながら「受験準備中」の看板を揚げていること。

すくなくとも、君はぼくよりは生産的な陣営にある筈です（片足をひっかけているにすぎないとしても）。

この頃、新聞に警官隊と衝突の記事が載り始めました。この間はニュースハイライトをきいていたら、期せずして「学生の歌声に、若き友よ……」がきこえてきました。てんでうれしくなりました。つづいてナントカ問題に関するインタビューです。「そうしますと日本を飛び立った飛行機が沖縄の飛行場で車輪をかすっていっても事前協議の対象にならない、という訳ですか？」「まあ、そうです。法律的にはなりません」ぼくはねっころがってきいていながら「彼女は何をしてるんだろうな、全く」と思いました（同時に、それにしてもおれも何をしてるのかなあとも思いましたが……）。樺さんは自分のプチブル的要素（実にあいまい。卑怯な人はどんな風にでも解釈できる。定義も難しいだろう。けれど、本当はみんなちゃんと知ってるんじゃないか？）を克服する道は、徹底的な勉強と闘争とで身をすりへらすことしかないと思っていたらしい。「君は何故生きてるの？……ただ、すべてに目をつむり、無の境地に入り込みたさしか……」樺さんは、こうした言葉を憎悪しただろう（樺さんはそんなに崇高だったんだろうか？）。そうではないと思う。彼女もまた「ただ、すべてに目をつむり……」の仲間だったろう。彼女はそれを知っていた。そして決してそんな発言を自分に許さなかった。（それが六四頁だ。「K・Mよ、私は彼女にこう言いました。……」）こういう具合に書いていると「てめえそんなでかいこと言えんのか」という気持がしてくる。だからぼくはいやだったのです。君のネゴトが手紙の中だけのことであれば良い、と思います。「かつて私は、大人になるためであり、すてきなママになるためであり、社会に貢献するために生きているつもりでした。けれども、そんな事はみんなうそっぱちです」と、君が考えるのは何故ですか？　君がそう考えるに至ったのは君自身の責任ですか。純粋に君の問題ですか（いい加減に、ここらでこの手紙はひっちゃぶかれそうですね。「なんの権利で、人の言葉をやたらにはじくりまわすのだろう。バカだったわ、あんなことを書いてしまって。いつもそうだわ。シャクね」）。それならそれにこしたことはないのです。でも、ぼくはもっと問題を重大に感じた。食うに困らず、適当に大学へ行ってるやつは次第に観念化していくのではないか？　というぼくの前からの恐れです（二人の兄貴とその友達を見ていての）。とにかくぼくは言いすぎた。こんな手紙はいやだ。君のすきなように感じるがいい。だが、一昨日、カフカの数頁を読んだ印象はすこぶるよくなかった。彼等の提起している問題はよくわかるように思えるが、それをどのような方向にむけて解決しようとしているのか、ということは全くわからない。「日本歴史講座」の方が全然印象が違う。おれは「……という逆説にしか生の意義を見出し得ないナントカカントカ」というのは大嫌いだ。早稲田の学生の勉強もしねえで偉そうなテツガクテキなことを言ってるやつは大嫌いだ。「シニックな笑い、ニヒリスティックな微笑……懐疑的なナントカ」そんなものは、ぼくは一切相手にしない。勝手にしろ。君も好きなようにするがいい。君が何をやっていようとラオスにむけて飛行機はとびたち、参院選は気違いじみた選挙違反を続けている。

さようなら。

PS村岡はすぐに風邪をひきます。

中原素子への手紙　五月二九日

　中原君こんにちは。
　たびたび電話して気にしたかも知れませんが、別に急用ではなかったのです。今日アルバイト先の経理の女性に「日本の歴史」一二巻を買ってもらったのです。古本屋で三七〇〇円ぐらいで買ったので、一七〇〇円でいいと申しましたが、「お金のない人から買うんだから」ということで、二七〇〇円也を頂いてほっくほくでした。そのお金で「日本歴史講座」ののこりを買うつもりだったので、君にお借りしたNo.1をもっていって、君に会えたら渋谷に来てもらって渡そうと思ったのです。それにちょっと話したいことがありましたから。

　てんで愉快です。はじめに日本史をやらなきゃだめだと思ってかぶりつきになったのは、日本の階級社会がどのように形成され、国家ができていったか、という問題でしたが、やってるうちにぼくの問題意識はどんどん移っていって、律令制がどのように崩壊して荘園がうまれ、そいつがこわれて封建社会の基盤を形づくっていったのかということになってしまい、今江戸時代を読んでますが、やっぱり江戸時代はおもしろいなあと思います。一週間たてば日本帝国主義はどのように進んでいったかということになっているでしょう。
　江戸時代——というとなんとなく長い間とろんとしてて、最後に急にばたばたして終わってしまった、という印象がすぐ浮んできてしまうのですが、実は家康が封建制をおったてた(ちょっとこの言い方まって下さい、一、二週間したらもっと具体的に言いますから）と同時に、その矛盾は拡がりつつあったらしく、いってしまえば、出来たと同時にこわれ始めていた、ということらしいのです。べんしょうほうてきなんとかというのでしょうか。そう見てくれれば明治維新ほど興味深いものはなく、それから一気にたどる帝国主義の道を調べるのもたまらなく愉快でしょう。そうすれば軽々しく「太平洋戦争に勝ってたら、今ごろ日本は……」なんて言葉がとびださなくなるんじゃないかとおもいます。ただ現在に至るまでの歴史をやってきて、ほんとに明日の問題がどれだけ明確に推察できるのか？　ということです。どうも樺さんの歴史的必然の中の自由という試験が気になってしかたがありません。

ところでこの間ラジオをきいていたらびっくりしてしまいました。ガラガラ声がいきなり「今までは低姿勢すぎた。社会党に対して寛容と忍耐だけじゃいかんと思うようになった」っていうんですからね。その次の新聞あたりでは………大学制度について考え直す。今の大学は革命の方法を教えるところになっている……という工合です。まったくおそれいっちゃうねえ。今週の「読売新聞」みましたか、明大生のナントカ室占拠の記事もいつもどおりデタラメらしいのです。

歴史がいつも圧迫されている者の権力奪取の繰り返しってことは本当にいえることだと思いますね。律令制をぶっこわしたのは奴隷のすごく消極的だけれども人間として最低限度の反抗であり、それによって形成された荘園制をぶっこわしたのは新たに発生した武士だし、武士が形成した社会をぶっこわしたのは守護大名をボツラクさせた諸国大名だし、それによって成立（確立）された江戸時代は——（これからさきわかんない、あと一週間まて）という工合に……そして資本主義をぶっこわすのは……

さて、いくらかくしたつもりになってたって、そんなにかくせるもんじゃない、というのは君が大いに力説するところですが、ぼくもそれに同意して泣いてない顔をして泣いてるのはよくみりゃわかるとつけくわえさせてもらいます。それからおまけに自分を解放するのは自分だ、何人の協力も実質的にはありえない——といわせてもらいましょう、よろしいでしょうか？　じゃさよなら

ここ数日間風邪をひいてました。九日のがたたったのでしょう。

今日の夕刊はチラッとなにかをほのめかします。ウォール街の株価暴落、二九年以来ですって、戦後一五年これといった恐慌を経験しなかった資本主義がいよいよ……なんて妄想をめぐらしちゃいます。じゃほんとにさよなら

党宣言の翻釈はかどりますか？

何かガクモン的な論争があったらふっかけて下さい。

少し退屈ですから。

PS「君」でおねがいします。「あなた」はちょっとこまります。

中原素子への手紙　六月五日（葉書）

三一新書井上清「現代日本女性史」（日本女性史続編）まだ買ってなかったら、また買おうと思っているところなら待って下さい、二、三日中にお送りします。今日買いました。「……しかし、家族制度の経済的土台はくずれたけれども、女性が自由と権利を現実のものにする経済的基礎はまだ確立されてい

ない。それは資本主義がつづく限り女性の前にふさがる矛盾で、しかしその矛盾がエネルギッシュな婦人運動を発展させている……」と読売新聞の書評にありましたので。これはひとつに、つい半分ぐらいで放っぽり出してしまいそうなので、ハガキを書いて既成事実をつくろうってわけでもあります。でもあいかわらずあんまり文章うまくないみたいだなあ。この人の活動範囲の広いのにもおどろきました。「部落問題の研究」ってのがでたらしい。それから日本近代史上、下も忘れていたがこの人でした。岩新の「部落の女医」もう読みましたか？　この次に読む予定です。

さようなら

中原素子への手紙　　七月一六日

清新なお手紙有難う。この間のことについて君が謝るのは筋ちがいです。君がそういうのならぼくは何倍も詫びねばなりません。

――泣きごとを聞いてくれるでしょうか。

七日〜一一日白馬へ行きました。兄貴の許婚者とその妹、ぼくらの兄弟の一行六人です。頂上から壮観な眺めを見下ろして〝下界は今頃……〟と言ってみたり〝人はみな旅人か、あわれはかなき夢か〟……〝おれたちゃ町には住めないからに……〟といった山の歌をうたっていい気になる山登りは大嫌いでした。記念にということで、しかたなくついていった、というところです。

兄の許婚者の妹さん、横浜国大四年生はぼくと同い年かさもなくば年下かと思っていた「大人ぶらない」すばらしい人でした。すっごく楽しい人だったので始終話をしていましたが、ぼくがお米をといであげる、といって「女の人はお米をとぎすぎる傾向があるから」といったとたん「そんな言い方へんよ。その時のおかずによってだわね、あたしがとぎすぎるか、とぎすぎないかで〝女の人〟がとぎすぎるかとぎすぎないかではないわ」と言われ、ヒヤリとしました。一〇日下山の予定でしたが、兄の許婚者がまいってしまい、一一日になりました。「ゼミがあるので……」妹のMさんは困ったようすでした。夕ぐれ……ぼくがものごころついたころから愛し続けてきた山の夕ぐれに、Mさんと語り合いました。「ゼミってなあに?」「卒論書くのでやってんですけどね……経済の……日本経済に占める主婦経済のもんだいで……」「それじゃあ婦人問題に?」「ええ、やりますよ」――やっぱりそうだったのか……

ぼくはMさんに対する自分の見かたが刻々かわっていくのを意識しないではいられませんでした。……清水幾太郎が、もう「朝日」は原稿をぼくのところへたのみにこなくなったという話、中学のときの不良――それは本当はいちばんすばらしい人だった――という話、日本史のことに明治維新についての教科書の評価の変化。一揆という言葉は新しい教科書ではつかわれてない話、まっくらになるまで話はやみませんでした。Mさんは〝阻止〟とか〝粉砕〟とかいう言葉を避けようとしているらしく、そのかわりに「政暴法反対のときなんか……」とか「大学管理制度反対なんかで……」という風にいいました。

Mさんはなんにも主張はしていないのでした。ただとっても楽しくいろんなことを話したのです。

晩、二階式のベッドの上からMさんのヒソヒソ話がきこえてきます。ぼくの姉に話しているのです。「びっくりしちゃったわ、ゼミってなんだってきくから主婦経済の……そしたら教師だったら中学生をやるべきだ、なぜかって教えてもらったりしちゃって……あのひとすごいのね……」ぼくはなかなかねむれませんでした。心の片すみで、なにかが、がっちりかたまっていたものが動揺し、くずれ始めるような気がしました。ぼくはMさんはすばらしい人なんだ、と思って、どれだけ勉強となったろう、と思っていたとき、Mさんはぼくからあんなでたらめのならべたてのなかから、何か教えられた、と言って興奮してしゃべっている……涙がでてきてとまりませんでした。翌朝はもう一〇日です。「おれはついに山に犯されている」と感じました。一歩一歩高度が低くなっていく足下を見おろしながら、たまらない寂しさを感じました。「……ああ、なんてばかなんだろう。おれは浪人受験生なんだ、明日の午後からに早速勉強なんだ。Mさんは横浜でゼミを開始するだろう。おれはそこから電車で二時間も離れたひばりが丘だ。Mさんは大学四年生だ、おれは浪人学生なんだ……」

松本で乗り換えを待つ間、下の兄と二人で歩きまわりました。「サロン街」兄が通ろうか、といいます。歩きました。のき並みの喫茶店とバー、うすぐらい街角で女と男がもつれ合っていた。「ああ、白馬の雪渓は白かったわ」とMさんが言った。それからEssoとスタンダードバキュームの話、Mさんのアルバイトの話、「一ヵ月間で、もうほんとにいやになっちゃったわ、とってもみにくいの、がまんできないのよ。そして、その解決の方法はみんなquestion markなんですもの」。めくらのアンマが杖をつきながら、よろよろ歩き「あんまー」とどなって歩いていく。

question markという発音はとても美しくきこえた。ああおれは、Mさんが好きになっている、今まで出会ったどんな女の人よりも。兄貴がMさんの姉さんを好きになってしまったのも無理はない、彼女たちはすばらしい。ぼくが、ぼくたちの兄弟に共通に見出して嫌悪していたもの、身の毛のよだつほどいやだったもの、それと全く反対のものを彼女たちはもっているんだ。想いは果てしなく続きました。松本を出る汽車のうす気味悪いこと。次第に駅構内の信号――紫色やだいだい色のランプがへっていき、まっくらな夜のなかに突込んでいく。明日の朝は新宿であり、その日の午後はべつべつの場所で――電車で二時間もはなれたところで――別のことを考えるのだろう。Mさんはゼミに没頭して、やがてぼくのことなんか忘れてしまうだろう。Mさんには確かにそれは出来る。山を下りるとき、もう一度逆に登って、帰ろうと本気で提案したMさんは、今汽車の中で笑って、ぼくと一緒に青いリンゴをかじっている。

ぼくもMさんもさびしくてたまらなかったから、二人で大騒ぎして、座席の下に寝袋をひろげて敷き、二人でもぐり込みました。上で〝二人ともいい気なもんね〟といっている声がきこえます。背中がレールの音を伝えている。

〝おれは今なにをしてるんだろう――〟

〝ほら、朝よ〟ぼくはつつかれて目を覚ます。やってきた。新宿だ。山手線の外まわりと内まわり、もうさよならだ、姉とMさんは空中に文字をかいて大きな口をパクパクさせて、首をかしげたり笑ったりしている。「今から横浜までいくのはちょっといやな気持だぜ」下の兄が同情するように向いのホームを眺めていった。五時五分だ。朝、鉄くさい、それでも朝らしい空気がとりまいている。――おれはひばりが丘までいくんだ、そして寝る、それから起きる、勉強だ――電車が走り去っていった。またいつ会えるかわからない。兄の許婚者の妹……ぼくらはまた近いうちに会うだろう、一カ月後？　三カ月後？　まてない！

あれから何日たったろう、ある日は池袋の駅までいって、二時間も立ちつくしていた。この間は図書館へ出掛けて一頁もやらずに帰ってきた。昨日、横浜へ行った。赤土の高台へ登ってMさんの家を見た。それがどうしたんだ！

おれはもうなにもかもだめになるだろう、でもかまわない。おれは一〇年間無理していた。笑いたいことをおこったような顔をし、楽しく微笑すべきときに皮肉な言葉を並べたててきた。そうしたものが今ぜんぶぶっこわれようとしている。全般的危機の段階にある資本主義社会のできごとは〝どれもこれも〟つまらない、非人間的な、バカげた、ごまかしにみちた、けがれたことなのか、民衆の……革命的人民の……彼ら搾取階級の……などとはひと言も言わなかったではないか！　おれはおそらくナンセンスだろう、今頃学連大会では殴り合いが行われているだろう。きっとMさんは問題意識に欠けた、彼女の姉さんがいうとおり「善良な市民」なのだろう。だが、そんなものはどうだっていい、おれはごまかしてきたではないか。九州の炭鉱の人たちとの人間的な理解なんて、はじめっからあり得はしないではないか。「労働者学生ならびに知識人の諸君！　われわれ全学連は……」というアッピールはどれもこれも不発弾だったじゃないか。

ああ、おれは勉強していない。なにかが心の中で裏返してしまった。そのまま落ち着くのか、またもとどおりになおるのか、おれにはわからない。重いザックをしょって、驚くべき快速さで難所を歩いていったMさんも、涙を流しているときがあるのだろうか？　そうあって欲しい、以前にもまして死にたくなったが、ぼくは受験に失敗しても平気だぞ、だが、おれが大学一年生になったとき、Mさんが教員かなんかになって、生徒の前にしゃべっている姿なんか想像できない。なにもかもものすごくへんだ、みんな全然理解してない。理解なんてないんだ！

ひぐらしがないている、おれは疲れた。

中原素子への手紙　七月二一日頃

今日は。「The Declaration of Communist Party」（まちがってるかも知れません。ぼくの訳です）の訳文すすみますか。夏休み中という約束でした。ぼくに完成した訳文一冊くれるんでしょう？　二年のとき興奮してサッと目を通しただけだったので、ほんとはゆっくり読みたいんです。誤訳など探しながら読ませていただきます。

さてぼくも気になるから書きますが、例の「家康が封建制をおったてた」というやつですが、はっきりわからないのです。結局江戸時代が先行する封建制と質的にどう違っていたかということなのですが、戦国以来の分権的な封建制を統一した封建王制に組み換えた、もちろん彼らの様々な政策は織豊政権のものを原則的に受けついだものではあったが、ってなことにごまかしときます。もちろん江戸封建制は家康によって確立されたものではなく、代々の将軍とその配下がかためていったものに違いありません（もっとも後半はくずれかかるのをどうやっておさえるか、だったかも知れませんが）。

提案。私はコミュニケーションを出来るだけ頻繁に行いましょう。サーッと目を通してヘエと笑って、ポイと紙くずかごになげ込むごとき類いのものを、です。trivial incident の紹介とその日その日の時の feeling を。われわれが家庭の中でなしえない交換をです。あるいは車内からサテンから図書館から机からです。いかが？

今、ついに「偉大なる道」読み始めてしまいました。夏休みに読む一冊の本です（かわいそうに）。

あるいは中国現代史の理解の一助として（ということは受験としての日本史に役立たせ）、あるいは朱徳おじさんの苦労のあとにびっくりするため、あるいはアグネス・スメドレーがなぜ赤の中国を好きになっちゃったのかを知るため。とにかく気になってた本でした。

岩崎さんと愉快な晩をすごした日のことをお知らせしましょう。ブクロで会って、ナントカというクラシック喫茶に入って、ソーダ水をのみ、主に理科と社会との相違（学問としての推論の立て方とか……）、大学院の生活のこと（一人で飯くっていけるのかどうかとか……）、それから女の子の話（先生恋愛したことあるだろう？　っておれがひやかした。エヘヘって言ってた）。それから東京へ行って岩崎さんいきつけのマトン料理屋へいったら日曜なのでもう閉店！　といわれ、においまで嗅がして悪いナというわけで、駅地下街へまいもどってナントカでビフテキ喰った。スープもついてる上等のやつ。それからビール二本。おみごと、エビガニゆでたみたいに岩崎さん赤くなった。だから外ではのまないことにしてるんだってさ。でも少しも酔いはしないんだぜ。ここでは雑談がおも。それからナントカというシャンソン喫茶。となりにガクレンのあんちゃんがいてうるせえったらねえのさ。「だいたい労働者がだなあ、ある時点においてだなあ、学生より意識が低いってのは当然のことなんだよ。だいたいなあ……」

ここでは主に学生運動なんかの話。それから地下鉄でサヨウナラ。鈴木はミツケでおりて、おれは西武線でずっと一緒。「今度はほんとにマトンくわすから電話しろよ」きせるの切符のうらに電話番号書いてくれた。おしまい。ぼくは心配でたまらなかった。「岩崎さんあしたから絶食しなきゃなんねえんじゃねえか？」兄貴がデザイナーやってってたかるんだと言っていた。でも彼の地下鉄の不正乗車はみごとだった。みょうが谷までの定期でサッと東京駅改札口を通過した（ビールのむ前だった）。

あっそうそうおれたばこ一本すっちゃった。鈴木が岩崎さんのもらってすっているのでびっくりしちゃって、岩崎さんがおれにすってみろというので、一瞬あたまん中で「ピンチ！」と思った。でもタバコに関してはおれは何年間もの考えがあるので「大文夫だな？」って自信があった。そんじゃすってみるか。「うまくもまずくもねえな」「うん、ほんとにそうだな」だってさ。それで岩崎さんたてつづけに喫った。友達がパチンコでもうけてきて、いらないっていうのに、もってけもってけってんでもらってきたんだそうだ。「すってもすわなくてもいいんだ」と言ってた。おどろいた。鈴木のやつ「村岡にすえっていわれて喫うようになったんだ」だとさ。みんな要するにチンピラさ。ふだんはでけえことといっててみんなこれさ。大人か子供かが、彼等にとって最大の関心事。

中原素子への手紙　八月四日

ぼくは自分の幸福についてかなりはっきりした映像をもっています。それは今までに幾度かほんの一瞬に感じた幸福感を、その時「ああ、こんな気持でずっといられたらなあ」と感じたことの累積から生れたものです。

けれども、今、ぼくは自分の幸福がみにくく歪められているのを感じています。それはどう考えてみても社会的なさまざまな圧迫なのです。ぼくは目の前に自分の幸福がぶら下がっているのを知りながら、また決してそれを捉えることが出来ないのだということも知っています。ぼくはすべての人たちと同じように現代の、人間を疎外する様々のものを重く背負って立っているのに気づくのです。

自分の幸福を阻害しているものを知りながら、かえってそれを我慢することにひたすら幸福を見出して生きている人々がいます。ぼくはその人たちをかわいそうだとも、批判しようとも思いません。それは現代の社会が当然の結果として与えたある人々の生き方です。

でもぼくは違います。ぼくは自分の幸福の映像をもっています。ぼくは絶対に幸福にならねばならないと感じていますし、人間は一秒間でも不幸があってはいけない、「いつかはきっと幸福な日々がやってくる」ではいけないと思っています。

ですからぼくは重圧を感じます。憤り、限りないふんまん。……でもそれが一体なんでしょう。憤ることが現在のぼくにどれだけの意味があるのか？　もっとおとなしく、だまっている方が利益が多いはずなのです。

ぼくは山というものを知らなかった。なんだか金のあるやつの遊び臭くっていやだった。しかし何故沢山の人々が山へ登るのだろう。それは彼等が必死になって意味づけを行っている。「そこにあるから」だとか「神秘だから」とか、ましてや「征服感を得られるから」という理由からではない。山は楽しいのだ。この煩雑さ、不快さから脱出することができるからだ。ぼくは信じている。どんな人も地上で会うよりは山で会った方が美しい。それは山へいくと人が変わるからではない。山へ登って、はじめて元の姿にもどるのだ。地上のあらゆる社会の就縛、良識、常識……それらから解放されるのだ。

だが、ぼくたちは山を下らねばならない。おり立ったふもとの寒村には中風で杖をつきながらはなたらしの子供をおぶって買物にいくじいさんの姿があり、松本のサロン街は毎夜饗宴を繰り拡げている。ぼくは後悔の気持にせきたてられ、たくさんの人々が、ぼくに向って「ナンセンス！」を投げつけているように感じる。だが、ぼくの抱いている幸福観と山の生活とはいかにも似ていた。人々はおだやかで生活は単調だった。いやらしくてめんどうなことはひとつもない。すべての人々は美しくみえた。こうあるべきなんだ、これが本当なんだ、とぼくは繰り返し思った。

彼女がライオンで姉と会うときいた。ぼくは理由を探して出掛けた。相も変らぬ渋谷の雑踏。そして企学連の叫び。「あらゆる核実験に反対する唯一の組織、全学連にカンパを！」ぼくはそのまま帰りたくなった。この人たちの方が何十倍も真実性をもっている。……では彼女は？　彼女は明日山へ出掛けようとしている。また？　そう、何度でも。ああおれにはわからない。何が正しくて何がインチキなのか？でもやはりぼくは行くのだ。「ローマの松」が大きく響いている。「今日は」あらゆる就縛にとじ込められた彼女の姿。彼女もぼくのことを、なんて山にいる時とはちがった人間だろう、と思って眺めているに違いない。「勉強すすみますか」――このおれが一番嫌いな言葉、少なくとも仲良しの人と話すときぐらい「受験生」から解放されたいと思うとき、必ず発せられる言葉。だが、それがなによりもの会話の端緒に外ならないこの社会。――それが彼女の一声だった。

この手紙でぼくが君に述べようとすることは以上の通りだ。

ぼくは何ごとも言うべきではないし、言ったってはじまらないのだ。ぼくが他人に向って言うことば。それは「ええ、なかなか好調です。すっかり自信がついて……」それをいう自信がないなら、もう残された言葉はない。ぼくは君に言うことはなにもない。君がぼくに手紙をくれるのはうれしいが、ぼくはそれに答えることはできない。ぼくは革命家ではないし、女性解放論者（いかにも！　古くさいですね）でもないし、君のあらゆる期待にそえる人間でもない。おれは一人のばかばかしい人間だ。病床の中でねむれない夜に向って叫ぶことばもなく、涙でなぐさめ、いつしかとろとろまどろんでいく何者でもない人間だ。体制か反体制か、そんなことはおれにはどう言っていいかもわからないし、ぼくに幸福と不安を与えていった女の人をどう評価していいのかもわからないありさまだ。

以上がおれのいいたいことのすべてだ。この手紙に関する一切の批評を許さない。おれは樺美智子ではない。彼女の意匠も合わない。もう彼女のことは言わないで欲しい。

八・四

PS ぼくはNo.1をまちがえて返してしまった、と言ったはずですが。

中原素子への手紙 一九六三年一月六日（葉書）

謹んで古びはじめた初春のお慶びを申し上げます。大嫌いな死霊がいよいよぼくの隣りの人にもふりかかってきたような感じです。※

現在のアメリカの繁栄の生みの苦しみであった南北戦争があんなに凄惨なものだったとは知りませんでした。

男女間の感情の交錯は面白味がないと思いました。

※……でも入手し得る最後の記録に於ても、美智子は蹶起し続けていたことを慰めにしたいと思います。四年生でしたから……

PS「文部省まえ」ほんとにごめんなさい。

一月六日

中原素子への手紙　二月一一日（葉書）

一年の漢文の教科書 まだありますか？
申し訳ないんだけど 有ったら おくってくれません？
絶対必要とまではいかないけど、みておきたいんです。
・民族友好大学史学専攻
・教育大学東洋史専攻
・外国語大学ロシア語専攻
・横浜市立大学文理学部
全部おちたらもう一年です。
以上最終決定報告します

PS送り状には あまりショッキングな文章を避けること。
またこの文句を批評しないこと。

中原素子への手紙　三月四日（葉書）

報告！
一つ、民族友好大学一次通過拒否さる。
二つ、教育大学通過見込なし。
＝数学に於ける破局的失敗＝
以上

（付）四日午後現在の精神状況
静かなる心臓の鼓動をきけ。
そは過去遠く始まり、（以下中断）

（落書）「……われわれの先輩が犯したあやまちを、おわびする。終始一貫無実を叫び続けてきたあなたの崇高な態度と生命力に、深甚の敬意を表したい。……」

（おわりに）扁形動物門多岐腸目のプラナリアは二〇〇以上の小片に切っても再生する。

尚、供物、花環の儀は固くお断り致します。

第三章　大学時代（Ⅰ）マル学同加盟

一九六三年四月～一九六三年一〇月

○中原素子への手紙
○ノート
○論文

中原素子への手紙　一九六三年四月四日

自民党の区議会議員の選挙候補の宣伝カーに乗って、たとえば目黒区をねり歩くというようなことを、ぼくがしたら君は軽蔑するかい？　これはちょっと深刻な質問です。

「雄弁は銀、沈黙は金」という言葉が、日本にあるそうです。沈黙は雄弁にはるかにまさっている。という考えは、カントもゲーテもとっていたのだそうです。《現代のマスコミ時代には、ちょっと考えられないこと。それだけに、深い問題を投げかける》のだと、何かに書いてありました。

そこで提案します。一切の議論は手紙を通じて行いましょう。文面では観念の凝縮と、一切の反省の時間が求められます。会った時は映画をみるか、音楽会へ行くか、あとは途方のないおしゃべりにしましょう。以上が、教師の家へつくまでに飛来した思いつき。

ノート　四月一二日

手記をつくるまいと何度思ったか知れない。
手記をつくることによって犯される過ちのほとんどを、高校時代にしてしまったと言っていいと思う。
過ちとは次のようなものである。

・手記を休息の場としたこと。作文することによって休み、愉しみ、嘆き、泣いた。即ち、頽廃的にしたのである。

・考えが凝縮されなかった。ぼくの思惟の順序は、動↓反動↓凝縮（止揚）の型をいつでもとっていたが、でたらめに書きつけた手記に於ては、一時の思いつきがそのまま述べられた。

だが、今手記をつくることの必要性をひしひしと感じる。

一時の思いつきが一つの形を整えられるまでに煮つめられたのちには、書き留められねばならぬ。書くことは考えたことである。そしてまた考えることであり、書かれた時以上に考えねばならないことを要求するものである。

この手帳を反省の場としよう。あの恥辱に満ちた、ガソリンをぶっかけて焼かれなければならなかった十数冊のノートの過ちを克服して、真に前進的な人間の発達の鍛錬の場としよう。

重ねて決心するが、恋心的な、ぐち的な、自慰的な文章を書かぬようにしよう。考えたのちに書こう。書いて考え、考えて書こう。同じ誤りは二度繰り返されてはならぬ。

言葉の遊びに堕することを警戒しよう。

以上書いただけで、如何に自分の作文力が稚拙なものか身に泌みてわかる。一年間の反省をここで総合的に行いたいが、その自信は全くない。致し方ないので断片的に行う。

この一年間の生活は一時に反省されて、整理され、終わってしまうものではない。断片的でいいからじっくりやっていこう。

ただ心配なのは、そうしている間にも反省の上に開かれるべき大学生活が進みつつあるということだ。

・ぼくには本当の意味での自己批判というものはないのだろうか。

この一年に何度かそう思った。樺美智子に対する評価の目まぐるしい移りかわりは何だろう。自己批判という言葉はよそよそしくてピンとこない。「反省」で十分だ。反省、――ぼくは自分に対してこの言葉を用いる時、樺美智子の像を思い浮べずにはいられない。反省ということが、ぼくにとって大きな問題になったのは樺美智子によってであった。また、大浦圭子によってであった。そして、いずれもその〝死〟に依ってであった。

ノート　四月一三日

横浜市大生のタイプに、カタパン型、パチンコ・マージャン型、学生運動型があるそうだ。第三の型になって欲しい、と大学管理法反対実行委員会のパンフレットは訴える。学生が三つの型にわかれてしまうというのは事実かも知れない。だが第三の型に入れというのはおかしい。何故第三の型でなければならぬのか。必要なのは第一と第三の型を折り混ぜた「型」だ。困難さの問題に拘らず、そうでなければならない。樺美智子はその第四の型であった。学問と闘争は離れるものではないし、離れて行われること自体がおかしい。だが現実の両者の両立せる実践は困難だ。そこに樺美智子の苦しみがあった。そしてまたその苦しみこそが彼女を本当の意味での革命家にしたのだ。

ノート　四月一七日

目黒区議会議員の選挙アルバイトを紹介された。

断った。最終的に拒否の態度を決定する迄に血迷った。
1、引き受けよう。構わんじゃないか、もうかるんだから。
2、政治的良心を守り貫くべきである。これこそ金の誘惑ではないか。
3、政治的良心云々はロマンチシズムである。教科書代もないじゃないか！
4、教科書代がなくても断るべきである。他のバイトを探せ、もっと苦しくなろうとも。ぼくは反体制の運動家として生きる約束だ。
以上の四段階を通じて（説明不足で明瞭に意識の深まりを描き出してはいないが）学んだ。良心を堅持して行くことは想像上で興奮して決意するよりはるかに困難な問題である。残念なのはこの四段階を通じて〝観念的遊び〟の気味を払いきれないことである。

ぼくには本当の意味での自己批判、苦しい内省はないのだ。奥家につきまとう暗雲——などと逃げてはいけない。

一切が灰色に見えてきたら神経衰弱になりつつあると思え——ということである。

おれなんかしょっちゅう一切が灰色に見える。ただ、回復力が強いだけだ。灰色だったり、バラ色だったり。おれの生活は全くその差が激しい。時々、松林におちてる松ぼっくりと露をふくんだぶどうの房を思いうかべる。今日の午後の前半は松ぼっくりだった。やりきれない思いだった。精神的に満たされない腹立たしさと、淋しさを感じるのだ。思いきって史学研究部へとび込んだ。女と男の二年生が一人ずつしかいなかった。好きなことを喋った。一緒に帰った。「日本女性史」と「解放の哲学」をコチョンにケナし、部落問題の研究方法に疑義を入れた。ずっと一人で喋りつづけた。二年生の女の子「村上陽子」はカンジがいいな、と思った。恋愛ザタはいやだぜ。

ひばりが丘に下車すると、「少しバラ色になってきたな。実り豊かなぶどうだ！　ぶどうだ！　今に……」と思った。

中原素子への手紙　四月一八日

個人の思考が如何に変動するものであっても、また、現在の状態に固定することなく、〝進歩する〟ものだとしても、人は自分の過去に述べた〝既に変ってしまった〟思考について責任をとらねばなりません。いたずらな「変更宣言」は決して許されてはなりません。

ぼくがとった暴力団的行為、ないしは官憲的行為に対して、心からお詫びします。しかし、お詫びするのは、行為自体ではなく、「そうしなければならなかったこと」をです。ぼくは、貴女宛に出し、君が受け取り、既に君が所有している手紙を取戻すかわりに、それにおきかえるべき手紙を用意するつもりでした。しかし用意出来ませんでした。

真相にふれます。アルバイトを紹介してくれた友だちに断りのハガキを出してから、考えました。お金がないのです。教科書も買えないし、飯代もないのです。「プチブル的遊びだった。政治的良心なんて！するかしないかの選択ではなく、しなければならないのだ！」友達にあやまるつもりで家へ行くと戸締りしてあって、郵便受けにぼくのハガキが入っていた。ひっこぬいて破りすてました（ずい分おかしなことを平気でやるな、何回でも）。

友だちに会うたびにコテンにやられました。「別のバイト探せよ、全然カンシンしないなあ……」混乱が起りました。頭の中で。それから君ンチへ鋏をとりに行きました。……それから中学の教師のところへ行きました。フー太郎の話をしてくれました。横浜港のクーリーです。彼が学生時代にやったのです。いいバイト、何十貫かの荷物をはこぶと、相当たくさんくれるんだそうです。まちがっていたことに気づきました。彼にはいつでもこのような方法によってやられます。

ぼくは君から取戻してどこかへ捨てちゃった手紙の文面が、君のところに保存されているのと同じ意味を持ちつづけていることを、おごそかに報告致します。「血迷った」ことを深く恥じ、謝罪します。文字通り敗北者の淵に立ちました。以後厳しく努力するつもりです。

阪本勝は落ちました。体制側の可能な限りの選挙妨害は成功裡に運びました。ハチ公前の共産党の必死の告発とアジテーションを聞いているうちに、ぐらぐらするほどの憤りに見舞われました。

革命はただ遠く、民衆は相変らず無知！ オリンピックってそんなにすばらしいんですか？ 高速道路――それは大資本家の要求ではないのですか？　東海道新幹線は？　オレたちが一生乗れそうもない「すてきな超一流の夢の超特急」は？　彼らの気違いじみた選挙妨害は成功し、成功し、成功しました。われらの東都政万歳！　万歳！　万歳！

帰りに「世界」＝一七年七月号＝を読みながら来ました。「血のメーデー」もヘンテコなものだったようです。しかし、相変らず、すばらしいのは警官諸君の行動です。安保闘争にみられた彼らの行動と、が、あまりにも一致していて、＝三五年八月号＝を読んでいるような気持になりました。

何度読んでも、あの時と同じ気持になれます。安保はまだ、ぼくの中には生き続けています。明日市大へ北小路敏が来て講演します。市大でも民音とマル学同が対立し合っています。しかし互いによく理解し合ってもいるようです。市大の総合誌「創造」を送ります。創刊号です。笑わないで下さい。大学の歴史が浅いのです。でもみな一所懸命です。

学長の論文が一番アタマ、助教授・教授の論文が多いこと、に反撥を感じるでしょうか！　だとすれば、君の定式化された過ちです。市大にとっては学長は学生の尊敬の的であり、教授達は良き相談相手、雑談相手、ケンカ相手、論争相手なのです（遠山先生を筆頭として）。遠山先生の講義をききました。言葉を濁しません。論旨をあいまいにしません。明晰そのものです。ニヤニヤ笑って「試験は難しいから〝優〟の数を気にする人は僕の講座やめた方がいいよ。〝優〟は去年五％しかなかったよ」。

史学研究部とある運動部に入りました。運動部の方は数カ月して退部しなかったら、お教えします。

ノート 四月一九日

無能なくせに（又は、故に）学生の前でデカイ面をして、十年目の十回目の冗談を飽くことのない熱意をもって語る奴には腹が立つ。それをいい気になって相づちを打ち「学生運動批判」にニヤニヤして喜んでいる学生には失望を感じる。こうしたことを口汚く他言すれば、気が休まって、何も残らない。要は、そうした教授の存在と、学生の精神状態を深く把え、自分の反省の課題にすべきことだ。

中原素子への手紙 四月二〇日

混迷を続ける学生運動とぼく自身の混乱
＝市大よりの報告・思想状況＝

■北小路の講演は明晰そのものだった。二時間以上にわたって行われたが、その講演が論理的明晰さを持つのみならず、個人として、ぼくは次の如く収穫を得たと信じている。
▼彼の言葉には高度の説得力があった。説得力というのは論理的一貫性あるいは情熱というものではなく、真実性がうかがわれたという意味に於てである。真実性というのは、ロマンチックな観念ではなく、相変らず、共産党＝民青に対する激しい批判の中にも、過去の自分たちの運動に対する苦しい反省がみうけられるということである。北小路は（個人的に言うことにする。唐牛問題があるから）今や、うわ

ずった声の「共産党批判」から抜け出し、日本に於ける革命の展望という問題に地道に、根強く、とり組んでいる。現在の思想の沈滞と混迷の時期に、「それ故にこそ」この時期の持つ重要性を把えて、苦しい活動に耐えているように見られた。

▼これに反し、講演後の討論会に於て、共産党＝民青のとった態度は、ナンセンス極まりないものであった。司会者（この会は民青と対立する「平和と民主主義を守る市大生の会」（以下略して平民会と言う）の再三にわたる「論点を明確にして理論的な批判によって、問題を深く掘り下げよう」という言葉にも拘わらず、ドグマティックに「党のゆるぎない、絶対的な正しさ」をわめき立てるだけであった。彼らは自分たちの理論の欠陥を、いたずらに大きな動作、手ぶり、身ぶり、声、によってカバーしようとするかの如く見られた。

▼少し先ばしりすぎていたようだ。北小路敏の講演は、「安保と全学連」と題して、相変らずの安保闘争にしめた全学連の役割とその後の学生運動、唐牛問題、米ソ核実験阻止問題について、共産党を批判するという骨組みを通じて喋ったのであった。この講演は主に一年生を対象に行われ、昨年二〇票の差で民青を破り文理学部の委員長を得た平民会が、さらに勢力を拡げようとする意図が秘められていたのであった。平民会はこの集会（四月一九日）をみごとに成功させた。

▼本日、二〇日には「浜大フェスティバル」なるものが芝生（通称シェークスピア・ガーデン）で、たった数日のアピール期間しかもたずに開かれて、歌って踊って楽しんだ。この主催者側のメンバーには、昨日の講演会で一席ぶって聴衆のヤジの前に引き下がった民青系の顔が多く見られた。共産党＝民青側の巻返しとみるべきであろう。この集会も成功した。ただ、この「フェスティバル」なるものは、歌って、踊った、のであるから成功しない訳はなかった。

■帰りに社研の一人（民青員）に昨日の集会と今日の集会はどちらが楽しかったか、と問われた。ぼくは「どちらも楽しかったが、どちらも何か欠けていた」と言った。今日の方が、はるかに市大生の「生活の要求」をよくとりあげているだろう、と問われた。「そうかもしれない。しかし、歌って、踊って、若さ万歳！ ではものたりない」と言った。

▼しかし実際は、ぼくの中に深刻な混乱が起っていた。昨日の集会から（七時半に終わった）帰る時は、北小路の正しさ（ぼくの闘った闘争の正しさ）を久しぶりに確認して、大きな喜びを感じた。しかし、今日の集会の雰囲気は、またも、ぼくに大きな動揺をひき起した。昨晩は激論の後のすきま風に似た淋しさを相変らず感じたし、北小路の話をきかなかったら決してみることがなかったと思われるような、いやな夢もみた。今日は楽しかったし「女の子と踊るのは楽しい」とも思った。即ち、二日間とも満たされた気持にはなれず、ただ動揺を感じたばかりである。今日、社研の者に「平民会は悲壮的で、民青は、お楽しみ的だ」と言った。

■昨日の集会の討論会では激烈なやりとりが「白紙の」新入生の前で行われた。ぼくは「新入生の意見も述べさせて欲しい」として、次のように述べた。「新入生の諸君に、新入生の一人として訴えたい。ぼくたちは、このような学生運動の混乱をまのあたりにしても、それによって、ガツガツ勉強だけにしがみついたり、マージャン・パチンコに耽ったりして、学生運動そのものに失望しないようにしよう。現在、我々は傍観者でよいから、どちらが正しいのか、或いはどちらも誤っているのか、飽くまで理性的に判断し、学生運動に参加して行こうではないか」これは新入生および、ぼく自身に言ったのだ。

▼現在、ひとつの構想は、一年生を中心に「学生運動を正しく理解する会」を作って、平民会、民青の代表にアジ演説をさせたり、学習会を積んだりして、一年生を把え、学生運動にソッポを向かせない

ようにすることだ。
▼しかしながら、問題は大きく、深い。ぼくは市大に来る前に、現在の学生運動の理念を作っておらず、対立の前で足踏みしているのが恥ずかしい。一刻も早く明確な理念を得て、組織に入りらずして、何事をやろうというのか！）あるいは新しく組織を作り、運動に参加したい。学生運動は常に大きな意味をもつことができるし（正しく展開されればナニナニナニ……という可能性を持つということである）五人、一〇人あるいは二〇人を蹴落すことによってのみ学問の場を得た者として、それはあまりにも当然な責任であるとも考える。
▼以上で、市大からの報告、およびぼく自身の報告をおえて、中原素子君が現在の混迷を前に傍観者としてとどまることなく、自己の責任を意識（おこがましいけど）（先の意味での「責任」ばかりではありません）する者の一人として、ぼくの仲間となってくれるよう呼びかけます。

＝補足＝▼同封した「裏切られた青春」T・B・Sの放送録は既になま放送、あるいはテープ、またプリントによってごらんになっているかも知れません。この紙切れに対してぼくの意見を述べれば次の如くです。

このような放送をされても、ぼくは「裏切られた」という気がしない。唐牛のアジテーションは真剣だったし、ぼくはあの時の彼の顔を信用している。裏切ったとしても、安保にしめる全学連の位置が歴史的に動くものではない。むしろ、商業的、そしてまた、ある明確な意図をもって行ったT・B・Sの報道を「待ってました」と飛びつき、テープを作り、プリントを作りして職場に、同盟に配ることに異常な熱意を見せた共産党にこそ、いくら弁解しても払いきれない不自然さをみとめるものである。

▼しかし、ぼくのこのような言動は、ぼくの安保闘争の闘い方に根があるのだ。安保闘争に於ける闘いの姿勢は、ぼくと君とでは大きく異なっていることと思う（このいいまわしは、安保闘争に於ける君の行動を、ただ一度も、具体的にきいたことがないためである）。ぼくはここに公然と君に対して闘いを挑む！　一九六三年四月二〇日

もちろん、トロちゃん、民青の他に構造改革派、社青同、……、があるわけです。

ノート　四月二〇日

はじめに戻れ！

出発時の未来に対する意気込みは、いつでもみごとなものだが、日一日と出発時の意気込みはうすらいで行く。

いつだったか、目黒にいたとき、交番の横を通りながら、ふと小学校に入った時に買ってもらったセルロイドの鉛筆入れのにおいをおもいだしたことがあった。びっくりしながら、なつかしくなり、「あの時の新鮮な期待はどうだろう。それが、今は中学三年さ。あの希望に満ちた晴れやかな日の思い出は、今にあってはあまりにいたいたしい」などと思った。

七歳の、「学問に対して全く無知な子供に何を言っても仕方がない。ぼくは今一九歳だ。大学生活の「かくあるべし」の像をおぼろげながらに持っている。七歳の時とは明らかに違うのだ。

しかし、意気込みは変らない。希望は変らない。それでいいのだ。意気込みが毎日の生活の中で、なしくずしにすりへらされ、摩滅して行くのは仕方のないことだ。しかし、摩滅しきった時に、小学生とは違って、現在のおれには立ち戻る場所がある。

セルロイドの筆入れのにおいだけがむなしく思い出されるのではなく、そのにおいと、そのにおいの底を流れている「かくあるべし」の像をも思い出すことができるのだ。その時、磨滅しきった意気込みは充電される。

はじめに戻れ！　飽くことなく学べ、そして疲れたらはじめに立ち帰るのだ！

ぼくはその「おぼろげながらのかくあるべしという像」をぼやけさせないように、早く書いておくべきだ。それはこのノートの最初に述べたように、この一年の反省を通じて出てくるものなのだ。ところが今のぼくには、カラッきし文章力がない。それはもう、書いていて腹立たしいくらいだ。そこで、断片的にやっていこうとした訳だ。ところが、断片的といっても、その断片が、とっくに心の中でまとめあげられ、整理され、生活の中で生きているというつもりになってしまっているのだ。今さら書くことはないという気持だ。慢心さ、慢心だよ。

ノート　日付不明

安保闘争がぼくに果した役割りは大きい。しかし、安保闘争によって、ぼくの人間が変ったのではない。安保闘争は、ぼくの人間が変る契機を作ったのだ。安保闘争以前、ぼくは教会へ通っていた。聖書に香水をぬってうっとりしていた。もちろん、ぼくの心の中に神などいなかった。ところが洗礼をうけて、牧師として一生を送りたい、なんて考えていたのだ。以上の二、三行で安保闘争以前のぼくについては述べつくしている、と言える。なんとも言えぬいやらしさ、をもっていたのだ。だが、そのぼくをより正しく浮き上らせるためには、ぼくが置かれていた様々な条件を考えねばならぬ。

安保闘争がぼくにもやってきた。樺美智子の死に出会い、ぼくの興奮が絶頂に高まった。意識化されたぼくにとって、過去の自分を思うことは、闘争を激化させる要因となっただろう。

安保闘争は終わった。また以前の過ちが繰り返された。長く、長く。「読書新聞」、マルクス主義的文献、その他もろもろの評論的著作によって、自分の過ちに気づき始めた。自分を弁護しようとする楯の弱さに気づき始めたのである。村岡と出会った。数々のまちがいが続いた。高校も最終学年を迎えて、しばしば村岡との議論は激烈なものになった。議論を通じて、ぼくは自分が村岡の批判をしていないことに気づきはじめた。批判する点がみつからないとともに、村岡のぼくに対する批判はいつでも同じ点であることを知り始めた。三年の後期にぼくは自分をはじめて裸にして、照明をあててみつめることができるようになった。しかしそれによって、裸のみにくさを正すことができた訳ではない。村岡と絶交した。回復した。絶交した。その間に母と再会し「母」のイメージがぺしゃんこにつぶれ去った。卒業した。受験勉強が始まった。村岡と回復した。七月、絶交した。そして現在に至るまで彼との間に音信はない。「母」のイメージがぶっこわれ、村岡との絶交（その意味するもの）、そして、浪人生活がぼくに反省をもたらした。樺美智子に対する評価は安保闘争後から浪人生活が終わるまで変化し続けた。「人知れず微笑まん」は計り知れない回数で、ぼくに反省を求めた。

そして、現在、安保闘争の経験と浪人生活との上に立ったぼくがある。しかし、安保闘争前のぼくから、現在のぼくが完全に抜け出しているとは言い難い。残念ながら、醜さの小爆発を幾度もみなければならない現状である。

以上はあまりに荒っぽい、この三年間のスケッチであるが、安保闘争がぼくに果した役割を正しくみつめる役目は十分に果たしていると思う。

今後四年間の大学生活は、ぼくの社会人としての型（タイプ）を作る上で、極めて重要な期間だと思う。生活の仕方、行為についての反省に於て、敏感すぎる、ということはないと思う。

中原素子への手紙　四月二七日

▼昨日のデモは大きな刺激になったようだ。高校生会議時代の連中にたくさん会った。

▼昨日のデモに参加した市大の一年生には、いろんなのがいる。下田出身で二年働いていたのがいる。ぼくら一年生は素朴な問題意識から出発しようとしている。

▼昨日のデモに必ずしも賛成していない。むしろ不満な点が多い。

▼今日、市大にマルクス主義研究会があるのを知った。史研は少しも原典にふれようとしない。ぼくの提案はアッサリけとばされた。

▼史研の分科会は、戦後政治史、日本女性史、社会発展史、部落問題などがある。ぼくは戦後政治史に加わって、責任者とやらにされた。

▼マルクス主義研究会は「共産党宣言」「賃労働と資本」を終えて、今日、資本論第一回に入る予定だっ

た。史研をやめたくなった。

▼戦後政治史は安保を生み出した背景と安保そのものの研究。現在のフクロウ的状態を抜け出すために加わった。

▼現代史研究会というのがある。マル研と同じメンバーらしい。即ち平民会と同じメンバーである。テキストは何を使うかは忘れた。

▼史研は民青の拠点なのである。要するに。

▼クラス委員というのにされた、公的に認められているアジ機関である。六三名の結束を勝ちとらねばならぬ。

▼個人的に、女の子と"Communist Manifesto"の読書会をやることにした。英語の勉強と理論の勉強という建前になっている。

▼手を出しすぎて、くたびれた。

▼五月二日、史研で遠山茂樹の講演会をやる。「歴史は科学である」わかる？　オレぜんぜんわかんない。テキストは例の「歴史とは何か」（岩新）。

▼今日知った。市大はルーズだから遠山先生の特別講座を一年でもきけるらしい。研究室で二〇人以下でやるんだろう、きっと。

▼バイトもしなくちゃさ。

▼君の手紙と一緒に豊畑先生から、あんまりあせるなというようなハガキがきていた。あせっていることは事実だ。

▼時々アタマがガーンとしてくる。今年理科大に入った友達が、オレが肋膜になってねこむのを待って

いる。
▼万年筆見つかってよかったね。伝染するとは知らなかった。万年筆迷子のため黒ペンにて失礼！
▼どっしり落着いて勉強するひまなんかねえや。バカみてえ。
▼早大婦研に栄あれ！
▼……

ノート　四月二八日

今日高校三年のクラス会だった。村岡と鈴木は来なかった。いつの間にか頭の中で彼らが来ることにきめてしまっていたのだ。走って行って乗ろうとした電車のドアーがぴしゃっと閉じた時のような気がした。アジ演説をする気力がふっとんだ。女の子たちが美しくなっていた。豊かな胸、肉感的な唇、愛くるしい頸筋——じっとみつめていると頭がかすんでくるおもいだった。男たちもみんな立派になっていた。ぼくは自分がとり残されているのを感じた。みんなこの社会の中で、上手な身のこなし方をおぼえ、テキトウに楽しく、若さを味わい、つまらんことは考えないようにしているのだ。楽しい連中の中にあって、たまらない孤独感を感じた。

みんなぼくみたいな人間をどう感じているのだろう。いやいや、その心配はない。

心の中とは反対に、ぼくは十分楽しくやって、女の子たちを喜ばした。

金子も別の立場で淋しく感じていたのではないか？「奥さんは変らないね」と言った。そして、弁解するようにつけたした。「ぼくも、筑豊へ行って、子供のためにパーティーをひらいたりしているんだけどね」互いに孤独感を味わってりゃ世話はない。丸山真男の「タコつぼの論理」さ。

帰りに、ぼくの気持を満たしてくれるのはマルクス主義研究会だけだと思った。彼らはほんとうの話をする。正しいと感じるのは彼らだけだ。

史研の連中は大嫌いだ。自己欺購だ！――とうとうこの言葉が出てきた。目をつりあげ、ヒステリカルに、頬のこけた人間が、憑かれたように、「全学友は決起せよ！」

豊畑先生から、あせったってはじまらない、という意味のハガキがきていた。しかし、飢えはその日の問題であって、明日のことではない。先生の気持はわかるが、乳の欲しい嬰児に、なんといって、哺乳を明日に延ばすのか。このたどたどしい文句。これでも文章だ。自分の気持をみずみずしく文字に出来ず、書いているうちに別のものをでっちあげてしまうおろかさ。

ノート　四月二九日

樺美智子の像を固定しよう。

樺美智子のイメージは、これまでぼくの頭の中で、目まぐるしく変化してきた。ぼくは、市大で今後四年間学生生活を送ろうとするに当って、樺美智子を頭の片隅に置きたいと思う。前進しては必ず樺美智子に立ち戻ろうと思う。ぼくの心のよりどころを樺美智子にしたい。そのために、樺美智子の像を固定せねばならない。

ぼくにとって、何故樺美智子が重要な意味をもつのであろうか？　それは、樺美智子が（正しくは、樺美智子の死が）ぼくに反省ということを教えたからだ。安保闘争以前、ぼくは反省を知らなかった。自分の下す厳しい批判が、正しく生きるために、どれほどの意味をもつかを知らなかった。大学の生活はいい加減だ。ガリガリ学習しようと、遊びこけようと、一切が自由である。そして、意識化されない人々は学びもせず、遊びもせずに四年間を生きていく。決意をもって門をくぐっても、一分間と呼吸を止めることが出来ずに吸う空気がよどんでいる時、決意のみずみずしさは失われ、無力になって行く。ぼくは樺美智子の精神を正しくとらえ、それに触れ、自分を樺美智子に近づけたい（こうして出来る樺美智子の像が偶像であることは避けられない。ぼくは、そのことに躊躇しない）。

樺美智子は死ぬ一時間前、スクラムの隊列が組み直された時、指導者の注意を押し切り、最前部（七列目、中央）に加わったことが知られている。その勇気に注目すべきである（ぼくはここで、勇気そのものをとりあげているのであって、デモ　（中断）

ノート　四月三〇日

今晩も疲れてひばりが丘の駅につく。思想に飢え、栄養に飢え、女の子に飢えて。四月、この一カ月間、アルバイトと通学の電車の中で、女の子の美しさに幾度目をうばわれただろう。女の子たちが実に美しい。ぞくぞくする。

ぼくはこの頃恋愛なんて考えない。欲しいのは美しい女の子の肉感的な唇と頸と胸と腰とだけだ。抱きじめて接吻すること。ひきしまった肉感的な腿に触れること。みずみずしい腕をつかむこと。それだ。ぼくは人間と人間との関係に絶望したのだ。ロマンチックな幻想は既にぼくの心の中では意味を失った。ぼくは毎日、オヤジとオフクロのやりとりを見せられているのだ。週刊誌、小説の男女関係をしつこくつきつけられているのだ。映画でもなんでもみな同じだ。

女の子の体を知れば、世の中のことが、もっとうまくつかめるようになるだろうな、とは思う。だが、その代償はバカバカしく大きい。

毎日電車の中で女の子に触れると、肉欲をかきたたせ、イライラピリピリしている。ぼくは女の子に近づきになれない。時々、女の子の世界はおれとは全く別の次元に属しているような気がする。おれは女の子が心から喜んで飛びついてくるような言葉を吐く気になれない。

しかし、いつかおれはすばらしく肉感的な女の子を抱いてやる。

明日はメーデー。学生は警官隊と激突しろ。

(注) ぼくと同じ次元にも、もちろん女性はたくさんいる。ただ、それは、ここでいう〝女の子〟ではないのである。

中原素子への手紙　五月一日

メーデー雑感

(注) 文中デモとは、反平民学連系のデモンストレーションを指す。

・「あんた、デモ行ってくると、晴ればれした感じで、肌がきれいだよ」だとさ。考えてみるとデモっている者はみんな、てんで気持ち良さそうだ。君もいつもみたいに怖い顔ではなくて、きれいだったぜ。エヘヘ。

ここからひとつの意味を引き出せないだろうか。無理解な人々の目には、学生のデモは「うさばらし」と映るらしいが、ぼくはそれを否定しようとは思わない。未来に対する希望のない無気力な学生生活のムードの中では、学生は体の中に爆発させたい種々の感情を鬱積させざるを得ない。そのつもったものは、現代の矛盾に他ならない。デモによって感情を爆発させることは現代社会への抗議であり、矛盾解決への意思表明であるし、無気力ムードの中に埋没することに反抗していることだと思う。

ちょっと飛躍があったかも知れないが、「精力を持てあました若い連中の無責任な態度」に意味を見出したいと思う。人は精力を持てあますこと自体の不自然さを考えるべきだ。

・横浜のメーデーはみっともなかった。見ていて、参加していながら恥ずかしくなってしまった。労働者は当惑気味だった。散漫な行進、明確な目標（スローガン）を持たぬ行進（ぼくは見た。「民青に入ろう」「民青新聞を読もう」のプラカード。「吉展ちゃんを返せ」のプラカード）。そして、歌ばかりが革命的に（前へ前へ進め！　民族の自由を守れ！……）、それ故浮きあがっていた。「ごくろうさん！」「おめでとう！」「メーデー万歳！」――社共のオジサンの拍手。

東京に於ける学生の行動はやはり大きな意味を持ったと言えよう。ぼくは東京の学生のデモに加わるといつもその行動の意味、正しさ（全面的にではないが）を確認するが、史研の部室で、民青の人たちにかこまれていると、いつのまにかトロンとしてしまう。だが、今日のデモはぼくにとって、決定的な意味をもったと思う。民青はまちがっている（しかし、市大平民会には入らない）。

・警官隊に対するシュプレヒコールは絶対に止めるべきだ。「ポリ公カエレ！」「もっと勉強してこい。蹴とばすことばかり考えないで」「おまえらは飼いならされたゴリラか！」など、今日耳にした。――これは個人的なわめき声だけれども。

機動隊の対学生教育は次のように行われるという。「おまえたちは非常に頭がいい。しかし、農村、漁村の二、三男坊に生れたおまえらは大学に行けず、口減らしに警官になった。しかし、彼らは、金があったために、親のすねを齧りながら、ああして理屈をこねて、勝手なことをしていられるのだ」。あとは「三列横隊！　警棒抜け！　カカレ！」だけでいいと言う。〈彼らはマチガエば、我々と一緒にスクラムを組むべき労働者になっていたかも知れぬ人々なのだ〉

「池田内閣打倒」のスローガンの中には「ポリ公カエレ！」の意味が含まれている。我々の敵は独占資本の支配者階級であって、警官ではない。

二月革命はツァーリのデモ隊鎮圧命令を軍隊が拒否したことによるツァー政権の自壊に始まった。

本来劣等感を抱いている警官に「もっと勉強してこい」とナジる行為は絶対に禁止さるべきだ。

警官との衝突は高度に組織化されたデモ隊のスクラムによる物理的なものだけに限られるべきだ。

史研の人たちとは、ずい分親しくなったのだけれども、今日の横浜におけるぼくの挑発的、トロ的メーデー参加で、きっと今までの友情もオジャンでしょう。バカバカしい話です。会っても、アイサツもしなくなるんだから。さようなら　五・一

・五月中旬の、文理学部副委員長選に平民会から推された。とんでもない、断ります。

中原素子への手紙　五月六日

今、四年生の下宿にいます。午前一〇時、雨が降って、フータロウはアブレでした。ぼくの手紙に対する君の感想をきいて、ちょっと書きにくくなりましたが、ぼくは書き続けるつもりです。以下の批判が正しい。昨日のぼくの追究のしかたには誤りがあった。

君は何故書かないのでしょうか。何故、一時的な感情を文字にし、破って捨てるか、とっておいて出さないか、を繰り返すことに満足しているのでしょうか。何故そうすることを批判しないのでしょうか。何故そうし続けることを恥じないのでしょうか。それでいいのですか？　それが正しいのですか？

それは、君の一時的な感情を、思想に発展させることを妨げている。書いてとっておくことなんかに意味はない（むろん、それを出すのも意味はなかった）。しばらく経ってから読み返してみても、それは思い出であるだけなのだ。アルヒ　アルトキ　ワタシハ　カク　コウフン　シタ。なんて記録は今の我々にとって（少なくとも現在の問題意識の状況からして）無意味です。それは、女学生がきれいな便

せんを買ってきてやることです。

これ以上は言わぬ。

「あせらず、かといって休まず」とかいうことをずっと前にヨヨギ的なセンスの人に言われたことがあります。あったりまえです。あったりまえです。そんなことは言葉にする必要すらないんだ（その人はむろん自分にも言ったのでしょうけれど）。しかし、あせらないとはどういうことなのか、休まないとはどういうことなのかは具体的な行動の中で一つ一つ問われ、考えられるべきであって、それを正しく判断するのは至難の技です。「あせらず、かといって休まず」なんてのは「人は正しく強く生きよ」のたぐいです。ソウダ、ソウダなんて喜んでる奴は、なんにも考えていないんだ。

しかし「君、少しあせってるんじゃない？」なんて言われるのはぼくにとって恐怖です。そういう工合に言われるとゾッとして、どうしていいのか全く混乱してしまいます。いつでも最も正しいと思ってやっているのですから、「そうか、やっぱりあせっているのかもしれないな」と考えると戦慄を感じるのです。

考えること、書くこと、しゃべることはぼくにとってみんな同じです。考えていると自分の頭の平面的な構造がいやになってきます。書いていると、その考えていることの低能なのがわかってしまって投げ出したくなります。話していると（話すということは一番責任がいります。相手がいるからです。いやでもおうでも続けねばなりません。途中でやめられないのです）、考えの幼稚なのにおどろいて、考えている以上のことを話そうとデタラメを喋ってしまいます。しかしながら、この三者は、お互いに助け合って、「それ以前よりは」進歩させてくれます。

ぼくはいつでも必死に書こうとしています。書くことによって考えていることをまとめ、ぼんやりしたものから明確なものを引出し、さらに大きなものにして行こうとします。そして、きまって破綻を来たすのです。今日も例外ではありません。

なにか、ぼーっとかすんでいます。ほんとに本を読めばわかるのか。二階から雨を通して見る新緑！そいつを眺めていればわかるのか。黒寛をききに行けばわかるのか。闘争やってりゃわかるのか。否！否！否です。おそらく。あわてるな。じきわかるよ。じわりじわりとわかっていくのだよ。賛成です。しかし、じわりじわりと疎外が進んでいくのも事実です。朝三暮四は一様に批難されるようですが、飢えた猿は晩まで待てないのです。待てないというよりは、晩まで生きるためにさえ、今おいしいクリをたくさん食べねばならないのです。

ウェルテルは、恋に酔い揚句の果に捨てられて自殺した少女の物語にふれてアルベルトを批判する。「これを見ながら、ばかな奴だ！待ちさえすれば時の作用に任せさえすれば、絶望は鎮まったろうし、他の男が現われてきて、彼女を慰めてくれたろうに、などと、もし言う者があったら、その者は禍いだ」——それはまるで、ばかな奴だ、熱病で死ぬなんて！体力が回復し、改めて精気がつき、血液の騒擾が鎮まるまで待ちさえしたら、何もかもよくゆき、今日まで生きながらえていたろうに！などと言うのと同じことだ。

(自宅にて）今日平民会に入会しました。史研はここ当分やっていくつもりです。理由は以下の通り。

1、下宿の四年生（山下）と話した結果、今まであいまいだった部分がかなりはっきりした（安保闘争における既存政党の指導の誤謬性）。

2、平民会を反民青・日共の統一戦線組織としてとらえて参加し、革共同に対する疑問、その他、社学同・マル学同・社青同・構改・共青の論点の対立は、内部から学習していこうと考えたこと。

3、平民会に入会したことによって、三者択一をうやむやにしたことにはならず、改めて、平民会そのものを批判的に対象化して行動していくことによって、それを行うこと。

などです。史研をやめないのは、民青=日共が彼らに対する組織を組織として認めないため、「平民会入会即史研退部」は平民会にとって不利であること。むしろ史研内部で民青・日共ムードを破壊するため積極的に闘うこと。(我々の間では、この破壊という言葉が、いわゆる物理的な破壊という子供っぽさを感じさせるイメージとは、すでに結びつかなくなっている、と考えてよろしいでしょうね?)今日の平民会の総会(といっても出席数一〇人足らずのメンバーですが)にはちょっと感動しました。個人的に闘争の中にもっている矛盾を互いにさらして批判し合うのです。びっくりしました。おかしな雑記帳をつくって、美しい言葉を並べて、酔っている民青とはケタはずれです。平民会のメンバーは、みな人間的に信頼し合える者たちです。これは、ほめすぎではないように思う。

中原素子への手紙 五月七日

安倍と三人で話して帰ったとき、遅すぎたな、これからは必ず九時までに彼女が家に着くようにしよう、と思ったのでした。五日はつい家のそばだからとこちらの身勝手な判断をしてしまいました。申し訳ありません。ぼくたちの闘いは多面的です。ブルジョア倫理の支配する社会では、生きることそれ自体が疎外へと導く壁との対決です。家庭の中ではできるだけトラブルを避け、闘いを最後へまわさねばなりません。家庭との対決は、唯一、最終です、すなわち家庭との訣別です。

ぼくがお説教するまでもなく、君には今、厳しく自分を変革することが要求されていると思います。それは同時に、ぼくにも言えることです。この方法が成功するなら、できるだけ連絡を緊密にとって、ぼくたちの闘いを進めていこうと思う。デモには絶対に参加すべきです。デモの外にだって、いくらでも学生運動はあるんだ、という妄想に陥らないように。絶対に君の秘密が洩れないように、絶対に参加すべきです。

君は今頃、例の如く自分の手紙に腹を立てているかも知れないが、その必要は全くない。むしろ「以前にも一度、君の手紙を開封すると断言したことがありました」という事実を、君の両親のぼくに対する反応をきいたとき、教えてくれなかったことを非難したい気持です。

「男性コンプレックス」は心理学の教師に診てもらってからにしなさい。

そんなこと言うのナンセンスだ。

家庭が一番大切なのはわかりきったことだが、不快さは君だけの問題ではない。意識のすぐれた人々はみんな心の奥深くにその問題をかかえているのです。ぼくんちの家庭だって、よかったら話してあげたいくらいだよ。豊畑先生がよく言います。「小説の材料だと思ってみればいいじゃない」

そうだ、過去の人間社会が、いかにおろかしいことの無意味な反復の中にあくせくしていたかの記録になるんだ。（以上、ちょっと日共＝民青的オプチミズムでした）。

中原は絶対に消耗するな！

ぼくは中原の苦しみを時代の苦しみとして自分自身に課して行くよう努力する。

どうかバレませんように。

中原素子への手紙　五月二二日

ぼくたちの、学生に対する判断が全く誤りであったことが明らかにされました。選挙戦において、ぼくたちの考えは、学生の意識と一次元違った立場で闘われたのでした。べったり学生にはりついた民青は、それ故、次元を誤たず、快勝したのでした。

（委員長）　佐藤政夫　一四九
　　　　　民青員　三五五
　　　　　無効　二一　五二五
（副委員長）　奥浩平　一五五
　　　　　民青員　三四八
　　　　　無効　二〇　五二三

現在のような沈滞した時期には民青がのびると言われていますが、全国的に勢力を拡大しつつある平民学連と民青に、市大においても有利な状況を与えた訳です。開票に立会ってなんとも言えぬ気持になりました。「これで、いよいよ全学連の再建だなあ」と彼らが言うのをきいて、日本の学生運動の危機をひしひしと感じました。そしてまた、市大に於ける平民会（近く改称の予定！）の存在の意識を深く感じました。今や平民会の今後の動向に関して多面的な問題が出されています。ぼくは平民会を死守して行くでしょう。ぼくは決して消耗しないし、日和りません。生活の物質的条件の問題と「地道な勉強」の問題をかかえていますが、ぼくは決して平民会を放棄しないつもりです。というのは――

――四年生の下宿で、いつ果てるともない議論を続けながら、ぼくの文学＝芸術に対する態度が全く誤っていたのに気がつきました。マルキストの彼（福田）が啄木やサルトルやカミュや、それから多くの文学者に深い理解を示し、「どんな本も、実際すばらしいよなあ」というのをきいたからです。彼が言った「どんな」という言葉は、決して松本清張をも含むものではありません。彼は、生活と時代の激しい苦しみの中で、前向きの姿勢（この言葉を労働者的に理解しないでくれ！）を保とうと、必死の抵抗を試みた生の中から生まれた文学をさしたのです。したがって、類いまれな感受性を有しながら、前向きに歩めなかった人々、芥川、太宰をも無慈悲に排斥するものではありません。北小路君が中原中也のどうしようもないニヒリズムの詩に深く傾倒していたと彼が話したとき、ぼくは文学が、どのようなものであるか、どんな意味をもつのか、ちらっとわかったような気がしました。そして啄木の歌を彼が読むのをきいて、「何故拒否していたのか！　何故耳を傾けなかったのか！」と自責の念に駆られました。彼は啄木の自嘲に強く魅かれるらしいのです。ぼくは本を読もうと思いました。平民会のポスターはりとカッティングとアジテーションと不眠の議論の激労の中でも、否、そのような生活の中でこそ、彼ら（文学者）の文章がみずみずしい感動を伴なって理解できるのだと思ったのでした。

今、「人間の条件」（マルロー）を読んでいます。そこに書きつけられた人間の生活と、ぼくの生活を対置させていろいろなことを感じます。ケバ立ち、いらいらした心に豊かな栄養を与えてくれるように感じられます。福田君が革命家の、文学に対する理解の話をしたあとで、トロツキーが人間の条件を読み、マルローに書き送った手紙がマルローのその後の歩みに大きな影響を与えたことを話したので、断然読みたくなったのです。京浜急行の車体が大きく揺れ、うなる中で、彼はこうつけ加えることも忘れませんでした。

「そのように革命家が単なる政治ゴロではありえずに、一人の作家の動向を決定するほどの、文学に対する造詣の深さが必然的であることを考えるときに、スターリンが全く文学を理解できず、今日のようなソ連をつくったことは当然非難さるべきなんだよ（実はもうちょっと、彼は論理立って言ったのでしたが、ぼくの頭は混乱してます）。」

君と会って話すと、いつも君の心変りのペースに巻き込まれて当惑します。君と話す時にはいつも一定の基盤がないのです。前回のふっとうした議論の経過をうけつぐことが出来ず、いつも最初からやり直しです。そして何十分もかかってレンガをつまなきゃならないのです。ぼくは当惑して、おもわず君の顔を見ます。「一体何考えてるんだろう？　ぼくは、すっごくシニックな女の子に出会うのを待っていたが（「レ・マンダラン」のナディーヌを頭においていて）こいつはシニックともいえず、人をバカにしているとも言えず、優しくおだやかで、冷たく、怒っているみたいで、てんで手におえないや」と。でもそんなことはどうでもいい。ぼくは自分の気持が理解されなかったと言って文句を言うのが、正しいのか、僭越なのか、それともつまらないバカげたことなのか、よくわからないのです。ブルジョア倫理の人間関係と革命を志す者の人間関係がどうちがうのか、わからないんです。ただ感じるのは、このような時代に生きる革命的人間（ぼくは自分をそう思っていますし、少しも傲慢だと思いません）は、互いに深く理解し合わねばいけないんだ、ということです。

――だが、一体、ぼくは彼女に不快な感情を与えていないだろうか？　彼女をそのようにしているのは、ぼく自身の責任ではないのか？　清（きよ）とその妻メイの関係はあんなにも難しいんだ。北小路君は？　彼の妻は？

今日もまた書きながら、言いたいことのほとんどを失い、疲れた。

読み直したら、二枚目の「というのは――」という問題に、その下の一段が答えてないのに気づきました。いや、少しは答えてるぞ！

「こんな毎日では疲れちゃうな。帰ってねるだけだ。今、『世界』すら読んでないんですよ。『読売新聞』すら。こんなひからびた毎日たまらないよ」と帰りの電車ン中で、グチを言ったらナガナガと説明されました。「開高健なんていう人は、大阪市大の法学部を出たっていうことになってるけど、ほんとに毎日フータロウみたいなことをやってて、六法全書の一ページ開いたこともない生活の中で、やっぱり現在のような文学をつくり出せたんだと思うし、カミュにしたって、大学の哲学科出たっていうけど……」

ああダメだ。　五・二二

君のお父さんは、君をやっぱりすごく愛しているんだなあって、話をきいてて感じたよ。この間のアジビラ、どうせ読まなかったろうけど、あれは一年生が作った平民会の私生児的ビラだと思ってくれよ。

〽ポーポロ　ポポロ　ハンドウのアラシが
　　　　　　　　ふーくだろう
ポーポロ　ポポロ　ヘイミンガクレン
　　　　　　　　わらっている

ポーポロ　ポポロ　おれのうでには
　　　　　　　　とりはだ たつ
　　　　　　「六三年五月二二日のうた」

中原素子への手紙　六月一日

神奈川県下七二名の横浜市内デモをカチトルことによって、カクメイテキにお会いできなかったことをお詫びして、ハママツより、ショウモウしきったお手紙を差上げます。

市大に於てはポポロ中心にクラス討論を重ねて進めたにも拘わらず、国大の学友諸君はポラリス一本でやってきて、チグハグなままに抗議行動を展開する中で、横浜地裁の前ではシュプレヒコールのみにとどまり、アメリカ領事館へ向った。〔国大は殆ど一年生。ジグザグなど、ハゲシイことは一切やらないとの条件つきで参加したそうな〕テレテレと歩いて、指揮者だけがゲキレツなアジテーションを行った。領事館の前で歌をうたってシュプレヒコールをやって、それで帰るのかと思ったら、中からコウフンするやつが出てきて、「総領事に会わずに帰れるか！」事態は一変して、総領事に会わせろ！になり、三人だけ入れるとの門衛の取次ぎで、市大から一人こいということになり、オッピキ出された。階段を登りながら、「おい、声明書か抗議文も用意しないで何話すんだよ」「とにかく、会うんだ」ナンセンス！

北小路君の講演会のとき、「傍観者として」という一話を使ったことに、ぼくに対する四年生の追及は未だ続いているのだが、総領事の部屋で、ぼくは半ばそうした態度をとった。

通訳はあまりに金子に似すぎていた。ものわかりが良く、気取らないで適当に両者の間をとりもちながら、そして彼自身の……。

総領事と称するこの大男。上品で洗練された身ぶり、話しつき。

やせっぽちな、偏狂でやたら興奮して、くってかかっている三人の学生。

ぼくは三つの世界がそれぞれに分断され、コミュニケイションを互いに拒否し合っている相互の関係を、まるで、客席の者が舞台を眺めるように見つめていた。

だが悪寒を感じないではいられなかった。何故なら悲劇的なことに、ぼく自身が第三の世界に身をおいているのだから。ぼくは自分自身の反革命性を夢うつつな気分で感じながら、何とも言えぬ居心地の悪さを味わった。

以上の文章なんとフザケたものか、読んでる?

そして門前にたち帰るとき、「諸君！　彼らは我々に対して、ビールをのむか、コーヒーにするか、コカ・コーラにするか、タバコはどうだ、と懐柔策をとってきている。我々は総領事に対して如何なる態度でのぞむか、再度諸君の態度をきいて、意志統一しておきたいと思う」

イギナシ！　おれは何者なのだろう！　ま、ま、黙ったり！

ねえ、手紙って思いついたとき書いちゃわないと、ダメだね。昨晩の内に書いておけばよかった。ぼくは今日、ハママツの芸者街的パチンコ屋的空気の中で、トロンとして昨日のデモの鮮明な印象など忘れてしまったよ。
何故ハママツに来たのかの弁明。
1、労働しないで軍資金をかせぐため（フータロウはオッカナイ）。
2、オレ、ナニヤッテンダロウ——の反省のため——ウソ。

散漫だなあ、この手紙、もうやめた。

中原素子への手紙　六月八日

お手紙ありがとう、今日は君の手紙が来てるんじゃないかと思いながら帰りました。
消耗っていう言葉のイミが、そもそもぼくにはよくわかんないんだけど、「彼は消耗してる」なんてSさんに言いつけるのは、まさにゾウリムシ的な思考の平板さを物語っているだろう。

六三年六月一五日はおれにとって、大きなイミをもつようになるだろう。市大生としてのぼくに。人はそれぞれの囲いの中に生きている。自分の囲いを認識していることは、同時に、その囲いを破ろうとして闘っていることだ。感受性のすぐれた人々は、いつも自分の囲いを意識し、破ろうとしている。囲いを破ること——それは次の囲いの中にとび込むことなんだが。

高校を卒業する頃から（母と再会して、そのことの無意味とそれまでの幻想を意識してから）おれの切実な課題となったある自己矛盾は、浪人生活の中でも解消されなかった。市大に来てからも悩まされた。

そして、六月一五日にその解決の方向を見出すことに成功したらしい。六・一五以前の平民会離脱宣言は、その点で画期的なイミをもった。

主体性という言葉は、六〇年六月から使っていた。けれどそれを真に理解するのに三年かかったらしい。はじめて知った時、同時にサラリーマンとしての兄貴が何故その言葉をケギライするのかのイミにふれることができた。（同じく、ブルジョア的良心の学者、遠山茂樹がケギライする理由を！）

同時に知りはじめた。北小路君や彼ら学生運動の指揮者の心の世界を。

六月一五日の闘争の渦中で知ったことごとに強い生命を吹き込んだのは村岡を見た（会ったのではない）ことだった。統一行動では常に外大の旗の下をイシキしていたことは確かだけれど、六月一五日のおれの動揺は今さら君にグズグズ説明したくない。おれは過去三年間、彼の無言の恫喝に怯える中で、大きく成長することができた。おれは彼に何一つ与えなかった。けれど、おれは、彼から最大限のものを吸収した。おれは六月一五日村岡に未だ拒否されていることを淋しく感じ、おれが未だ彼から栄養を吸い続けているのだということを知らなければならなかったけれど、それでもおれは、残念でたまらなかった。彼がおれを拒否していることが。

行動のキンパク感と興奮との中で、平民会員が誰一人として共に感じてはくれないいたみに、身を任せなければならなかった。

おれは村岡を拒否したことはない、これからも拒否しないだろう。だが、おれはもう、おれの道を選び始めたのだ。

我々の異人雑誌を作ろう。アタリサワリの一番すくないところで君が呼びかけてくれ。おれはカッティングその他、出来る限り手伝う。

平民会は一秒のタルミもなく、成長し続けている。

Ecrivez-moi !

ノート　六月二一日

本日感じたこと以下の如し。ものすごく暑い。黒シャツの下がじっとり汗ばみ、ランニングシャツが体にくい込む。今日はすばらしい一日だった。この暑さの中で革命的人間の幸福を知った。

人々の無知を頽廃とお談義とグチの中で、私は自分の意識を確かめ、彼と対話し訴え続ける。太陽は照りつけ世界は燃え上り、人々は地面に穴を掘り続ける。私は革命を求めて歩き、飯を喰い、オレは今日生きている。

昨夜帰るとＳＭ（社会主義青年運動）の分厚い機関誌が来ていた。安倍の姉さんと高校生会議時代の三上君からだった。今日彼女に電話し、安倍君と話した。

何たる断絶か！　彼はマル学同批判に狂奔し、彼が如何に闘うか述べなかった。とって換るべき具体的提案を何一つ出しえなかった。私が彼を批判したのは福田の基準であった。彼は最後にこう言った。「君は以前はもっと理想主義的な問題の出し方をしたよ、ぼくたちが具体的問題に目を奪われていたとき、君は常に柔軟であったよ」。私は電話を切った。大泉学園駅で電車を待つ間、またあの崩壊現象を意識した。ガラガラとオレの中で何かがぶっこわれていくのだ。オレが安倍を攻撃したのは、福田の発想法によってであった。またしてもオレは自らが如何に現状を分析し、論理を作り闘うかの立場を抜け落して、福田と安倍の顔色をうかがっているのだ。オレは常に傍観者であったが、六・一五闘争に於て過去のオレと訣別した筈であった。だが、まさにあの「オレ」を意識することができた六・一五闘争の評価に於ける安倍との運動形態の論争に於て、彼に痛手を負わせながら、闘争は関係のない彼の個人的な感想の言辞によって、オレは一ぺんにふっとんだのだ。

オレの傍観者性は単なる闘争の経験の浅さから来るものではない。おれは自らが指導して闘いを重ねたとしても、その責任をとり続けてきたとしても、ある日、ある時髪をなびかせた肉感をほとばしらせる女との出会に於て、それまでの闘争の一切を放棄し転回することが十分にありうることを、単なる可能性の問題としてではなく、オレの内面にかかえている特性として感じる。

中原はマル学同山本派の同盟員となり、村岡は外語大で何を考えているやら分らず、鈴木はプチブル的に真実を求め誠実に生き、安倍はかくの如くマル学同ナンセンスを唱え、オレはマル学同中核派に身をおこうとしている。ああ、生きることはかくも厳しく闘うことなのか。かくも激しく分断されることなのか。生きることの厳しさよ。それ故の確かさよ。おまえはおまえで断乎選択しろ、そして凡ての人間の道を革命的に粉砕しろ、敵を作り、味方を作れ。

ゾウリムシ！

ノート　六月二五日

本日感じたこと以下の如し。現在オレの中では組織問題が外在化している。市大にとび込んで未だ傍観者であった時感じていたデモか反デモかの問題（当然、デモの立場にありながら）に似て、オレは今同盟員か（当然、同盟員であるべし、の立場にありながら）非同盟員かでもたついている。自分でも苛々するくらい、囲いが破れないでいる。平民会に入ることによって、あの問題がぶっとんだように、今度の課題も六・一五以後の数日間ぶっとんだように主観的には思えていた。けれども、今日デモで岡田に会った時、音楽室にいたとき、六・一五後あの意識の高まりは消耗していた。オレは自分の低能児ぶりに腹が立って仕方がない。ひとつの経験が常にひとつの石段として積み上げられていく中で、問題が解決されるのではなく、いつも情緒的に、感覚的な興奮の中で、あれかこれかの判断をしているにすぎないのだ。六・一五闘争以前ももやもやしていたものが、あの闘争で全くぶっとんだと判断していながら、今日はまた六・一五以前の状況に戻っている。オレがまいっているのは、いつでも誰かに会って話する時にだ、自分とチガウ人間に出会う時にだ。特に以前の仲間だった者たちと。

六月二五日現在、オレはマル学同をナンセンスだと思っている。理論的には全く正しい。マル学同に対する批判は批判として成り立ちうるほどのものはひとつとしてないと考えている。しかし、それが同時に日本の革命運動を正しく導くものとは限らない。理論的な明晰さが革命運動の正しさを意味するのではない。野外音楽堂をうめた労働者の波、歌声。それを見、それをきいていると、中学あるいは高校を卒業して工場で働いている者に現在の革共同は栄養を与えることは出来ない、という盲目的な感性的な判断がオレの心に湧いてくる。オレは論理的にマル学同を粉砕することができないので、マル学同と行動を共にしている。ォレはこの感覚的な判断を早く理論化されねばならぬ。

岡田は東大理一で民青をやっていた。会う前から分っていたようなものの、一人の友だちとして、民青同盟員を眼のあたりに見るとショックを受ける。オレはプチブルの意識でしかないのだ。この限界性、このバカバカしさ。

デンツクデンデンツクの坊さんが国民会議の隊列にいた。経を読みながら深い瞑想に耽っている黄色い僧衣の坊主、オレは彼を批判することはできない。涙を感じながら福田の言葉を思い出した。「カミュはああいう生き方をしたけれども、やはり彼には限界がある。ぼくたちは、激しく突き進んで生きていく人間の共感を摂取する一方、彼の限界をみ、それを乗り越えなければならない」オレはつくづく開発されていない無能な人間だと思う。

今日オレは隊列の中から、道行く女の腰つきをみつめていた。オレは砂浜で女の上に押しかぶさって、水着を脱がす夢想をし続けている。彼女の体深く入り、彼女を抱き続ける。

ああこんなノートの存在の意味を疑う。

破り捨てればいいんだ。

低能児、精薄！

うすばか、

オレなんか生きている意味は全くないんだ。

米つぶを少しばかりへらし、道路に一瞬ほこりをまきおこし、それ以外になにもせずに一つの物体として無能に呼吸し続けていく、阿呆！

ノート 六月二六日

私の生徒はＡ、Ｂ、Ｃが出来ない。高校の教科書を使うことが無意味だ。私はなんどもなんども彼の発音を直してやりながら、苛々してはりたおしてやりたくなる。——こいつはこいつでできぬ英語に苦しんでいる。おれはあのあと味の悪い不快な議論をおいてきて、ここでこの阿呆と、二時間も付合っている、ばかめ。

おれは帰りに中原へ電話した。昨日の行動を山本派がボイコットしたことにやたら腹が立って、いきなり彼女に何故行かなかったか詰問してやった。むこうはむこうでツッケンドンに知らぬ、存ぜぬ、それがどうした、の一点張りだった。手の届くところにいたら、はり倒してやったんだが。

おれは中原に電話する時、やっぱり何かを求めていた。優しい声。おれは一年の合宿の話もしたかったし、ドイツ語のはなし、雑誌編集のはなし……それらの饒舌によって、気の休まることを欲していた。求めているものを得たかの如き幻覚の満足を得ようとしていた。

こんな人間関係なんかもういやだ。平民会に於て、まさに革命家の集団に於て、四月の、あの山下の下宿で話した時の感動なんかないではないか。話せば話すほど互いの間隙を深めて行かねばならないではないか。選挙闘争のあの豊かな会話はなされないではないか。話せば話すほど、こうして溝を作っていくではないか。

ノート　七月三日

電車の中で立っている時に、このノートに書きつけることが出来たら、と思う。こうして、机に坐ってしまうと、落着いてしまい、今さら、何も書くことがないように思えてくる。

五日間の合宿は成功だったと言うべきだろう。おれは久しぶりに読書の中に（疎外の研究を続けて貪る本に）、すばらしいよろこびにふれることができた。

逗子海岸へよった。岡本、芹沢の二人は裸足で海水につかっていた。スカートをあげて子供みたいだった。不眠のせいだったのだろうか、私はそれをみながらやりきれなさを感じていた。オレがパチャパチャ歩いていた時、大人たちがぼんやり見ていた風景を想い出して不快になった。

おれは海を砂浜と青い海水と白い空として感じる。けれども熟れ切った姿態を海水着で辛うじて包んだ若い女たちと、貪欲なすさんだ目をした男たちを見たとたん、おれはこの砂浜が独占資本下のやりきれない状況下の若者たちのはけ口としてしか感じられなかった。

たまらなく、たまらなく不快だった。

四年が部室で就職の話をしていた。絶望的な現社会の組合運動の中へ、ああして飛び込んでいく彼らに、オレは同情もあわれさも、なんにも感じなかった。ただ胸苦しさと嘔吐感を感じて、また裏山へ避難した。

国鉄職員三名が卑劣なデッチ上げ、計画的な策謀にのって、公安官五〇名の手で下着のまま逮捕された。

おれは電車の中で肉感的な女を見るたびに欲情をかき立たせている。二週間ほど前中村橋へ向うバスに乗り合わせた女が忘れられない。今日も池袋構内を、跳びかかりたくなるような女が歩いていた。マルクスの著作に没頭して疎外の研究を進めている人間がいる。夜の砂浜で女の腰を抱いて微動だにせぬ数時間を求めて生きている者がいる。学生の隊列の前で、一分間息を声にして吐き続け、次の一秒で肺を満たし、さらに一分間を繰り返しつつ激烈なアジテーションを行っている者がいる。

「自殺というような形で逃避するのではなくて……」と言った福田の言葉が高い次元でオレの心臓につきささる。だが、オレはああして生きていることに、なんの意味も感じない。死んでいく奴はマヌケでも悲劇的でもない。ごく普通だ。生き残る奴はただ生きているだけだ。そいつには、もう紅涙だにないのだ。

生きるなら生きろ、おれは福田を、どうも思わない。

ノート　七月五日

書くことの意味を疑う。

本日全学連二〇回全国大会開催。

マルクス主義学生同盟山本派は会場を占拠、中核派一三〇名はスクラムを組んで激突、わたしはその一員。三〇分にわたって激闘。

日本の学生運動の危機。その他のことは、多弁をもって書くに足りない。

北小路君が来ていた。

ノート　七月七日

一日の中で、感じることがもう少し一定していたらと思わないではいられない。おれのような人間が一番危険なのだ。いつ何を言うかわからない。いつどこでぶっこわれるか分らない。要するに論理性がないのだ。

私に女がいて欲しい。それはずっと思い続けてきたことだ。これからも、一日として、そのことを考えずに過す日はあるまい。この夜更けに電車が駅にすべり込む音がきこえ、三分たつとやがてハイヒールのコトコトという音が近づき、去って行く。あの女がおれと会う女だったら？

私は「智恵子抄」を読みもせず軽んじていたことを哀しく思う。家庭教師の生徒の文学史に出てきたその標題を口に出すと、その子は「家にある」と言った。私は借りてぱらぱらとめくり、その幾編かの詩を読んだ。光太郎の「智恵子の半生」という文を読んだ。私はその文章に感動した。私は泣いた。彼らの狂おしいほどに幸福に満ちた生活にふれて私の心がふるえた。

私は結婚を拒否したことはない。恋愛を拒否した覚えはない。ただ、テレビドラマの氾濫と、私の家庭のこの状況はたまらないと感じ続けてきただけだ。そして、一人の女に出会うことの困難さに（見る女、見る女が私の鼻をつくために）、半ばあきらめかけていただけだ。

私は智恵子の精神の美しさに頭を垂れる。「キュリー夫人伝」（エーブ・キュリー著）を読んだ時に感じたものと同じものを感じた。私は女を信じ、女を求める。

我々の開争の中で、歴史の大歯車がガラガラと回転する激動の闘いの中で、共に革命家の紅涙にふれることのできた女を私の妻にしたい。もしそれが可能ならそれ以上に何を求めよう。胸のふくらみ工合か唇の形か。ただ一つの条件を言うなら、彼女が石女であって欲しいということだけだ。

ひとつの道を驀進するふたつの精神のふれ合いの中で、私は肉慾を燃え上らせ、彼女を求める。

ノート　日付不明

革命を志向し闘う人間の連帯を見出して喜びと感じる幾時間。革命を志向するが故に惹起される人間の分離、隔絶にイラだつ幾時間。そして一日が終わる。

やがて北小路君に対する幻想に私は気づき目標を失うだろう。——あるいは、真に生き始めるだろう。

私は、革命家は人生と世界に対して感慨の言葉をもたないということを知った。ただ、彼は黙して、くれないの涙をはらはらと落すだけだ。

メモ　（投函されなかった同志への手紙）日付不明

福田孝之君へ。

M☆に関して池袋駅で立ち話した時、M加盟についてのべたぼくの感想は以下の如くでした。

Mに加盟したいとは前から思っていた。しかし、さまざまの党派が入り乱れている現在、それらを正しく把握してからでなくてはいけないと思う。

現在の感想も全く変ってはいません。一つの信じられる政治組織に加盟して活動したいという思いはずっと以前からのことです。あの時、「Mに加盟したいと思っていた」——といったのは、政治組織にさえ加わらずして、何が「革命を！」だ、という感情を象徴したものに外なりません。じつは、Mという言葉はぼくにとって組織一般をさす普遍化された意味しかもっていなかったのです。ぼくは全学連大会の一週間前に「乱闘が予想される」ときいたとき、「傍聴券ナンカ買って、眺めているのイヤだな」と言ったものです。山下のオバカさんはいとも簡単に「そんなら、どっかの部隊で君もやればいいじゃないか」と答えたのでしたが、ぼくのその時の言葉も同じ感情に因ったものです。一九六〇年初夏に「共産主義革命に一生を捧げる」と心に誓ってからいままで、革命に対するイメージはさまざまに動揺し続けてきたけれども、反体制の意識だけはもち続けてきました。

ぼくは革命組織に加盟して、共産主義者としての意識を研ぎ澄ましたい。

〈ここより「ます」調から「である」調にかわる。「ます」調をもって説得力ある表現が可能なだけの余裕がなかったためである〉

だが、ぼくは革命家でない活動家を自己の裡に拒否する。理論的にパーだが行動力に富んだ人間を恐れる（結論を焦るなら）。それ故に（まさに直線的に）現在のぼくはMに加盟したくない。

ぼくの危惧は、おそらく、同盟の一員として活動していく過程で、ぼくの明断であるべき意識と判断によって解消されるべきものであろうか？　組織内においても革命にとって唯一の正しい道を歩むことは、全く、ぼく自身がそれを選択するか否かの問題なのだろうか？　組織に加わることを意味するかのように考えることが、ぼく自身の主体としての意識が如何にあるかをぬけ落としている奥不在の論議であるのだろうか？　一切は否である（福田君も指摘されたように）。革命の道は山道である。革命運動は指一本の長さだけでもまちがって歩まれてはならない。誤ったが最期その運動（組織）は腐敗の奈落へまっしぐらに突き進まねばならない。悲惨な驀進を続けることを余儀なくされるのだ。日本の学生運動史をひもとくと、その教訓が言葉としてだけでなく、ひしひしと迫ってくる。

現在ほど革命運動への正しい展望が要請されている時期があったろうか。現在ほど革命家の明晰さが必要な学生運動をむかえたことがあったろうか。ぼくは、学生運動の分裂と低迷の（革命家の現実状況への働きかけの面で）、これほどの光輝ある時代に生きて、身震いするような緊張感を覚える。

（中断）

☆M…マルクス主義学生同盟（マル学同）の略。マル学同の他、マルクス主義青年同盟（マル青同）をも含めてMと呼称する場合もある。

メモ　七月一六日

加盟をおれがどう感じているか――非論理的感想的一文

〈F氏への手紙――というわけではない〉

1、ぬるんだ浅瀬の潮水に、一匹のやどかりが、からの貝殻をひきずって歩いていた。いざりを止めた彼は、見ている者が誰もいないと思ったのか、大急ぎで自分の殻から引き出すと、腹がまるまらない中に、ひきずってきた空の貝殻にもぐりこませた。居心地を試してみて殻の中で腹を一、二度もぞもぞさせたが、急に体を引き出すと、元の自分の殻にもぐりこんだ。厚顔にも彼は、なにごともなかったようにいざり始めた。――組織加盟はかくあってはならないと思う（U問題☆が契機ではあっても、単純なU批判のつもりはない）。

2、大浦圭子が死んで提起した肉感の諸問題と、樺美智子が死んで要求した「革命家であれ！」という問題を、未だ、全身で受けとめ解決しえず、さまざまの惑星の間を波間に浮ぶ木の葉のように浮遊し続けているわたしは、灼けつくような太陽と、じりじり足の裏を焦す白い砂と、緑の海のうねりを、この目に見るとき、マルクスの上衣は暑苦しく、オリーヴ油を塗った裸身のすがすがしさを味わい、海岸で知り合った娘のみずみずしい腕に強く惹かれる。その時わたしは嘲笑を買うべき一人の旅人以外のなに者でもなく、だが、あずき色の乳首をしたその娼婦の若く美しいことにかわりはなく、冷たい海水にひたり、速い流れを泳ぎ切って浅瀬に渡る心地よさに、わたしの頭はりんりんと澄んだ響きをたてるのだ。

３、ああ、マル学同の同盟員の見ている前でないなら、わたしはもっと率直に、もっと快適に、そしてもっと真実に述べられるものを。アドバルーンに坐布団を重ねようとする試みのように、その結末を知りながら、なおも語らねばならない苦しさよ。

４、人生は生きるに値しない――と、わたしが感じるようになったのはいつ頃からのことだろうか。笑いと悲しみと喜びと苦しみとの、おおよそ官能の高まりの中では、つねにわたしは隙間風のようにしのびこむ虚無感を感ぜずにはいられぬのだ。わたしは激しいものを追い、平和（おそらくは小ブル的感覚による）よりは動乱を求め、革命に憧れる。わたしはトロツキズムに感覚的に惹かれるのだ。わたしは、北小路君が中也の詩に傾倒していた（そして今革共同にいる）ことをきいて、猜疑のほくそえみを噛みしめるのだ。「トロツキズムはニヒリズムとうらはらではないか」。高度独占資本のしめつけの鋼の環に抗して闘う連帯の木の環の中で、苦しみに耐え切れず精神錯乱を惹き起した一握りの少数グループ。そして我……

こうして東京に舞戻ってみると、

そして、こうしてFとUの論争を前にしていると、おれの一切の「感想」が吹っとんで「生返る」
だが、その空気に深まることが、これらの「感想」を発散させるオレの心が変革されたわけではない
この一文ももっと続けたかったが、もう書く気にならなくなった。
いつもこうした工合で、それ以上一歩も出ない。

☆U問題…一組織に加盟しながら他の組織のシンパとして行動した友人U君の問題。

ノート　七月一八日

涙しつつおれはこうして性懲りもなく書き連ねるのだ。

よどんだうだるような熱気の中で、「初期マルクス研究」を今日中に読みあげねばならないにもかかわらず、おれはながながとねそべって途方もないことを考えている。

マルクスの一冊の本を読むことがおれの精神にひとつのしみを残す。あれとあれを読みたいと思いながら、この一冊の本を選ぶ。一秒一秒の中で選択が行われており、全世界の歴史がじっ、じっとすすみつつある中でおれの生涯の歯車もまわり続けている。おれがいまどの本を手にするか、それとも本を選ぶことをやめて緑の海のうねりを前にねそべってふるえる心の音にきき入っているか、やさしい若い娘への接吻と抱擁に情熱を捧げているか——どうであっても、おれの精神はどの方向にも進むのだ。

ただおれはわけもわからずぽつぽつと涙を落しながら七月一七日マル学同を選んだのだ。

清少納言が悲哀の底から立ち直りつつあったとき牛車をひく下司男に感じたような、道綱の母が病をおえて里に戻った時に感じたであろうような熱気を帯びて動いている世界を、生気を前にしてわたしは心がふるえるのを感じる。

メモ　（投函されなかった手紙）日付不明

道具のそろわないまま攻撃を開始する

批判の対象は貴君の「全学連大会によせて」「芹沢さんへの速達」「ぼくへの速達」を中心にする（これら三通の手紙は貴君が公言する政治的見解であるとみなし、芹沢さんから借用すると共にF君にもすべて見せた）。

本論の前に――熟語の使用法に自覚的であられたい、概念そのものが不明確なのではないかと疑われるような誤字（例――熱造、非他的、明治維進、否曲〈〝わい曲〟と読ませようというのか〉指適、避〈カベ?〉ｅｔｃ……）を日の前に、ぼくは「国語辞典の用意を！」と訴えざるをえない。

七月一七日の池袋ランブル会議後貴君にあてた葉書にぼくはこのように書いたと思う。「組織に関して植島君と考えの違いが大きいのを知った」。ぼくはここで〝どのように知ったのか〟を述べようと思う。貴君は書く「Mの立場に立ちつつ、社革の中でも、反スタ路線を追求していくということだった」（傍点は引用者）。この言葉はなにを意味するのであろうか？ Mの立場に立つ、ということは、日本マルクス主義学生同盟員として考え、ものを見、飯をくうということに外ならない。貴君が「Mの立場に立つ」限り、貴君は社革においても、マル学同同盟員として行動するのである。それにもかかわらず、貴君は「社革の中でも、反スタ路線を追求していく」と言い、社革の同盟員であろうとするのだ。そして、それが貴君の「二重組織加盟が起きた訳」なのである。二重組織加盟は一方の同盟員として他の同盟にその勢力を伸張させようとする純戦術問題であろうに。かくして貴君は組織の間を浮遊するのである。日共─↓社革──↓マル同──↓社革（反ブル）というふうに。それは、Fに対して、「社革で当分の間やってみる」（七月一七日）という言葉に端的にあらわれている。そして貴君は明らかに反マル同の立場に立ちながらも、マル同的スターリニズムの把握をしない自分を、しえない自分であるかの如くふるまい、「構改にいた人間が、マル同に入ったからって、すぐにすべてに対してマル同的にとらえることはできない（六月某日対F）」などという欺瞞的な態度をとりうるのだ、そして今なお「マル同シンパの無党派」と称してS・Mに対して会談の申込みを行うことができるのだ。（中断）

☆このメモは前出U君宛の返書として書かれたのだが、なぜか投函されなかった。

メモ　七月二三日

黒　瀬　革☆

タケウマが
ズボンをはいて
ガッサイ袋には
　現代人の疎外と
経済学哲学手稿一八四四年マルクス英訳と、
中ソ論争論と
三つのユデタマゴと
マル学同加盟申込書と
を入れて、

その何でも見たがる
ヤジウマの
ギョロギョロメダマは
二カ月で
私の脳ミソと

心臓と
サイフと
の中がカラッポなのを見ぬき

………

突然
前にすわった黒瀬革は
その睡眠不足の頭の中から
私になにかをたたきつけ
私は、
おそるおそる
疎外論争をのぞき見し

………

私を大声で紹介した黒瀬革は
竹刀を
ふりまわし

ふりまわし

………

けたたましく
時計の針はまわり

一瞬とまったとき
右にはどす黒い海があって
左には風にふかれて躍ぶ
黒いシャツの黒瀬革

針はとまって
地球はまわって

………

何か言いたいと
せわしく考えることはなく

言いすぎたと
てれて笑うのでもなく

きまじめな口調で
正面から語るときはすぎて

舌を空転させ
発作をおこし
甘え
なれあい
ダダをこね
よりかかり
ひきつけをおこし
自己運動をつづけ
変革され得ない
パーな女に
つめたい一瞥をくれて

黒瀬革は
海へ行った

☆黒瀬革…奥浩平のペンネーム

中原素子への手紙　七月一七日

1、電話での精薄児との対話では、全くラチがあかないので、二、三の点に関して明らかにしておく。
2、ぼくは七月一七日にマル学同に加盟した（おれは、それくらいのことを互いに明らかにすることは任務と感じている）。
3、我々は一年だけで先に「経済学＝哲学手稿（以下ＥＰＭと略す）」（英訳版）の合宿学習会を行った。目下、その分担翻訳を行いつつある。全体合宿（「中ソ論争」論）の報告書制作のため「初期マルクス研究（「経済学＝哲学手稿」における疎外論）」（マルクーゼ）を研究中。我々はＥＰＭからはじめて、マルクスのたどった道をあとづける。我々の次ぎの研究は当然に「聖家族」（The Holy Family）へと進むであろう。現在傍用参考書として“The Origin of the Family Private Propety and the State”を読んでいる。我々はまもなく“German Ideology”へすすみ、資本論へすすむ。我々はこれらの研究を現代のプロレタリア運動の危機を根底的に打開するために行う。我々は、これらの研究を大急ぎに行わねばならないと考え続けており、哲学者ぶって研究の中に安らぎを見出そうとする態度とは相容れない立場にあ

る（以上は単なる報告としてなされたものではない）。――↓四へ
　4、マルクス主義研究のために、ドイツ語の必要性を身に沁みて感じる。日本語訳はあまりに不十分である。そして英語にはないドイツ語の概念が多いということがいい尽くされている（アウフヘーベンひとつとってみても）。この休みを利用してドイツ語の基礎文法ぐらいやっておきたい（カンタンに言うな！　というかもしれないが、モンダイではない）。君の貴重な経験を生かし、より有効な勉強の方法を教えて欲しい。
（さぼりにさぼったフランス語の復習もやらねばならないが、フランス語に比べたら、ドイツ語なんてちょろいと思い、敢て言うのです）
　5、君の目下の思想状況からして我々の雑誌編集に主体的にかかわることは困難であろう（君が同意したのは五月初旬のボウフラの頃であったから）。が、しかし、こうした現在の我々にとってこそ、編集の意味が倍加して位置づけられるべきではないのだろうか、山橋幹子さんから暑中見舞をもらったので、話してみるつもりだ。彼女は我々より幾分ひまそうだ。君はこの提案に対して絶対にサボタージュするな。
　6、君はこの手紙に返事を書き、自らの意識状況を明らかにすべきだ。特にM―K・K派との関連において、全学連大会でスクラムのむこうにいた君は何を感じていたか知らないが、ぼくはそれをいたみとして感じるだけの余裕はもっているつもりだ。闘争、大会の前の全学連書記局通達が絶えて久しいが、君がもしぼくに対しても同様の態度を執るなら、ぼくは君に痛憤を投げつけるだろうよ。
　7、青高社研の合宿のオルグはきたか？　ぼくは無理しても行くつもりだ。
君と会いたいが、ぼくの日程は大まかに以下の通りだ。

七・二一～二五 逗子にて平民会合宿、二二までは自宅学習。
二六～三一 なんらかのかたちでバイトしたい。
八・一～三 青高社研究合宿
四～七 自宅学習
八～一八 カンヅメにされて家庭教師、せいぜいサボッて自分の勉強する。
一九以降は今のところ予定はない。バイト、学習、活動には迫われるだろうが。
8、（以下饒舌）浜松では海岸で泳いでいて若い美しい娘と知り合った。コールガールだった。ビールと煙草をたっぷりごちそうになった。灼けた太陽と足の裏を灼く白砂と緑の海のうねりに酔いしれて冷たい水を泳いだ。

さようなら 浩平

中原素子への手紙 七月二六日

宛名を書いてくれた我が生徒、安西省三君に敬意を表しつつ☆。

ご返事ありがとう。

人々はある時、たまたま出会って、ひとことふたこと言葉を交して別れ、家にもどって一冊の詩集を読み、疲れてねむるのだろうか――

合宿で、ぼくは学習会のあいまに海に出て泳いだ。群る人々の雑踏を避けて沖へ向ったら、青高で机を並べた三人がボートに乗っているのをみつけた。やあ、それだけだった。

君がたくさん手紙をくれ、ぼくも負けずに出した時は、お互いの声高の饒舌の中にも、不十分ながら意志を疎通させることができていたのだった。けれども、おたがいにふりかかったさまざまの問題提起に対して、自らの解答を用意するため躍起になっていた一カ月のあいだ、すなわち、ぼくたちの空白の期間に君はむこう岸へ渡ってしまったのだ。

君の手紙にぼくは途方にくれる。しばらくのあいだぼくと会いたくないと君はいうが、しばらくとはどれくらいのことをいうのか、ほとぼりのさめた頃という意味ではない、というのはぼくに対する全面的拒否なのだろうか？

ぼくは六月二五日から君に会いたいと思ってきた。君の手紙を読んでさらに会いたい。

ぼくはこの手紙が君の手に渡る頃、ルールを守って電話しよう。

さようなら

☆手紙は女名前で出している。中原素子の親がきびしかったらしい。その宛名書きを自分の教えている生徒にたのんだ。

ノート　七月二七日

あの娘を想いながら自淫に耽る。つい三〇分前までは、「賃労働と資本」をむさぼり読んでいたのだ。あがきにあがきながら、ブルジョア社会の土俵の中で喚いているにすぎない、ブルジョア社会が吐き出した対象におれの感覚が反応し、ぼくの精神が振動しているのだ。そう思うとあのやりきれなさが堰を切ったようにはいり込んでくる。微風に回転する風速計のようにからからという音をたててぼくの心が鳴る。だが、こうして朝が明け、この相変らずの焼けこげた太陽と木造家屋を意識し、「フランスの内乱」を読めという声が下り、「補巻４」を熟読せよとの声が、そしてＫ・Ｋ☆の著作をとの声がひびいて、ぼくはフランス語とドイツ語をマスターしようとしずかに決意する。刻々の時間がぼくをかえ、ぼくは時間を追いとばし、時間がぼくを追いかける。背負い忘れるものがないように、ぼくは今日もあせりにあせって粟粒のようにちっぽけな前進をかちとる。

☆Ｋ・Ｋ…革共同の運動に思想的に大きな影響力をもつ哲学者黒田寛一氏のこと。

ノート　日付不明

ぼくは、反スターリニズム闘争（我々にとって、それは反帝国主義闘争のイメージをも包含したものである）を通じて、トロツキストとしての、革命的共産主義者としての理論を尖鋭化させ身につけていくであろう。そして他方で、トロツキストのよろこびとかなしみを偽わることなしに日日断片的に著わしていくだろう。ぼくにとって一冊のノートは常に意味があったし、これからも意味をもちつづけていくであろう（もっとも、大半の文章は、書かれた次の瞬間から意味を失っていきはしたが、すなわち、書くということに意味があったのだ）。

佐藤政夫への手紙　八月二五日

久しぶりにお母さんの元へ戻りひと安心されていることと思います。山本派との熾烈な分派闘争はその概略が福田さんから報告されていると思いますが、その後われわれのY市大・学芸大・都大のパートは書記局を見張って一定の成果をあげることに成功しました。二三日根本君の相棒〈自称〉書記長池上君を奪取し、この間の行動経過を把むことができたと数時間前ニュースが入りました。

さて、平民会の第二合宿は七〜九日に行われますが（その招待状が今ごろ刷られているころです）、「国家と革命」の報告分担に関して最終的に次ぎのようにお知らせしお願いしたいのです。

佐藤、第一章〈階級社会と国家〉第四章〈つづき。エンゲルスの補足的な説明〉

山口、第五章〈国家死滅の経済的基礎〉第六章〈日和見主義者によるマルクス主義の卑俗化〉

奥、第二章〈国家と革命。一八四八―一八五一年の経験〉第三章〈国家と革命。一八七一年のパリ・コミューンの〜〉

ぼくの研究は「国家と革命におけるレーニンの問題意識にもとづく一九世紀フランス＝階級闘争の下向分析」と題するもので、マルクスのフランスにおける階級闘争、ブリュメール十八日、フランスの内乱の三部作をコミューン中心にまとめたものです。

＊報告分担は本日（二五日）福田・遠井・野口・奥の協議に基づいて決定されたものです。

たくさん書かなければならないことがありますが、時間的な制約下にありますので、これで失礼します。

佐藤政夫への手紙　八月三〇日消印

佐藤さんへ。

今、Ｍの大会に来ています。西多摩五日市町のお寺です。同じこの町の十数キロ離れた場所に根本君たちが全教ゼミの大会をもっているため見張りが続いています。昨夜から粗末な食事で息をつきながら濃密な報告。討論が展開されていますが、先程の支部報告では、福田さんが市大における反スタ運動の状況を報告しました。

かねてから予定されているＹ市大支部の合宿は以下のとおり行われます。

九月四日～六日、葉山海岸

われわれは二、三日に国大と協力して原禁大会の破産とポラリス闘争を訴え、横浜駅西口で（三時から八時まで）街頭カンパを行います。市大は一二時市大歴研にいったん集合してから出掛けます。合宿はカンパを終えて三日午後に横浜駅西口集合の予定です。

佐藤さんを取り巻くさまざまな状況が、活動することを阻害していることと思いますが、Ｍの置かれた（そしてまた働きかけるべき）状況も佐藤さんを必要としています。

さようなら

中原素子への手紙　九月一五日

小砂利を握って山本派の同盟員を追ったあと、あの乱闘が、君とぼくをより完全に引裂くであろうと頭の隅で感じていましたが、君が山本派のゴリゴリでないことを知って、ほっとしたわけでした。

今後の論争のために、より高次の同一基盤を築くために、気付いたいくつかの点を明らかにしたいと思います。

一、村岡が君にどのようなことを話したか知らないが、マル学同同盟員としての生活の蓄積が、ぼくにとって、彼が〝なにを言ったか〟ぼくに対して〝なにを感じているか〟とを問題にすることの意味を失わせつつあります。「あんなやつのことは知らねえ」と安倍君に言うことによって、ただただぼくへの肉体的反撥にのみ依拠するところの彼は、すでに言外の存在です。六・一五で彼を見たときには、ヒヤリとし、数日気にかかりましたが、Mに加盟後、最後的に自己の問題性を克服する過程で、ぼくに訣別したつもりの村岡に、ぼくが訣別する契機を把んだのです。もし村岡と出会う機会があるなら、革命的恫喝あるのみです。——実際、あの苦しい安保闘争後の一切の混迷期に識り合ったわれわれは、切り拓いていくべき共通の壁を有していたが、彼に突き放される過程で、ぼくは現在に至る道を辿ってきたにもかかわらず、彼は一年前と同じ情熱をもって、ぼくに敵対し、式根島で惰眠を貪り、雑誌に「書くことはない」と言って寡黙の饒舌をふるっているのです——かつて村岡はぼくの友人でした、ただ一人の。

二、〝できるだけたくさんの講座を受講してやる〟といったのは、それらの講座が、ぼくに栄養を与えてくれるという信念に基いてでした。頽廃的な空気に染まって肥沃な講義に背を向けまいという決意に燃えてでした。「哲学概論」というスカした名前のフザけた講義と〝私はマルクスの支持者である〟といった次の瞬間に、〝……むしろ私はマルクス経済学とケインズ経済学を融合させたいと思っている〟と言い放つ講義に憤りを感ぜずにいられるだろうか。ぼくはできるだけ多くの授業をさぼろうとしているが、依然勉強を続けている。しかし四月に考えていたのとは別の方法で――哲学概論の漫才をさぼるかわりに、「ヘーゲル法哲学批判」を読むことによって、英文法の宿題を出さないかわりに「フランスの内乱」を英文で読むことによって。君が疑念を抱くように、ぼくは「やたらに言を翻す」だろうか。かの遠山茂樹の「日本史概論」は日本民主青年同盟が拍手するようにしか展開されないのです。「ポポロ座」に関しては〝教授と学生との美談〟しか、彼は話せないのです。

三、〈われわれが確平たる決意をもって書き綴るのは様々な人々と訣別し、また、新たな人々と出会って摂取し、自らの思想性を鮮明にしていく過程にほかなりません〉

岩崎さんの左翼に対する言辞に対して憤激を覚えるというほどのこともありませんが、あの典型的な小ブル的・研究者的左翼批判は問題になりません。彼は反スターリン主義運動が未成熟な段階における一塊のスターリン主義に汚染された被害者です。彼に会う必要はありません。

四、土曜日に、わが同盟の高校生対策委員と青高へ行きました。能力検定テスト応募二日前の学校は常任委員会の一連の敗北によって、身動きのできない状態でした。組合活動を通じて校長の椅子にありつこうという貪婪な野心をたぎらせている栗本先生の攻勢に対して、闘う側の戦列は、ここでも純真な意識を蝕むスターリニズムに毒されており、民青同盟員はあらかじめ闘いを放棄しているのでした。いまや意識の分裂が生活の分裂にまで発展している愚劣なヨタ公たちの一人福山がきており、宮下とともにその低能ぶりをいよいよ明らかにしていました。

五、その後の足どり。経＝哲草稿を読んでから少しも進歩していない。研究会で「国家と革命」をやった際に〝「国家と革命」におけるレーニンの問題意識に基づく、十九世紀フランス＝階級闘争の下向分析〟なる大それたレポートをやった。マルクスの三部作「ブリュメール一八日」「フランスにおける階級闘争」「フランスの内乱」の三冊は読めた。しかし一週間で目を通しただけだから突っこまれたらパーだ。ドイチェ・イデオロギーは社研のキャンプで西野が底抜けのマルクスの漫画化をやってくれたので、腹が立って一定の部分を相当つっこんで読むことができた。七月末に「賃労働と資本」をじっくり読んだ。今日は久しぶりに家で「ユダヤ人問題によせて」を読んだ。とにかくダメさ、みんなつけ焼刃だ。市大の自治会から紺色の旗をひきずりおろすための活動が第一義的だからなあ。

六、哲学に進むとしても、珍奇な卒論を書いて卒業する（あるいは、その前におっぽり出される）ことになりそうです。先程岩波文庫目録を眺めていたらやりきれない思いがしました。――果して四年間の間に「小論理学（ヘーゲル）」「哲学入門（ヘーゲル）」さえ読む時間があるのだろうか、と。

ぼくたちの日々は一通の手紙を余計にかけば、それだけ少なく、オルグ対象を一人ふやせばそれだけ少なく、一時間多く眠ればそれだけ少なくしか本を読めないという問題のたて方しかできないところまで追いつめられているのですから。にもかかわらず、生活のけだるさは、容赦なくぼくたちに闘いを挑んでくるというわけです。

大半のことは書かずじまいに終わります。統一行動論争、思想闘争の場所的問題に関して書くことはできませんでした。近いうちに会って話しましょう。ぼくにとっても大問題です。　さようなら

九月十五日

十月一日〜十日試験です　上保谷二五七七　奥　浩平

ノート　十月二日

安保、三池闘争の敗北後三年、労働戦線の日々の右傾化と学生の意識の停滞状況の中で、一見歴史が自らの足どりにそむいて進行しているかにみえるこの逆流に抗して、私の自己形成の端緒が、いま切り拓かれようとしている。

裏長屋の十畳間で、飛躍を求めて呻吟していた私の精神にとって、安保闘争は画期的な意味をもちえたが、現代における自己解放の実践的かまえを獲得するには、なお幾多の紆余曲折の道程をたどらねばならなかったのである。だがここではその道すじを追うことは控え、ただ次のことを明らかにするにとどめよう。

１、哲学の不断の充填と蓄積が行われないならば、活動は涸渇し空転を余儀なくされること、そして現時点での私の哲学的成果は実践的かまえの確乎たる必要性の認識であり、それ以上のものではないこと、（活動を支える哲学的蓄積、哲学を肥沃化させる活動――の図式は直線的には描けないこと）

２、プロレタリアートの自己解放（私有財産の止揚による自己疎外の克服）が普遍的人間解放の唯一の道である、というわれわれの革命の原理は、それ自体では「原理」以上のものではないこと。これを豊かに肉づけるのは私のさし迫った課題であること。

これらの急務にこたえるために、私のノートが出発する、四月以降私の精神にせまりきたった幾多の激動の記録にとなり合せた頁から。

ノート　日付不明

社会観の探求

1、人間は人間の問題をおいもとめ、人類知性が人間の問題をめぐって旋回してきたのは、人間にとって、もっとも根本的なものが、人間自身にほかならなかったからである。――これがヒューマニズムの根底に存するものなのだ。

こんにちほど人間の問題がすべての人びとの深い省察の対象としてうかびあがってきたことはない。私たちは、私たちの生活の省察から哲学を出発させねばならない、すなわち、現代という時代がどんな時代なのか――そこに生きる人間の――問題はどうなのか――そして私たちはそれにどうかかわるのか、これである。現代において、人間の主体性とはなんなのか――これに全力をあげて回答することが必要なのだ！

2、現代世界の危機の深さが、人間問題への省察を私たちのさけがたい課題として提起しているのである。

危機の様相は次のようである。

原子力の解放が人類の死滅への道を切り拓いているという逆説、日本帝国主義の再編強化とそれが結果する諸矛盾。

このような一見抑えがたく見える状況はニヒリズムへの坂道を用意している。

中原素子への手紙　一〇月四日

▼Y市大支部機関紙K鐘1号を送ります。われわれの力量（理論的な）の限界をあますところなく暴露した。という感じですが、第2号（一〇月二〇日発行）はよりすぐれたものをつくることができそうです。君なりの批判をお待ちします。なお、わが戦線の運動の未熟さをかばうために、この機関紙の扱いに若干御留意下さい。

▼革共同の主催する、中ソ論争に関する政治集会の入場券（↑五〇ｙｅｎ！）を送ります。昨年のハンガリア革命記念集会後の大公開集会です。メンドクサイ、ジカンガナイ、ホカニヨテイガアル　ｅｔｃ、の理由………出席されんことを期待します。政治局派の（君にとって異質な）空気にふれる契機があたえられているからです。

▼青高の文化祭(高対部の同志と出掛けてレ・プチリアンの、あの類をみない頽廃と饒舌をマルクス(サルトル・カミュ・ハイデッガーｅｔｃ）の漫画化をたっぷり拝見させてもらいました。そして、彼らが、わが戦列の組織的力量不足の上にあぐらをかき、青高社研部員の若々しい問題意識をねじまげ、殺し、奪い、部員の感受性を蚕蝕していることに新たな憤りを感じました。

▼この封筒では「前進」を送れないのが残念です。では、政治集会にて！

奥　浩平

中原素子への手紙　一〇月一九日

　ドイツ・イデオロギーにとりつかれています。全部読み終わってから君に手紙を書こうと思ったのですが、一分間に一gのフケを分泌させるようなこの本に対して、ぼくの脳構造はいまだ（いまのところ）極めてヒヨワなため断続的な休憩が必要です。しかしながら、この本が数カ月間君の懐にありながら、線ひとすじつけられずに寝かされていたということは、残念です。わがデッチアゲ組織〝現代史研究会〟は大学祭にむけて〝中ソ論争〟の研究レポートつくりに必死ですが、その担い手の一人であるぼくも中ソ批判の前提としての〝そもそも共産主義とはなにか――WHAT IS THE COMMUNISM（記念誌の裏面には英語の目次を添えるつもり）〟をひきうけて、火のでるような苦しみを味わっています。（1、疎外とその揚棄としての共産主義　2、プロレタリア革命の世界史的国際的性格　3、国家が死滅する過程における民主主義、軍備・管理・経済の諸問題　4、人間の主体性とはなにか）――これがぼくの役目。ド・イデはとくに〝2〟に必要なわけです。もうひとこと、ド・イデに関して。君は、自らが自己の裡にプロレタリア的倫理をとぎすましていけないのは（ひとつには）家庭で活動を一切隠蔽しているからだ、と言ったが、その言葉には、君自身の主体性のひとかけらも見出せず、それは全く現状への妥協なき闘いをあらかじめ放棄していることを自己合理化するものでしかないのです。

「境遇と教育が変化すれば、人間が変化すると主張する唯物論的学説は、境遇が人間によって変わらざるをえず、教育家そのものが教育されざるをえないことを忘れている。……境遇の変化と、人間活動の変化または人間の自己変化とは結局一つのものであるということは、ただそれを革命的実践として見るときにのみ把握され、合理的に理解されうる」（フォイエルバッハに関する第三テーゼ）。

あまりにもききあきた。この〝セリフ〃は今、みずみずしいひびきをもって（マルクスによって）、君自身につきつけられるのです。

（日本語で、わからないといけないから）

The materialist doctrine that men are products of circumstances and upbringing, and that, therefore, changed men are products of other circumstances and changed upbringing, forgets that it is men that change circumstances and that the educator himself weds educating, …… The coincidence of the changing of circumstances and of human activity can be conceived and rationally understood only as revolutionising practice.

ぼくは、ときどき、とめどもない手紙をだれかに書きたくなります。〝ああしたこと〃〝ああだったこと〃〝こうおもったこと〃〝こうしなければならなかったこと〃などなどを。それは、マルキストとしての新たな地平を拓きつつも、ぼくは日々、生活につまずき、とまどい、動揺し、うろたえ続けており、そうした断片のつぎはぎが、その総和がぼくだからかもしれません。たとえば爬虫類のような鈍重さに身を任せ、それを唯一の喜びとしているスターリニストにあらゆる思力をふりしぼって恫喝を浴せ、その数分のちに混んだ電車の中で、若い娘の髪の香を嗅いだときに感じるような意識の混迷。ひときわはげしい弾圧を受けたデモの帰り、立ち寄った家で手にとった啄木詩集の数句に感じる、しみいるような心の律動。〝前進社〃を背にしていまとり交してきたＫさんとの数分の会話を反芻しながら歩くときに感じる、ぼくの精神のガラクタさに対するいらだち。こうしたものを、ぼくはどうすることもできずに今日はこうしてドイツ・イデオロギーを読むのです。

さようなら

君が、ぼくがいままでに君に出した手紙にまともに応えてくれたなら、ぼくたちは共同の財産をもつことができるだろうに——

一〇・一九 am　　浩平

〝前進〟すぐ送ります。

論文

「そもそも共産主義とは何か」

a　疎外と共産主義

人間は労働する。サルが木から木をとびうつって木の実を集め、巣をつくるのをみても、われわれは彼等が〝労働する〟とはいわない。なぜならサルは食うこと、住むこと、産むことのためにのみ活動し、それ以外には活動しないからである。人間も食うこと、住むこと、産むことのために自由に生産する。しかし、肉体的欲望から自由であるなかで、はじめて人間は真に生産するのである、こうした人間の生産活動こそ、労働であり、労働こそが人間を人間以外の動物から区別しているモメントである。人間は自然（人間は自然の一部であり、自然と人間とを機械的に分断して考えることはできない。この場合の自然とは、人間が感性的な外界としてとらえた意識対象である）に働きかけ、自然に自らの生命をそそぎ込み生産する。すなわち、人間は自然を媒介として自己自身を実現するのであり、この人間活動が労働なのである。

ある人が大理石を刻んで像をつくるのは、彼が大理石を用いて、それに彼の生命を吹き込み、そこに像という形をとった自分自身をつくりあげるのである。

現代において人間は労働を行うだろうか？　労働者は自分で生産したものを自分の手にすることはできない。労働者が自己の生命を吹き込んで自己を実現しようとしたものを、資本家は奪い、そのかわりに労働者とその家族が死に絶えないだけの、また労働者種族が死にはてないだけの最低のものを、賃金として与えるのである。それゆえに、労働者はより多くのものを生産すればするほど、自分自身の内的世界はまずしくなり、より多くの力と量を増大させればさせるほど、それだけ一層自分からはなれていき、自分から独立し、自分によそよそしくふるまい、自分にはむかうようになる一個の自立した勢力をつくりださざるをえないのである。これが現代における労働者の疎外された労働の本質なのである。

こうして、本来人間が内的要求に駆られて自己実現する過程であった労働が、物質的その他の強制がなにもなくなると、たちまち病魔のようにいみ嫌われるのである。労働者は労働においては自分を否定し、労働の外で（食卓で、寝床で）はじめて自由だと感じるのである。

民青の諸君はしきりに（働くことの喜び）という言葉を使うが、階級社会においては、働くということが喜びではなく、不断の苦しみであるということが、労働者が階級的自覚をせざるをえない現実基盤なのである。また「社会主義国」といわれるソ連、中国において「労働は楽しい」と宣伝されるのは、それらの国においては「労働は楽しくない」ものであることが表現されているにすぎない。本来の社会主義においては、労働は意欲的になされるのであって、官僚にあつかましく宣伝される必要は起らないのである。

労働者は自分とその家族を維持するためにのみ労働する。食うこと、住むこと、産むことのために労働が自己目的化されるのである。労働者は肉体的欲望をみたす労働においてのみ、自発的であると感じ、自らの人間的な諸機能においてほとんどかわらないのである。人間は動物にまでなり下り、動物にたいする人間の長所ははぎとられるのである。こうした労働者は労働において自己を喪失し、非人間化し、この状態は人間一般をものみこんでいくのである。

疎外された労働は私有財産（現代的には資本）が原因になって生起するが、疎外された労働はさらに生産物としての私有財産を産むのである。こうして疎外された労働と私有財産は互いに他を太らせ合うのである。以上のように私有財産は疎外された労働の物質的な実現であるから、われわれは私有財産から労働者を解放することができるのである。こうして人間の普遍的な解放は労働者の解放を通じてのみ可能なのである。なぜなら、生産にたいする労働者の関係のなかにいっさいの人間的隷属がふくまれており、すべての隷属的諸関係は、ただこの関係がかわったものであり、その結果であるにすぎないからである。共産主義は私有財産を実践的に揚棄することによって人間を解放しようとするものなのである。

b　プロレタリア革命の世界史的、国際的性格

資本制社会の下では、労働者は生命をつなぐためにはいやがおうでも資本家に雇われねばならず、資本家の下で働くということは、自らが生命を吹きこんだはずの生産物が資本家に収奪されることによって、自分自身が労働から疎外されることでしかない。労働者は労働に対するこのような関係しかもつことはできず、労働の中で自分を失い、人間性を剥奪され、自己喪失せざるを得ない。こうして労働者は

感性を磨滅し、一個の道具、飽かざる私利を追求してやまない資本家にとってだけ有利な一個の機械にまでなりさがるのである。しかし、感性を磨滅し、自分のおかれている状況に憤りすら感じられなくなる労働者は、にもかかわらず、日々の苛酷な労働の一瞬々々に、また、働いても働いても食えないという現実の生活意識をバネとして感性をとりもどし、状況をとらえ返さずにはいないのである。日々疎外され労働から外在化せざるをえないという過程こそ、それゆえにこの疎外を、この外在化を気づかざるを得なくしている現実基盤なのである。こうして労働者は自覚するや、いままで競争相手であったはずの労働者たちが、じつは、資本家という階級に搾取され抑圧されている労働者という階級の不幸な同胞であったことを自覚し、階級としての資本家に立向うために階級としての労働者を組織しなければならないと感じるのである。

人間の疎外は資本制社会のみに生起するものではない。生産と所有が根源的に統一されていた原始共産体が解体し、――↓奴隷制社会――↓封建制社会へと移行する過程は人間の協働によって野外労働と家内労働が分裂し、種族が種々の家族形態へ分裂し、社会的分業の発生によって肉体労働と精神労働が分裂し、農業と手工業が分裂することによって都市と農村が対立し、社会的分業が作業場内においてさらに分裂する（マニュファクチャー）過程であり、生産と所有の分裂による二つの階級による社会の分裂が生産からの人間の疎外を生み、それが各時代の生産様式に反映されて発展してきた過程である。こうして人間の歴史は人間の疎外を完成せしめてきた歴史であり、資本制社会はそれを極点に至らせたのである。

しかし、また人間の歴史は限りなく生産力を発展させ世界的交通を進めてきたのである。そしてその過程は必然的に人間の疎外を生まなければならなかったのである。資本制社会は生産力を飛躍的に発展させ、商品経路は世界交通を可能にした。人間が人間として生きることが可能となり、人間の真の歴史が出発する共産主義は、その歴史として階級社会を経なければならず、それは人間の疎外を完結させる歴史であり、人間のとりもどしは人間の非人間化を通じてしか行いえず、ここに人間歴史の逆説があるのである。そしてまさにかかる歴史の担い手であるプロレタリアは、私有財産をプロレタリア革命によって実践的に揚棄し、人間の疎外を克服しようとする世界史的重みを背負った階級としてしか存在しえないのである。

社会的分業の細分化は、個人に一定の排他的な活動分野を押しつけ、人間を畸型化してきたが、共産主義社会においては分業は止揚され、個人は自分の意志にしたがって自由に生産し、活動することができるのである。

この自由な活動を保障するためには、生産力が世界的規模において発達していること、これに関連して、世界交通がすでにその実現をみていることが不可欠なのである。

ここに一国社会主義建設が社会主義（共産主義の第一段階）として存しないばかりか、共産主義を開花することの不可能な所以がある。また「戦闘的」な中国の指導者が「一人の男と一人の女が残るまで闘う」とか「廃墟の上に社会主義を建設する」とかいうが、それらはマルクスがいかなる意味で〝共産主義〟という言葉を用いたか全く理解していないことをしめしている。

（補）ソ連では、バレーもスポーツも分業として成りたっている。労働者は芸術に対して永遠に観賞者としてしか関係しえず、創造者にはなりえないのである。

（注）疎外された労働の分析については、「経済学＝哲学草稿」「賃労働と資本」（マルクス）参照。
疎外の歴史的展開の論理的過程については「ドイツ・イデオロギー」（マルクス）を参照。

c　国家が死滅する過程における諸問題

国家は階級対立の必然的な所産である。それは原始共産体において本源的に統一されていた生産と所有が分離し、社会が和解しがたく敵対する階級へと分裂したことによって、一方の階級が抑圧し、自己の利益をよりよく貫徹するために整えたメカニズムである。

こうして発生した国家は、社会からうまれながら、社会のうえにたち、社会に対してますます外的な権力となっていくが、それは常備軍と警察という具体的な表現をとる。それゆえ、被抑圧階級を解放するためのプロレタリア革命は、国家権力機関を破壊することなしには不可能であり、暴力革命とならざるをえないのである。

＊国家の成立過程は「家族の私有財産、国家の起源」（エンゲルス）参照。暴力革命については「反デューリング論」（エンゲルス）参照。

国家は階級対立の必然的な所産であるから、階級の対立する基盤そのものを実践的に克服していく共産主義への移行過程で、国家はその発生が必然的であったように、必然的に消滅せざるをえないのである。その過程における、国家、管理、民主主義、経済の諸問題は、現在の「社会主義」といわれる中国、ソ連の問題性とともに緻密な検討が要求される。

プロレタリア革命は、できあいの国家機関を掌握して、それを自分自身の目的のために使用することはできない（「フランスにおける階級闘争」「フランスの内乱」（マルクス）を参照）。プロレタリア革命は既成の国家機構をとりこわし、そのかわりにプロレタリア独裁をうちたてるのである。そうすることによって、国家としての機構廃絶（abolish）する。この「国家」はプロレタリア国家と呼ばれ、権力は常備軍や監獄の整った制度を廃止し、「住民の自主的に行動する武装組織」によって保障される。

㈠　ロシア革命におけるその現実形態として労働者評議会（soviet）があった。スターリンはこれを解体し、官僚機構に改変したのである。

㈡　「社会主義」を誇るソ連において、平和共存の戦略化による必然的な帰結としての「力の均衡」政策の現実として、メーデーの労働者の行進が巨大なミサイルで先導される状況は、マルクス主義の立場からいかに説明されるのであろうか？

民主主義の形態もブルジョア社会とは異なった形態をとる。そもそも民主主義とは、国家形態であり、人間に対して暴力を組織的、系統的にもちいることであって、資本主義社会の民主主義は結局とるにたらない少数者のための民主主義なのである。民主主義はそれ自体こえてはならない限界ではなく、封建制度から資本主義にいたり、資本主義から共産主義にいたる途上の一段階にすぎない。それゆえ、プロレタリア独裁期の民主主義はそれ自体消滅する過程のものとして存することが前提されねばならない。ブルジョア社会における〝三年ないし四年に一度、支配階級のどの成員が議会に人民を代表してふみにじるべきであるかを決定する普通選挙〟のかわりに、人々は労働者評議会のメンバーを完全なリコール制度が貫徹された選挙を通じて、選ぶことができるのである。

ソ連における選挙制度が「党中央からの一方的な推薦者」にたいする、拍手で終わることはよく知られている。一切の官吏の俸給は、熟練労働者の賃金なみに制限され、官吏の官僚化が防止される。

プロレタリア独裁期ののちには共産主義の第一段階としての社会主義の期間が存する。この社会はあらゆる点で経済的にも道徳的にも精神的にも、旧社会の母斑を残しているが、生産手段はすでに個々人の私有財産ではなくなっており、社会の各成員は、社会的に必要な労働の一定の部分をはたして、これこれの量の労働を行ったという証明書をうけとる。この証明書で、消費手段の公共の倉庫から、相当する量の生産物としてうけとるのである（予備基金、生産を拡大するための基金、消耗した機械類を補塡する基金、行政費のための基金が控除されるが）。

この制度は労働証書制とよばれるが、ソ連では履行されておらず、そのかわりに出来高払い制（ノルマ制）という苛酷な形態が敷かれている。

ここには「平等な権利」があるにはあるが、しかしまた「ブルジョワ的権利」であって、他のあらゆる権利と同じように不平等を前提としている（すべて権利とは、実際にはひとしくなく、たがいに平等でない種々の人間にひとしい尺度をあてはめることにほかならない）。人々は、個人的にある者は力がつよいのに、他の者はよわいとか、ある者は子供があるのに、ある者は結婚していないとかの条件をになっており、社会に果した労働の役割は平等であっても、事実上多くうけとったり、他の者より富んでいる者ができるわけである。すべてこういう欠陥をさけるためには、権利は平等ではなく、不平等でなければならない。したがって、社会主義社会においては人々は真に平等ではありえない、消費手段は〝労働に応じて〟分配されるのである。だが、経済的変革はやがてこの不平等を解消するのである。

共産主義の高い段階では、精神労働と肉体労働との対立が消滅することによって国家は死滅（wither）するのである。人々は他人より半時間でもよけいにはたらかないように、他人よりすくない給料をもらわないようにというブルジョア的権利の狭い限界をこえて、人々のうけとる生産物の量を社会が規制する必要はなくなり、人々はその欲望に応じて自由にとることができるのである。

（プロレタリア独裁制、共産主義の第一段階としての社会主義、共産主義の高い段階の三種の社会形態を、フルシチョフ、毛沢東はともに混同していることが中ソ論争にみられるが、彼らの混同をマルクスの掲げた原理から検証する課題は未だ残されている）

（注）労働証書制については「ゴータ綱領批判」（マルクス）を参照せよ。

cでとりあげた諸問題は「国家と革命」（レーニン）を参照のこと。労働証書制の問題からソ連社会を批判したものとしては「ソ連社会主義批判」（対馬忠行）が一読に値する。

☆一九六三年秋「中ソ論争」（横浜市大現代史研究会発行のパンフレット）に掲載された論文。

第四章　大学時代（Ⅱ）七・二事件

一九六三年一〇月～一九六四年七月

○中原素子への手紙
○ノート
○佐藤政夫への手紙
○論文

Ⓐ　ぼくはいったいどんな状況にかこまれて生きているのでしょうか。ぼくは自分をとりまく状況にはたらきかけて一体なにをしているのでしょうか。

Ⓑ　以前、日々が自分の生活に対する深い省察であった時期がありました。いいえ、生活への省察ではありませんでした。過去の思い出への反省でした。反省したのは過去に対してで、現在の一瞬一瞬に対してではありませんでした。行動（実践）がなかったからです。実践がなかったから省察が可能だったのでしょうか。それでは現在、ぼくに省察がないのは実践しているからなのでしょうか。ぼくはこうした（ばかばかしい）循環論法からいつまでもぬけでられないのでしょうか？（註1）

Ⓒ　確かに実践するためには理論が必要です《その理論は実践をつうじて抽象された（実践を総括する過程でうちたてられた）ものです》。ですから実践の一瞬一瞬にぼくたちは反省し、総括しなければなりません。（註2）

Ⓓ　でも現実が必要とするものはそうではないのです。ぼくたちは実践によって作りだした状況に再度働きかけなくてはなりません。自分で作り、うみだした状況が〝直ちに次ぎの働きかけを！〟と叫びます。ぼくたちは自分のやったことを判断し直し、自分でうみだした状況がどんなものであるかを判断する時間を与えられずに、自分でうみだした状況に命令され、それにあうように行動してしまうのです。

Ⓔ　寝不足の興奮と疲労の時間がすぎて、それから解放され、気づいてみると、いつの間にか自分は莫大なことをやってしまったこと、自分はなんだかそらぞらしく感じるのに、実際は自分でやってきたことの大きな塊りをみるのです。ぼくたちは不安になり自分のえたいの知れなさにおじけます。（註3）

Ⓕ　それでは、まさにその時期が、総括の時期（註4）なのでしょうか？　いいえ、自分はとりかえしもつかないことをしてしまっているのです。生産物は過去のものとして、思い出の一部分としてあるのです。なぜなら、それではいったい生産物にどんな批判を浴びせることができるだろうか、そうした生産過程の自分にいまなにをあらたまって求めることができるだろうか、だからです。

Ⓖ〈以上の過程は正しいでしょうか〉だとするならば、その時期に、ぼくはなにをすればいいのでしょうか。闘争だったら召還することでしょうか？　恋によって生れた子なら川に投げ込むことでしょうか。

Ⓗ　とんでもない、ノートはぼくなのです、やっぱりぼくを表現しているのです。

（註1）過去（思い出）への反省（愛撫）↑行動がなかったから

省察（自己反省）の欠陥↑行動があるとき

〝自己省察がない〟というのは確かに事実問題である、「ではどうしたら自己省察できるのか」というように問題がたてられねばならない。自己省察がないのは、〝これこれの理由による〟などと説明しようとするのは、主体性が欠陥した客観主義でしかない――→解答は導き出せない。「一般に問題の設定はその解決である（マルクス――ユダヤ人問題によせて）」

Ⓑの論理は破産している。

〝要するに生れてからこのかた（以前も今も）自分に省察がなかった〟という事実問題がⒷから導き出される唯一の結論。

（註2）はたしてぼくたちは「実践の一瞬一瞬に反省しなければならない」だろうか？　実践は自らの法則*だとすれば、Ⓒ以下の論及はひびわれてくる。――→

＊法則とはむろん過去の実践が総括され原理として抽象されたもののことである
――→こうなると、弁証法の純粋問題に還元される。

（註3）自分に重くのしかかる塊りの息苦しさの中で、ぼくたちはあたたかい布団の中で、若い女（不特定＊）の乳房を把み、彼女の体にのしかかりたいと欲求するのである（あるいは冷たい水をおもいきり泳ぎ渡りたい、酒をしたたか飲みたい、など）。

＊「不特定」であることは大切だ。なぜなら、以前から知っている女なら、これからもかかわり（▼）をもたねばならないだろうから。

▼「かかわり」とは肉体関係を意味するのではない。あらゆる意味の人間交通である。

（註4）いったい「総括の時期」なるものがあるのだろうか？　この言葉は山本派のいう「立脚点主義」のにおいが直感的に感じられる。

ノート　日付不明（一〇月）

いつも書こうか書くまいかという判断にとまどっているのです。政治活動は人間をしだいに政治的にしていきます。考えていることがいったん文字となって固定化されると、それがどんなに自分自身の心情を的確に表現しているものであっても、「こんなことを書いてなんになる」とか「こんなくだらないことにとどまっているのか」というふうにみえてくるのです。そしてしだいに本当のことが書けなくなり、「こうあらねばならない」と思っているようなことが「おれはこうである」などとされてしまうのです。

プロレタリア革命を遂行せんとして続けられる共産主義運動は、あわれにうちひしげられた人間を生き生きとした活動をする本来の人間生活へひきもどそうとして出発するのです。本来の人間生活とは、恋をしたり絵を描いたりネジをつくったり稲を刈ったり野山を走ったり歌をうたったりすることが人間がかりたてられる心の要求にしたがって自由にできることです。そこには放蕩児も画家も職工も農夫もスポーツマンも声楽家もいず、一人一人がそのすべてであるのです。おさえつける人もいませんから、政治もなければ、政治家もありません。私たちはそのような人間の社会にあこがれて（あこがれという言葉をつかってなにがわるいのでしょう。この世界にはどんなにさがしたってそのような社会はないのですから）、生きていますが、そのあこがれをただ頭の中だけのたのしみとしていないために今、現実的な行動をしているのです。この世界で、この世界のもろもろのできごとを生みだしている根本の構造を変革しようとしないで、自分のまわりに生き生きとした人間活動を実現しようという試みはあまりに不毛です、そこで私たちはこの世界の根本構造を変革しようとするのです。変革しようとする世界はおさえつけられる人間とおさえつける人間とに分断されており、その一方を代表して変革を試みようとするのですから、私たちは政治的にならないでは一歩もあるけません。一歩あるくごとに他方の人間たちはより一層彼らの立場をはっきりさせますから、私たちはますます政治的になっていかざるをえないのです。私たちは朝起きてから夜寝るまでの生活をそのうちの数時間を政治的に、他の数時間を非政治的にというふうにすごすことはできません。私たちは、あらゆる瞬間に、私たちのすすめている運動にとってより有利なようにと思考をめぐらし、行動するようになるのです。こうして自分がおもっていることをそのまま文章にしたり、口にしたりすることができなくなったり、そうすることを意味のないことと考えたりしはじめるのです。

こうして私たちは政治のない人間の社会をめざして行動しながら、現在の行動においてはますます政治的にならざるをえないという逆説に直面せざるをえなくなるのです。

ノート　日付不明（一二月）

抽象的、概念的なことを一切書かなければいいのだ。自分がものを見て感じた気持をそのまま書けばいいのだ。ささいな経験を抽象して書こうとするから、かいていくそばからまったく意味のない、とるにたらない、作業をおこなっているようにおもえてくるのだ。この手帳はぼくの自慰だ、感じたことだけを書いてねむればいいのだ。

バイトで、ベルトコンベアーの一行程の単純な仕事を反復しているあいだ、ぼくの両脇に並んでいる娘たちを眺めて品定めしながら、かわいい女の子をみつけては自分が恋を囁く姿を想像してみた。とそのたびごとに都立大のKの面影が自分が眺めている娘の像に二重写しにされ、それをかき消してしまった。城南紙業の娘たちはどれもすっきりしたところがなく、品がなかった。ぼくは理知的な（この言葉は仮りに置いておく）目をした深いまなざしをした女の子でなくては好きになれないようになっていることに気づいた。

労働者の娘、無知な娘、うすよごれた娘なんかと恋はできない。

中原素子への手紙 一二月一一日

中原さん、お手紙ありがとう。

君の手紙が着いた頃、ぼくたちは葉山海岸で、「ドイツ・イデオロギー」の合宿学習会をやっていました。歴史に対する人間の働きかけを捨象する客観的主義、自然と人間の機械的切断、認識のスターリン主義的歪曲、人間の本来の生活への帰還（共産主義）に対する不信、それらのものと、徹底的な討論を通じて闘った現代史研の学習会は市大における反スターリン主義運動に展望を拓く大きな役割をもったといえましょう。ぼくはこの学習会を通じて、個人的な読書活動による研究の限界性をつくづくと感じ、ひとつの問題に切り込む諸個人の様々な独自性の上にたった討論の重要性を、あらためて知ったのです。それは同時に自分の学習の力量的限界を知ることでもありました。私たちはたびたび「社会観の探求」を引用しましたが、なお「探求」の学習が不十分であることを知りました。そして、この間、ぼくを悩ましていた（それは鈴木君（農工大）との論争で触発されたものですが）階級社会における人間の自由の問題を解決するために「プロ的人間の論理」へ進むべき契機を鮮明な形で把みました。同時に「マル形の論理」を、なぜ、いかに読まねばならないかをも知ったのです。それらの学習を正月に、美食の満腹感と日本酒のほろ酔い気分のけだるさから解放されて、どこか寒いところでやりたいと、ぼくは思っています。

場所的集中性と内容的拡散性を媒介的に統一せんとして難産を続けている「広場の市」の合評会に、おたよりにもかかわらず参加できなかったのは残念なことです。

君が、わが同期生たちのパーソナリティについて、回想的に書いていたためか、今朝がたずっと村岡の夢をみつづけていました。わけのわからぬすじがきの展開の中で、唯一つ鮮明な印象があるのは村岡を自分は乗越えているということだけでした。パーソナリティを論ずるのもよいかも知れませんが、それぞれたのしそうに自分の道を歩いているなという感想なら、尾崎先生にまかせておけばよいことです。

今日からバイトをしようと思って今電車に乗っています。経済的窮迫による息苦しさは運動を熾烈に闘えば闘うだけ強められてふりかかってきます。出来るだけ、アツレキを小さくとどめようとしている家でも「バイトもせずに、毎晩遅く帰ってきて、デカイことばかり言ってイバリちらし、利己的にふるまう」という非難は断えず、一枚の札ビラを手にするための闘いは、本源的な、姉あるいは兄の階級的立場そのものへの追究として進まざるをえず、したがって、彼らをしてプロレタリア的観点にたたしめない限り、闘いとしては挫折し、それは他の家族をも包摂して、ぼく自身は一家の疎外体とならねばならないのです。にもかかわらず、姉とか兄とか父とか母とかいう立場からして、そして完膚なきまでにブルジョア的倫理観に毒されている彼らとして、その自己保身は露骨をきわめ、「学生──→世間知らず──→大人になりなさい」の図式に従って、闘いは逆に説教となってはねかえってくるにとどまる、という困難さをしめているのです。唐牛的破産の現実的基盤は、こうして日常的に用意されています。現社会を根源的に否定しようとする運動は、にもかかわらず現社会生産力と生産諸関係を基盤としており、その矛盾を現在的に統一していく仕事は極めて困難なのです。(以上九日)

(以下一〇日)『前進』と『解放』の相互批判を交換しようという提案は、すでに、ぼくが再三にわたって行ってきたものです。君のあまりぱっとしない手紙に書かれていた「解放批判ノートを公開しないか」という提案は、それゆえあまりぱっとしません。われわれの相互批判を現実のものとするためには、まず、君自身が、「前進は官僚的だ」と感想的にもらした言葉を理論的に緻密化して展開すべきでしょう。中ソ論争を軸としつつ、秋の闘争の中でわれわれの批判を受けてついに二派に分裂した都学連＝社学同と、東工大学友会においてもついにわれわれの旗が立った、山本派の日和見主義の蔓延の中で、中核派の闘いはいよいよ重要性をましています。全国の自治会代表者五〇〇名を結集して開催されようとしている全学連主流派大会（一五・一六於 杉並公民館）に是非参加されるよう訴えます。（前売券一〇〇円、当日売一五〇円――三日間通して）

今日、一〇日は金・大平会談に反対して、全学連主流派の闘争が闘われようとしています。

昨夜から今朝がたまで前進社でカッティングを手伝っていました。すでに前進紙上（一六二号）で読んだとおもいますが、全逓羽田の闘いは極めて重要なものとなっています。

(以下一一日)東工大学友会の選挙結果の混乱(山本派の四〇名の殴込み)を終止させるためのビラ＝カッティングを今朝方まで手伝い、八時から中央郵便局の労組へビラ入れに行きました。耳にしていたように全逓の労働者はうすぎたないえりまきとオーバーの姿でやってきてビラを手にしていきました。身なりの一様さに比して、彼らの頭の中の出来事はあまりに雑多なようにみえました。ある者はスカして歩いてきて、ひったくるようにビラを手にし、内容には目もふれずに進んでいき、ある者はひとなつっこそうな笑いをうかべて「オッ」などといってうけとっていきました。一人として聡明そうな目元をした者はいず、表情はだらしなくたるんでいました。ぼくは、こうした仕事のめんどうくささを感じはじめていましたが、その感情が、自分の求めている人間像を全くかけはなれた一群の人々を前にしているからだと、ふと気づいたとき「疎外された労働は、富者にはより一層の富を、だが労働者にはクレティン(白痴病)を……」という経＝哲草稿の一節を思い浮べ、生れついた人間の資質の微妙なちがい（独自性）が拡大強化され、頭の良い者と悪いもの、富者と貧者、学者と労働者というふうにひきさかれていくのを目の前にいる人間を通してまざまざと実感し、幾度もこみあげる涙をとめることができませんでした。ぼくたちは革命ができる基盤があるから闘うのではなく、また、闘いを組織せねばならないから、闘うのではなく、われわれはこうした状況があるかぎり、眼前にみにくさがあるかぎり、闘わざるをえないから闘うのだ、ということを本当に実感として感じました。一一八年前のマルクスも、その実感からのみ出発していたのでした——共産主義は現実が指向すべき理想社会でもなければ、招来すべき未来社会でもない、それは現実を変革するための理論である（ド・イデ）（若干文章はちがったかもしれない）——→言わんとすることが、パターン化してしまうのは疲労のせいか、それとも、おれの物質化した感性のゆえか？

昨夜の会議で、冬休みあけの学習会は「小論理学」（ヘーゲル）とすることにきまった。経＝哲草稿——→ド・イデ——→党宣言——→賃労働と資本——→経済学批判序文、と進んだあとは（順序は系統的ではなかったが）反デュ・起源・自弁法・聖家族らみな学習会にはむかないので、おもいきってヘーゲルへ下向し、ヘーゲルをやりつつマルクスのヘーゲル批判（ユダヤ人問題に〜／〜法哲学批判←——独仏年誌）をやろうというわけです。商学部の教授で、講義で〝スターリン主義〟を口にする中村先生というのがいて、小論理学からはじめて、あらたな左翼をつくる勉強をしていくと大みえをきっているので、その学習会になだれ込むことにもしています。

言いたいことはほぼ言いました。

＊ド・イデ合宿中〝法則利用とプロ革〟のことが終始話題にのぼりました。昨日ウニタへ行ったら「創刊——二号」売りきれており（もっとも買うかねがあったわけではないが）君からパクッておいて返さな

ければよかったとつくづく考えています。
＊昨日のデモは二五〇くらいでした。弾圧は、ひでえもので、警棒をぬいて抑えつけて来、めちゃくちゃにケとばされました。
＊選挙は惨敗、その総括は散漫になるので、全学連主流派全国大会における報告を。

ノート 一二月二七日

数時間の中に発作を二度も起し、ひきつけが去ったあとはケロリとしてスイスイしている。妙にガクモンづいて外書講読だの中村ゼミだの“Alienation of Modern Man”だとか言っている。貪欲にガツガツ大喰いする、通学定期で不正乗車をし、ひっつかまって平然としている岩手的ずうずうしさ。——岡本彰子

「私有財産と共産主義」における共産主義的人間像、「法哲批判」における変革のバネをよりどころとしている人間、にもかかわらず引裂かれた人間関係と疎外された労働と一切が汚物にすぎぬブルジョア社会に現在的に棲息している人間——不断の苦しみ、不断の恐怖。

思惟のらせん運動がくるっ、くるっと転回を続けて幾周期目かの起点上に還る——人間だ、人間だ、ぼくは工場の優しい娘を見つけてとんでいって抱きしめて頬ずりしたくなる。Ｋ・Ｅをきっと手に入れてみせる。あの娘を人間的人間として全体的に抱擁するんだ。一人の人間の全体的抱擁——現代にあっては変革者として。

さらに思惟のらせん運動が、幾周期目かの起点上（上—above, not on）を通過すると、あたりが次第に黄色くなる。

人はなぜ生きるのか？

これは人間が自己にむかって提起した普遍的設問、哲学の永遠の課題。

ボール箱を悪無限的に生産する作業はごめんだ、今日限りごめんだ、いやだ、クソくらえ、資本へのあくなき人間の隷属！人間の自己喪失、内容の剥奪、うつろ化、形骸化、白痴化！

佐藤政夫への手紙　一二月三一日

ＳＯＢ☆の意向——七月からとりかかった高校生対策はおもわぬ進展をみせ、青高にできたケルンをはじめ、東京、京都の主要大学に（社研から）毎年強固な部隊を送り込んでいる静岡高校の総体としてコチラの路線への傾斜など、全体として高校生運動は非常な盛り上りをみせ、われわれの指導性の貫徹がなお一層重要性を帯びてきている。▼今までの高対は浜同志一名の狂気に似た必死の活動によるもので、いまや全学連主流派—→Ｍの組織的力量の拡大とともに、高対部の充実化が要求されている。▼以上の状勢下で、⑴一定の「理論的蓄積」をもち、⑵高校生と接点があり、⑶学習会の組織並びに学習に熱意をもち、⑷「マジメ」で「人あたりがよく」、高校生にナメられないだけのものをもっている、横市大の岩崎を中央に高対としておきたい。横国大、法政大、埼大はそれぞれＳＯＢに数名を出しているし、適任者としての第一候補はやはり岩崎である。

横市大の言い分（福田、遠井）――▼場合によっては横市大の運動が若干打撃を受けても岩崎を高対におきたい、とするのは市大として受け入れ難い、▼来年の新入生をむかえ入れ、強固なケルンを形成していく仕事にとって、岩崎を失うことは手痛い状況、▼山之口、岡本、長谷川、宮尾……の個人オルグは岩崎の接点に負うところが多大であり、残る佐藤、神津、Ｅの三人では決定的にピンチ。とにかく岩崎の欠落は市大の自治会に真紅の旗をうちたてる闘いに大アナをあける以外のなにものでもない。

岩崎の見解（公けにはまだ何も言ってないが）――▼ぼくとしては判断のつきかねる問題であって、すべてはＳＯＢと市大支部との折衝にかかる、支部としてどうしても岩崎の欠落は許し難いとして、ＳＯＢがそれを承諾すればこれまで通り、市大のケルン形成のために全力をそそぐ！　岩崎なきあと、断乎としてわれわれが堡塁をうちかためる、大丈夫、となれば高校生運動の全国的高揚のため断乎闘う！

＊以上、生起したピンチな状況の概略はつかめたと思います。五日にＳＯＢの会議があります。佐藤的意向をきかせて下さい。こんなとき政夫君が近くにいてくれたらとつくづく思います。

☆ＳＯＢ…革共同学生組織委員会。

メモ　一二月三一日

年賀ないしは、断章／全逓労働者の革命的闘争とその無条件降伏を祝して速達便で送ろう
'63・12・31　岩崎哲☆

▼人はなぜ生きるのか——これは人間が自分に対して不断に問いかけずにはいられない問題であり、哲学の永遠の課題だと思います。ぼくたちはたえず湧きあがってくるこの疑問に対して必死にこたえようと努力し続けます。けれども満足な回答を与えられることはありません。そんな時ぼくたちは茫然とするのです。

＊アッというまに二度も発作を起し、ひきつけが去るや何事もなかったようにケロリとして、口をついて出る言葉は妙に学問づいた〝外書講読〟〝Alienation of Modern Man〟を英語で読む等々……。でっかいドンブリめしを大口をあけてパクパクくらいつき、不正乗車の発覚に際しては、定期を預けてスタスタ帰ってくる岩手的いけずうずうしさの、やせっちょろ女！

＊かわいらしい女の子に魅かれてまじまじと見つめている男をチラッ、チラッと盗み見し、やけに澄んだ心持であごをコクリ、コクリやって〝たのしみ〟を味わっている佐藤的インポ症、〝樫木の衝撃に前歯をブチかいた男の喜びと哀しみを追い求めるのみ……このヘドがでそうになる福田的ピューリタニズムをふりきってぼくの女性を熱愛しよう。あのやさしい眼差しと、××らの論戦を見守るときのほほえみの底に潜む心を愛そう。

＊城南紙業の娘たち——現社会の汚物。

東北弁とチューインガムの臭いと、無知、下品、貧困、教育の低さ……を象徴するよどんだ目つきは一切ごめんだ、彼女らはクレティンだ！　兄よ、わが娘の姿を、あの凛々しい姿を。

＊××の時、彼女は笑った、声を立てて笑った。

＊「今後いっさいの平民会ないしは全学連関係の連絡および招請状、おことわりいたします」と手紙を送ってくるニキビ面の、限鏡の奥で○・一の目玉をギョロギョロさせて最大の自意識を発散

させようとヤッキになっている低能女生徒！　平和のために立上れ！　アタシの恋人ドコにいるの！　……彼女には『前進』の新年号を。
＊わが愛するムジナさん、山本派シンパの動揺ちゃん、早稲田の銅像前集会で、〝今日もまた９・１３☆みたいなことが起るのかしら〟と思って〝プラカードが棍棒に見えてきて〟ポツリポツリと涙を落したぼくのお嬢さん、君は優しい、君は心があたたかい、君は阿呆だ、君は白痴だ！
＊「経＝哲草稿」の「私有財産と共産主義」の章だ、〝人間的人間〟の抽象だ、人間間の全的文通だ、この概念的把握をもって、現在の階級社会に下向し、貫け！
＊KEへ深い接吻を。〝組織〟を恐怖し、青春を失うまいと、泉を求め、病院の看護婦にまっかになって紙きれを手渡す大バカヤロウ。
てめえはなんのためにＥＰＭだＥＰＭだと騒いだんだ。のりうつり、愚鈍。

☆９・13…一九六三年九月一三日清水谷公園で、大学管理制度反対集会を全学連として単独に開こうとした革マル派と、統一集会を主張する他三派（中核派、社青同、社学同）との間に暴力的な衝突が起った事件。
☆岩崎哲…奥浩平のペンネーム。

ノート　一九六四年一月二二日

ああ、なんということだろうか、ぼくにはさっぱり分らない。

変革者の耳に不吉な予言がなり響いてくる。

今日N☆に会った。うち続く政治討論、高校生に語りかける優しい言葉。ぼくは編集会議での政治討論の中に人間的なものを感じた。自己形成の熱気を帯びた高校生の眼差しに人間的なものを感じた。けれども、それが去るやたまらなく淋しく、心がうちふるえるのをきいて、ぼくはいつもNに電話するのだった。彼女の電話の応対は全くナンセンスで聞くにたえないが、三度に一度、あるいは五度に一度、まち合わせる場所をきめることができて、ほっとして帰るのだった。約束したあとの心のやすらぎ、ああ、ぼくは冷たい風がむしろうれしく感じられるのだった。彼女は必ず遅れてくる。ぼくは恋人をまっていたように彼女にほほえみかける。彼女はキョトンとした顔をしつづけている。ナンセンスな会話のやりとり。ぼくらの話はなかなか始まらない。ぼくは勇気をふりしぼって彼女にほんとの話をしかける。Nよ人間であれ、革命的であれ、君のそのくすんだ顔をマルキストの輝きでおおえ、と。彼女の頬にはいつか赤味がさしてきて、美しくなるのだった。彼女の眼が輝きだす。彼女の視線が、ぼくの視線を捉えようとしはじめる。

彼女は、もう帰らないといけない、と言う。ぼくはぞっとする。話しすぎた、仲良くなりすぎた、と後悔がぼくの背を走る。彼女は街を歩きながら雄弁に話しはじめる。ぼくは彼女の腕がぼくの脇の下にすべり込んでくるのではないかとびくびくする。

あの日、彼女は喫茶店を出ると、ぼくに寄りかかってきた。腕を組んで歩いた。駅までぼくは悪感を抑え続けて歩いた。

ある日、それからぼくは鎌倉へ行った。ぼくはそのあいだ中、ずっと考え続けた。ぼくは彼女と恋愛するのだろうか？ ぼくは彼女がぼくによりそってきたありさまを思い浮べてそのたびにぞっとした。こわいのだ、真実こわいのだ。でも鎌倉で一晩泊まると夢の中では限りなく幸福だった。彼女を抱擁した。次の日はすがすがしかった。ぼくは彼女を愛そうと思っていた。数日後に忘れた。

ぼくは昨日、会議が終わってから帰る途中、彼女が恋しくなったのだ。電話した。今日会うことにきまった。それも午前中に。ぼくは、電車の中で彼女に接吻する夢をみた。みんながみていた。ぼくは楽しかった。彼女の口を強く吸った。けさはすがすがしかった。電車に乗るとき中学時代のBGとのりあわせた。姉と一緒でなかったら、彼女と話ができたのだが。

Nと会った。そして別れるときぞっとしたのだ。ぼくは彼女を愛しているのだろうか？

否、愛していない、絶対に愛していない。彼女の愛をえようと必死になっていたことがあったじゃないか、あった。けれども、ぼくは彼女を愛せない。ああ、なんということか、ぼくは、いま、なにをやっているのか。一体おれはなにものなんだ。優しい娘、みずみずしい腕、接吻、抱擁、それらのものが頭のかたすみにいつもいる。ぼくは電車の中でMKの論中で、ねどこの中でそれに占領され、おもい続ける。だが、ぼくはNを前にするとそうしたものが一切ふっとんでしまうのだ。

ぼくのやるべきことは、彼女の手をとり、彼女の肩を抱き、彼女の唇にやさしく接吻することなのだ。だが、ぼくは話している真只中で、急にNをおいて帰りたくなってしまう。さわるのもいやになる、みるのもいやになる。ぼくは彼女と話しながら、別の女の子のことを考えはじめる。Kだ。冗談をいい合っている男たちをみるときのあの優しい笑い、長い髪と、頸すじ、それはぼくにとっての、女の子の幻想態なのだ。優しい娘、みずみずしい腕、接吻、抱擁、ああなんということだろう、ぼくは幻想の中でしか娘を追うことはできず、現実の中では娘を獲得することができないのだ。ああ永遠の不能者、限りなきやもめ、死ぬまでの手淫者。なんということだ、なんということだ。ぼくの偶像、北村栄子。

これまでの二〇年間、なんと不毛な、なんと荒涼とした、そしてなんとばかばかしい二〇年か。

☆N……中原素子のこと

論　文

ジャン・クリストフ第五章を自らの雑誌に冠して僭称する『広場の市☆』編集長おハナちゃんへぼくの原稿を送る。

ぼくの原稿は、

これまでの二〇年間の総括——それは新たなる階級闘争への参加宣言であり、村岡健への思想的訣別状、同時に中原素子への若干の皮肉である。

したがって：

i）思想的純潔性を守るために『寄稿』とすること。

ii）牧野耕一郎、鈴木誠一郎、レ・プチリアンら関係各方面に配布すること。

iii）著者には原則として五部渡すこと。

ⅳ）原稿料ⓐ一〇〇×三二(枚)＝三二〇〇円は、以後編集長との会合の際の『お茶代』として彼女によって延べ払いされるべきこと。

以上、四点の条件つきで原稿を委託する。

二月四日（火）の会合は緑園をやめて池袋のコンサート・ホールにしよう。

なぜなら、

ⅰ）店のカンジがてんでいいし、三階があること。

ⅱ）音楽がゼンゼンいかしちゃうこと。

ⅲ）君と前にまちあわせて気分がよかったこと。

ⅳ）ａ　前進社に近いこと（?!）

　ｂ　君の学校にも近いこと（!!）

午前一〇時、時間厳守のこと。

もし遅れたら、創造No.2は手に戻らないつもりでいろ！

（センタクは前の日にしておけ！）

この日に、すまんが、この原稿持参してくれ、いま、書きあげた感じでは、頭がボーとしてきわめて不十分の感あり。

　　二・一　午前五時

☆広場の市…中原素子が青山高校の同窓生と共に編集した同人雑誌。この稿は枚数が多すぎて掲載されずに終った。

訣別の歌
——マルクス主義的自己形式の出発点

奥　浩平

Ⅰ　序　章

優しい娘の体を抱いて接吻しているあいだ、ぼくたちは別々の二つのことを考えるかもしれない。一方の場合は、自分を幸福に感じる場合——すなわち、なにも考えない場合であり、他方は人間の存在に疑いをいれる場合——すなわち、人間についてあれこれと思いをめぐらすことの端緒になるあの疑い、〝おれは何者だろう？〟と考えている場合である。どちらを？——と問われれば、むろんぼくは前者を！と答える。だが、ぼくにとってそんな問いは全く意味がない。むしろ問題は、ぼくが恋を信じられないことであり、目の前にする幾組もの抱き合った男女たちが自分たちの恋を信じられないでいる、というこの事実なのだ。長い髪と美しい頸筋、肉感的な肩と冷たい指先——それらを愛撫しながら、ぼくをみつめている彼女の視線をとらえて離さない幾十分かの時間。それがぼくにとっては幻想の上でしかありえず、現実の中では、女たちは男たちに負けぬくらい奇妙な存在に映る。

そんなわけだから、一日の中の何時間かぼくは現実の中で獲得できぬ幸福を幻想の中で満たす。電車の中で、本屋の店頭で、帰り道で、幻想する。幻想が一定の展開を終えて、吊り皮が吊り皮として、本が本として、街燈が街燈としてぼくの目に映るようになると、ぼくはやたらに気分がいらいらする。それがやがて空しさにかわり、淋しさにかわる。そしていつも決ったようにひとつの問いかけが胸に湧いてくる。〝人間とはなんだろう。おれはなぜ生きるのか？〟

Ⅱ　人間存在のマルクス主義的把握

人間が従来、自分自身に就て、即ち、自分が何であるか、又は何であるべきかに関して、誤った観念を抱いて来た。――これは『ドイツ・イデオロギー』の冒頭の一句である。たしかに、人間は意識を獲得して以来、自身を鮮明に規定しようとして必死の努力を続けてきた。だがそれらのあらゆる試みはどれも成功しなかった。人間のみかたの二つの潮流としてオプティミズムとペシミズムが考えられるが、いずれも人間の一面的な把握に依拠しつつ、〝これが人間だ〟と叫んでいるにすぎない。

マルクスもやはり「人間は何であり、何であるべきか」という自分に対する問いかけに出発して、はじめて人間を全体的に把握したのであったが、注意されねばならないのは、マルクスによって把えられたものは、人間をあれこれと規定しようとして頭をひねったことの結果としてではなく、疎外された人間（人間の、人間に対する逆立ちした関係）の分析をとおして把握された人間の普遍的本質存在である、ということだ。すなわち、マルクスにとっての「人間は何であり、何であるべきか」という問いかけは、人間が疎外されているということに対する感性的直感を端緒としており、疎外された人間を哲学＝経済学的に分析していく過程で人間の本来の姿を見出したのである。

スターリン主義と訣別した地点からマルクスの著述の過程を把えればこうである。――西欧資本主義の隆盛期に、ひとり後進国のうきめにあったドイツに生れたマルクスは、その若きある時期を後進国ドイツの現状を打破らんとする小市民の急進主義的パトスに燃えて、ヘーゲルを乗り越えようと闘っていた。その過程で対決をせまられた「木材盗伐取締法」との闘いにおいて、人間がその生活をよりよくするためにこそ用途だてられるべき木材が、逆に人間を支配し、そのもとに従属させているという物化された人間の現実を鋭く直感した（『木材窃盗取締法にかんする討論』）。それは一方では、資本制的に疎外された労働（労働の、人間に対する転倒した関係）を経済学＝哲学的に分析する立場を形づくるものであり（『経済学＝哲学草稿』において輝かしい成果をとげた。労働が疎外される社会的根拠の歴史的分析が『ドイツ・イデオロギー』として結実する）。他方では、人間解放の理念を確立する闘いとして進むものであった。この解放の理念は『ユダヤ人問題によせて』において政治＝哲学的に明確化され、その主体としてやがてプロレタリアートが発見されるに至るのである（『ヘーゲル法哲学批判・序説』）。『法哲学批判・序説』において私有財産の実践的揚棄＝プロレタリア革命の担い手としてプロレタリアートが見出されたことは、同時に資本制社会をよりよく否定（破壊）するための批判の武器として、経済学的分析に向っていかざるをえない必然性をのぞかせている。それは後年一連の著作を経て『資本論』として未完成の完成を遂げるのである。

では、人間の本質存在とはなにか？　だがこの問いは無意味であろう。なぜなら、人間がその本質存在から疎外され、外在化しているという歴史的現実の過程にあって、その疎外。その外在化を喝破することなく、いわばそうした状況に依拠しつつ人間を規定せんとして、人間を一面的に把えてきたこれまでの哲学を揚棄すること、人間の本質を現実に獲得するための闘いに直ちに参加することがぼくたちにとって唯一の課題であるからである。人間は、幸福な時には自らに問いかけることを決してしない。階級社会が生み出すところの、当然引裂かれまた必然的に引裂かれずにはいない人間関係を、だが飽くなくとり結んでいかねばならない、というこの疎外された現実において、はじめて人間は答えのない、しかし問いかけずにはいられぬ問いを自らに下すようになるのである。曰く、「人間は何であり、何であるべきか？」

人間の一面的な把握――それはさまざまな人々によって歌いあげられてきた。壁を意識し、その壁を承認せず、たえず「否！」と叫び続けた人間の姿は、そこにどのような人間の一面化があろうとも、「否！」と回答し続けている人々に感動を与えずにはいない。

――このような立場からのみ、はじめて太宰治も全体的に把握されるのである。

Ⅲ　人間疎外とプロレタリア革命

人間の疎外された現実を分析する過程は、同時に人間の疎外を克服する現実的方法を明らかにせずにはいない。そしてまた人間疎外の不十分な分析に対する批判と暴露は人間疎外の克服とプロレタリア革命の意義について明らかにせずにはいないだろう。

Ａ　人間疎外とその闘い――アルベール・カミュの場合

疎外された社会においては、人間の本質は顕現されず、人間の本体が現実性をもっていないために、人間はその本体を空想的に実現しようとして神を生みだす。現実の中で幸福を獲得できぬ人間は幻想の中で幸福を獲得しようとして宗教が作られる。――こうした把握を行ったマルクスは、宗教を批判することは宗教を生み出させている現実を批判することでなければならず、人間の自己にむかっての完全なる還帰を実現するための、闘いを開始することでなければならなかった。『法哲学批判・序説』の一文はこのことを宣言している。「宗教の批判は潜在的に宗教を後光とする世界の批判である。批判は鎖についた想像の花をむしりとってしまったが、その目的とするところは、人間が空想なき、なぐさめなき鎖をおうようにというためではなくて、鎖をたちきり、生きた花をつむようにというためである」。マルクスは、鎖をたちきり、生きた花をつむための闘いを開始すべきことを宣言し、それに参加していったのである。

それにもかかわらず、フランスの実存主義者、アルベール・カミュにおいては、神を否定することが、「鎖をたちきり、生きた花をつむように」現実の課題をつきつけられていることとしてではなく、人間が、「空想なき、なぐさめなき鎖をおうように」運命づけられた存在として把握されていくのである。『シジフォスの神話』の冒頭の一文は、このことを鮮明に印象づける。——「神々はシジフォスに、休みなく岩を山の頂上まで転がして運び上げる刑罰を課した。山の頂上に達すると石はそれ自身の重さで再び落ちて来るのであった。無益で希望のない労働以上に恐ろしい刑罰はないと神々が考えたのは理由のあることであった」カミュにおいては、人間の自己実現としての労働が、疎外されているということが、「無益で希望のない労働」という言葉によって鋭く察知され、表現されている。彼は、それを人間に課せられた運命として捉え、不条理という言葉であらわそうとする。『シジフォスの神話』の美しさは、だがその不条理に全力をもって反抗する闘いの姿にある。彼は闘う、「われわれには、シジフォスが巨大な石を持上げ、それを転がし、何百回目もの同じ坂に石を攀じ上らせようとする緊張した身体の力限りの努力が見える。われわれには、ひきつった顔、石に押しあてられた頬、粘土に覆われた塊を支える肩やその塊をうけとめる足の支え、手の先での把握、泥まみれになった二つの手の全く人間的な確かさ、が見えるのだ」——これがカミュの幸福の一切なのである。幸福なるドン・キホーテは自分の姿のみっともなさに気づかなかった。シジフォスもまた自分の腕の遅しさに満足している。だが、マルキストは同情を知らない。袋小路に飛び込んでいく者には破産宣告があるだけである。

B　人間疎外の分析——務台理作の場合

『現代のヒューマニズム』（岩波新書）は、人間疎外の根拠についてマルクス主義的切り込みを行おうとして失敗している典型である。あらゆるページを貫いているマルクス主義的分析の方法把握の不十分性は、目を覆いたくなるばかりだが、大きく言って根本的な問題は二つである。第一点は、人間疎外の根拠がテクノロジーの急激な発達によるものではないと結論しておきながら、その論証が全く出来ていないことである。次ぎの文は、彼の結論を自らくつがえしているものでしかない。「こういう見方にたいして、もちろん、そういう性能の高い機械を発明し製作したものはやはり人間ではないかという意見が出るわけですが、それは本当にその通りです。機械時代を作り出したものも人間です。しかし機械というものは、あるとくべつの目標に結びつけられて操作されると、おそろしく主体的なものになってみえる。ちょうど魔術師のよび出した魔もののような性格をもっているのです。それが主体的にはたらき出すと、人間はその前にかえって無力にされてしまう。こういう意味でテクノロジーの時代は機械万能の時代で、すべては機械化され、人間までが機械化されてしまうのです」（Ｐ一〇〇～一〇一）。務台は、かろうじて「あるとくべつの目標に結びつけられて操作されると」という言葉によってテクノロジーが階級性を帯びることを指摘しているつもりなのかもしれない。だが彼の言う「テクノロジーそのものは、もともと人間にたいして中性のもの」（Ｐ一一五）であり、使われ方によって階級性を帯びることがある、という把握は全く誤りである。諸科学の社会的な機能や応用が階級的にゆがめられる中で、始めてテクノロジーそのものも生み出されるのである。

第二点は、（第一点の誤りが発生する根拠でもあるが）疎外が生み出される根拠が、賃労働と資本との階級対立に存するということが明確に捉えられていないことである。務台は言う――「近代の大工場労働になると、分業が進み、労働の生産物が大規模に商品化されるにしたがい、そういう労働の目標とそれに伴うよろこびがしだいに少なくなってしまいました。これはほんとうのことです。労働はその目標、生産の過程、協力、成果、さらに豊かな幸福な生活をつくることにかんするイメージを持たない抽象的な労働になり、ただ生存に必要な賃金をうるための手段となってしまいました」（P九四）このような曖昧なわけの分らない人間疎外の原因把握は、そこから帰結される闘いが社民路線に落ち込んでいく必然性を暗示している。彼はこう結論するのである――「戦争と貧しさをなくすことができれば、人間疎外の根幹はとり除かれるにちがいありません」（P一〇六）「現実の問題としては、まず働くものの労働条件をよくして（！）、働くもののよろこびを回復していくこと（!!）でしょう」（P一〇七――感嘆符は引用者）これが「現代の人間疎外を根本的に解決するには、……独占資本制度をなくしてしまうほかはないということになりましょう」などと体の良いことを言いながら、「人類ヒューマニズム」を提唱していい気になっている者の破産的現実なのである。

労働者は、自分の生命を対象にそそぎ込むが、その結果としての生産物は自分が所有することはできず、自分によそよそしく対立し、一個の自立した勢力として敵対するようになる。労働者は、したがって生産に対する活動が大きければ大きいだけ、それだけ自分自身を空虚にせねばならない。こうして本来、自己実現の過程であったはずの労働がいみ嫌われ、人間は労働において自己を否定し、労働の外にあるときはじめて自分の元にあると感じるようになるのである。この労働の倒錯した関係（現在的には資本制的に疎外された労働）を分析することによってのみ人間一般が包摂されている疎外の克服の方法が得られるのである。戦争と貧しさがあるから疎外が起るのではなく、疎外された社会（＝階級社会）が必然化させるものとして、戦争と貧しさがあるのである。「働くものの労働条件をよく」することによっては決して疎外は解消しはしないのである。疎外は止揚されねばならない、人間の本質を現実的に獲得すること――すなわち、人間の自己に向っての完全な還帰がなされねばならないのであって、それは唯一、プロレタリアートの主体性の回復＝プロレタリア革命をおいてない。

C　プロレタリア革命の急迫性――猪木正道の場合

マルクス主義に対する肉体的反撥者猪木正道は、マルクス主義におけるプロレタリア革命を、ブランキーの、革命に対するオプティミズムを投影することによってしか「理解」することのできない平板な頭脳構造のもち主であり、その破産的現実を集約化したところの「社会思想史」（アテネ文庫）は、もとより論ずるに足りない代物であるかもしれない。だが、今日、スターリン主義をマルクス主義と思い込み、「進歩的女性のオプティミズムにはうんざりさせられる」などという戯言をもって彼らにとっての「マルクス主義一般」を片付けようとしている人間の不誠実さを弾劾するには有効な材料であるかもしれない。

「マルクス主義はこのように、バブーフ・ブランキー主義から、革命の緊迫性、暴力革命及び革命的独裁の三基柱を承けつぎ、この神学の骨組をば、資本主義社会の分析という科学のヴェールで肉づけました。ところがドイツ革命の緊迫性はたしかに実証されましたけれども、資本主義崩壊の緊迫性の方は（三字不明）を費した彼の分析にも拘らず、なかなか事実となりません。彼は一八四七、八年以来、略々十年毎に繰り返される恐慌の度毎に、資本主義の終末を予言しましたが、彼の予言は一つも実現しませんでした。マルクスとエンゲルスの往復書簡集をひもときますと、彼等がたえず崩壊を予言して欣喜雀躍し、たえず裏切られて失望落胆している有様は気の毒なほどです」（P五三〜五四）――この醜い文章はもともと、プロレタリアートが、人間の完全な自己喪失であるがゆえに人間の完全なとりもどしを要求せざるをえず、そのためには階級社会そのものと最後的に止揚せざるをえない、という歴史的地位と使命をになっているということの理解が欠如したところから始まっている。プロレタリアートは、その生産過程を通じて、疎外された労働を限りなく強いられることによって自己喪失していくとともに、一方では、ブルジョア的イデオロギーの飽くなき注入によって感性すら疎外されていく。それは自己が搾取され収奪されている、という即自的憤激さえ感じられなくなっていく過程である。だが、労働者はこうした疎外された労働によってしか自らの動物的生命すら維持することができないというこの関係は、労働者のプロレタリア的直感に訴えかけて逆に、限りなく感性を奪いかえし、階級意識を獲得（プロレタリア的主体性の獲得）せざるをえない根拠を、普遍的に用意しているものとしても作用するのである。プロレタリア革命の根本条件は、まさにここにあり。プロレタリア革命を遂行するために労働者を階級として組織すべきプロレタリア前衛党の意義が存するのである。自己存在の世界史的地位と使命を捉え、主体性を確立したプロレタリアートの目的意識的な闘いは、あらゆるブルジョア的障害にも拘らず、やがて資本主義社会の革命的危機を生み出さずにはいない。

小ブル急進主義者として枠づけられていたマルクスは、かかるプロレタリア的観点を主体化するや自己を変革者（革命者）として形成していったのである。それは第一インターナショナルの創設として、パリ・コミューンの闘いにおける類いまれな情勢分析をそこから学びとったプロレタリアート独裁の原理として実践されたのであった。こうしたプロレタリア的人間＝マルクスは、自己の学問的成果の上に立って「資本主義の終末を予言」したが、恐怖にも拘らずプロレタリア革命が完遂されなかった事実は、「ただ主体的力量（プロレタリアートの階級的力量）の主体的反省として捉えられるだけであり、「たえず裏切られて失望落胆している」のは、プロレタリア革命の外在態（猪本）であってマルクスではない。こうした主体的人間の相互間で、『往復書簡』に見られるところの〝対話〟がなされたのであった。マルクス主義者は、自らの手によって状況を変革しようとする人間であり、革命をまっている人間ではなく革命を遂行する人間である。それは、プロレタリア革命の〝急迫性〟（革命が、むこうから急ぎ足でやってくる?!）を云々して「マルクス主義者のオプティミズム」を憎悪している人間の与り知らぬところであろう。

Ⅳ　終　章

自分はどういうわけでこの処にいてあの処にいないのか、それをおそれ、それをいぶかしくおもう――人間存在に対するパスカルのこの反省（『パンセ』二〇五節）は、しかしあまりにも不毛である。人間は自ら解決しうる課題しかもちえない。そして、問題の設定のしかたはすでにそれ自身の中に解決への糸口を含んでいるものだ。パスカルは瞑想し、そして慨嘆する。だが、依然として回答は用意されない。彼は人間存在の「深淵」を覗き込んでいるのであろうか？――否である。

マルクスは、それまでの一部の哲学の原理の上に立って、哲学そのものを止揚するための哲学を形成した。彼は、人間の存在に対する反省を行うにあたって、時間の軸を中心に据えた。それは人間存在の歴史的反省であり（『ドイツ・イデオロギー』はその一定の成果である）、それによって、彼はパスカルらの問題提起の根拠そのものをうち砕くことができたのである（それは前述の如くである。Ⅰ→Ⅱ）

プロレタリアートは未だ自己解放をかち得ていない。プロレタリアートの自己解放によってのみ普遍的な人間解放が可能であることが明らかにされた以上、ぼくたちは自らをプロレタリアートの立場に置かねばならない。今日ぼくたちにとって、人間的でありたいという最も激しい願望は階級闘争において実現されねばならない。

階級闘争――それは政治のどろ沼であり、労働と空腹であり、果てしない権力との対峙である。だが、ぼくたちはそれを闘わなくてはならない。なぜなら、ぼくたちは幾多の人生論を論じた結果それを選んだからではなく、われわれが一歩でも歩もうとするならば、それは人間の非人間化として、疎外としてしか関係しないが故に、ぼくたちは闘いに参加しなければならなかった、からである。それが、疎外された社会に於ける唯一の疎外されない人間実践であるから、なのである。

「日本にプロレタリア革命の成立の条件があるかどうか」——階級闘争に媒介されずして下さるこうした設問に対して、ぼくたちは一瞥もくれない。なぜなら、われわれは「勝てる自信があるから階級闘争を闘う」のではないからである。ぼくたちは、今自分の日の前で自分の関係する人間関係が現実に引裂かれつつあり、また限りなく疎外され物化されていく労働者の苦しみを自己の苦しみとして感じるから、それ故闘うのである。闘いの展望——は、その闘いの中ではじめて形づくられるであろう。

階級闘争のどろ沼は幾多の畸形児と奇妙な副産物を生み出さずにはいないようだ。かつてぼくが限りない影響をうけた一群の友人たち、教師たちは、労働戦線が総退却している今、〝民主勢力の偉大な前進〟〝頭にきたではすまされない——不満と要求をカチとる大フォークダンス集会〟に狂喜している。

ブンドの残党＝安倍が率いる——集団、レ・プチリアン会員（Les petilliens まさにガ・ラ・ク・タども）は、今日も渋谷の喫茶店で十分間をドストエフスキーに、次ぎの十分間をロートレアモンに費し、その次ぎの十分間でレーニンを論じるという風に、暇にまかせて饒舌にうち興じているのである。彼らは半詩人、半美学者、半バロック愛好家であり、それ故何者でもない。彼らの犯罪性は、「デカダンスの味」とやらを教え込もうと高校生たちを食い物にしているところにある。これが「安保闘争で人生が狂った」連中の青高的風景なのである。

そしてプロレタリア的観点をついに主体化しえずして彷徨を続けてきた人間は、一人伊豆諸島へ出掛けて惰眠を貪っているという有様である。

論　文

『経済学＝哲学草稿』への私たちの接近

この稿ははじめ『草稿』の書評として準備されたが、書きすすむにつれて私は『草稿』を書評することの限界を感じた。この書物は実践的課題との関係において論じないと、意味を失ってしまうと思われる。したがって私は私たち（平民会）として語り、市大における反スターリン主義運動のイデオロギー的支柱として『草稿』がどのような意味をもっているか、という観点から論ずることにした。スターリン主義運動の側からの積極的な反論を期待したい。

Ⅰ　研究の現段階

『経済学＝哲学草稿』（註1）がB・アドラッキーの手によってマルクス＝エンゲルス全集の第一部第二巻として刊行されたのは一九三二年のことであるから、エンゲルスはもとよりレーニンにも読まれていないことになる（スターリンが読んでいたかどうかは、私たちのあずかり知らぬところであるが）。マルクスの他の著作にくらべて『草稿』の研究は著しくおくれている。ドイツではジョージ・ルカーチ、カール・レーヴィトが、フランスではアンリ・ルフェーブルと近年特にジャン・ポール・サルトルらによって研究されているが、イギリス、アメリカでは革命運動との関係において研究している者はほとんどいない（註2）。日本では一九五六年のハンガリア革命によってもたらされた全左翼の思想的流動状況の中から、革命的インテリゲンチャ・学生運動の担い手たちによって急速に注目されはじめた。訳本の数、研究者数から言っても『草稿』に対する認識は日本が最もすすんでいるといえよう（註3）。横浜市立大学では、一人商学部田中正司助教授が講義のテキストとして用い意欲的に研究されている。学生の間ではこれまで全く問題にされなかったが、昨年夏現代史研究会の一年生五名によって英訳モスクワ版の合宿研究会がもたれたのを契機に、今年二月の平民会による学習会、現代思想研の合宿研究会（七月に予定）などがもたれ、文化サークルの意識的な人々にも認識されはじめている（註4）。

（註1）一八四四年（マルクス二六歳）に書かれた草稿はB・アドラッキーによって"Okonomische-Philosophie Manuscripte"と名づけられたが、『経済学＝哲学草稿』という呼び名が最もすぐれていると思われる。黒田寛一氏は、この草稿においては経済学と哲学が媒介的に統一されていること（後述）を度々強調されている。なお新潮社版では『経済学にかんする手稿』、青木文庫は『経済学＝哲学草稿』、EDITIONS SOCIALES版では、"manuscris de 1844 Economic Politique etPhilosophie"とそれぞれ呼ばれている。

（註2）フランスでは文献的に非常におくれており、革命運動の立場から訳されたものはない。ドイツでの研究は一般にヘーゲル禍に見舞われていると言われる。なお、ルカーチはハンガリー人であるが、活動舞台はドイツなのでドイツの研究としておいた。

（註3）日本語訳は国民、青木、岩波の文庫本のほか、大月書店「マル・エン選集」の「補巻4」「全集」の「序巻2」（刊行予定）、新潮社版「マル・エン選集」の第一巻『ヘーゲル批判』に抄訳と、それぞれ所収されている。岩波文庫はごく最近発刊されたものであるが、それは明らかに日本における反スターリン主義運動の進展の反映である。訳はいずれも不完全であり、私たちが反スターリン主義運動の中から完全なものを生み出す必要があろう。このほか英訳モスクワ版、EDITIONS SOCIALESの仏

訳版が入手しやすい。
（註4）市大における反スターリン主義運動の組織母体である平民会（平和と民主主義を守る市大生の会）は安保闘争の総括をめぐって展開されたスターリニズムからの無自覚的な訣別過程に形成され、その名称は市大における反スターリン主義運動の生みの苦しみを表現して構造改良センスの母斑を残しているが、組織実体はまさに昨年の『経＝哲草稿』の学習を通じて思想的再武装をかちとったのであった。

Ⅱ　位置づけとその視角

『経＝哲草稿』が、『資本論』に至るマルクスの思想的発展の上でどのような位置をしめるか、という評価の課題は、マルクス主義そのものの把握の仕方と重要な関係をもつと考えられる。

英訳モスクワ版の序文は「不完全なかたちでわれわれに伝わったこの未完成な著作の主題は、ブルジョア的経済学とブルジョア的経済体制との批判である。」（註1）という言葉ではじまっているが、「ブルジョア的経済学とブルジョア的経済体制その批判」はマルクスが『資本論』とそれに至る数多くの著作において試みたものであって、この言葉によっては『草稿』はなんら特徴づけられない。スターリン主義運動の内部では『草稿』は徹底して過小評価されるが、マルクスの初期の作品一般についてそうなのである。一八四八年の『共産党宣言』を境にして初期マルクスと後期マルクスとが機械的に切断され、初期の作品が無視、単純化され、後期の作品が一方的に美化される。「正統的解釈」という言葉を用いてスターリン主義の初期マルクス研究の不毛性を批判した良知力の文章は、そうした意味で鋭い一面をもっているといえよう。「若きマルクスの哲学的問題基盤は「哲学的な若気のあやまち」として、あるいは自分自身を納得させるために必要であった一つの過程として、つまり問題意識が経済学に移行していくなかで、当然清算さるべきものとしてのみ考えられる。初期論文の意義は、後期の経済学研究の成果からさかのぼってとらえられ、「すでにそうなっている」とか「まだそこまでいっていない」、という視角からのみ論じられようとする」（註3）こうした無知な理解に対して、私たちはマルクスの思想的発展の過程をどのように捉えたらいいのだろうか。この課題に接近するにあたって、私たちはマルクスの二四歳の一著作『木材窃盗取締法にかんする討論』（この論文は『草稿』以上に無視されている）をとりあげ、これが『草稿』といかなる結びつきをもっているのかということを論ずる過程で、『草稿』の位置づけを試るとともに、私たちの課題に迫ろうと思う（なお、黒田寛一氏の『マルクス主義の形成の論理』においては、マルクス主義思想の歴史的形成過程の論理構造が解明されている）。

（註1）"The subject of this unfinished"work,which has come down to us incomplete,is a criticism of the bourgeois political economy and the bourgeois economic system"

（註2）大月『選集』では「根本的な不十分さをもっている、すなわち共産主義社会の経済学発展法則そのものから証明していない」として「補巻4」に所収されている。同じく『全集』では、「広い読者層をめあてとしており」（ロシア語版第二版序文）「初期の著作で狭い専門家の層にとって興味のあるもの（!?）は、独立の論集として発行」（第一巻序文）という驚くべき編集方法をもって「序巻」にまわされている。

（註3）マルクーゼ『初期マルクス研究』の訳者による付属論文「初期マルクス解釈について」より。

▼『木材窃盗取締法』と『草稿』

『木材窃盗取締法にかんする討論』は、当時マルクスが主筆として活躍していた『ライン新聞』紙上に、ライン州議会の議事に関して彼が計画した五つの論文の三番目として掲載されたものである（註1）。『全集』第一巻ではこの論文は次のような評価をうける。「マルクスはこの論文ではじめて、人民大衆の物質的利害の擁護者としてたちあらわれるのである。マルクスがこの論文を手がけたことが経済学研究にたずさわる最初の動因となった」。

たしかにマルクスは『木材取締法』に直面し、山林の枯枝を集める農民を刑事犯として処罰しようとするこの法律に、民衆の側から反対して論ずる。それは人民大衆の物質的利害をなんとかして擁護しようとするブルジョア急進主義者の溢れるばかりの情熱に支えられ、五〇ページに近い論文として書かれる。だが、ここで与えられている評価はまさしく『資本論』の中にだけ（あるいは『党宣言』以後の著作にだけ）マルクス主義を見出し、ここから逆に〝四二年のマルクスはどこまでいったか〟とする評価の仕方ではないだろうか。ここにはマルクスがヘーゲルの絶対的観念論の壁をつき破って実践的唯物論を形成する過程に、この著作がどのような位置をしめ、意味をもっているのかという評価はされずに、「経済学研究に移行する動因」ということだけが一面的にとり出されている。

私たちは『取締法』に次のような意義を見る。

マルクスはこの法律が山林への資本制的統制の歴史的な形態であることには無自覚なまま、山に入って枯枝を集める農民をなんとか弁護しようとするから、あるところではつぎのように限界づけられた意見を吐く。「……これに反して枯枝の場合には、なに一つとして所有権から切り離されはしない。すでに所有権から切り離されてしまったものが、所有権から切り離されるにすぎない。木材泥棒は所有権そのものの本性がくだした判決をば、執行するだけなのである。というのは、諸君が所有しているのはただ樹木だけであって落ちていた小枝はもはやその樹木に属するものではないのだから」(「全集」一二八ページ)。山林所有者が所有するのは生きた木であって、枯枝を集めることは所有権を犯すことにはならない、という訳である。しかしこのような議論を繰り返しながら、マルクスは〝切り傷をつけられた若木が、枯れてしまうと枯枝として取扱われることがある〟という一議員の発言を捉えて、次のような鋭い言葉をたたきつける。「これ以上にお上品でしかも手っとりばやい方法で、人間の権利を若木のまえに屈服させることは不可能である。一方で、うえの条文をうけいれれば、罪を犯そうという意図をもたない多くの人間が青々としげった倫理の木から切りおとされ、枯枝として犯罪、汚名、悲惨の地獄へと投げおとされねばならないことになる。他方で、さきの条文を拒否すれば、いく本かの若木が虐待されることがありうる。これ以上申したてるにはおよぶまい！　木の偶像が勝利をおさめ、人間は敗れていけにえとなるのだ！」(一二八ページ)この言葉は、マルクスがはじめて資本制社会の根源的問題性を直感したことを物語っている。これまで人間の支配下にあったはずの木が、逆に人間を支配し、人間は木の犠牲になって落ちぶれていくという現実――ここにマルクスは現実社会の人間物化疎外を直感するのである(註2)。

彼は樹木が人間化され、人間が逆に物化されるという直感から、この問題を通じて現実社会そのものの分析をしようと、やがて資本制社会の構造の解明に接近する。この研究の最初の成果がまさに『木材取締法』の二年後に書かれた『経済学＝哲学草稿』なのである。

マルクスは『取締法』に闘いを挑む中で、州議会におけるあらゆる発言に全面的に反論しようとしているが、それは明らかにブルジョア的法秩序の内部における闘いでしかない。彼はのちに『経済学批判序文』で述懐するように、たしかに現実社会を全体的に理解するためには経済学の研究が必要であることを痛感したにちがいない。したがって彼にとって経済学の研究に着手することは、哲学を清算することでは決してなかった。彼のあるゆる思惟は、つねに人間が普遍的解放をかち得るためには「なにがどのようになされるべきか」という問題を軸に展開していたのである。彼の経済学は、人間疎外の根拠を突きとめ、それを克服するための現実的方法を獲得するための研究であった。だからマルクスにとっては経済学はつねに経済学＝哲学なのであり、このことが理解されないかぎり〝『資本論』には人間がない〟などという珍妙な発言がされるのである。

（註１）木材取締法とは、農民の既得権である山林への人会権を、資本制的に規制、剥奪しようとするライン州におけるブルジョア立法であり、日本では戒能通孝氏が教職を離れて専念している小繋事件を比較しうるものである。

（註２）「マルクスがこの論文で資本制社会の根源的問題性を直感した、とするのはひとりよがりな解釈である」――このような見解は正しくない。「根源的問題性」は飽くまで直感されたのであって即自的である。『草稿』で疎外された労働の分析がなされるまでには、『ユダヤ人問題によせて』『ヘーゲル法哲学批判序説』が用意されるのであって、彼の認識の客観的構造を理解するなら、『取締法』で根源的問題性を直感していたことは明らかである。

Ⅲ　人間不在の哲学――スターリニズム

私たちはマルクス主義の形成過程にしめる『草稿』の位置を検討するにあたって、スターリン主義によ る位置づけの問題性にふれたが、スターリン主義哲学の不在性の根源を明らかにしておくことは『草稿』の意味をさらに鮮明にするのに役立つと思う。

共産党の理論政治誌『前衛』六二年十二月号では、マルクス二七歳の著作『ドイツ・イデオロギー』(これもレーニンにはよまれていない)について次のような評価を行っている。「マルクス・エンゲルスは〈ドイツ・イデオロギー〉のなかで、〈人間はなんであり、またなんであるべきか〉という〈問いかけ〉を発し、これに観念の領域のなかでだけあれこれと答えてきたヘーゲル左派の哲学のむなしさをあばき、こうした〈問いかけ〉そのものを投げすてることからこそ、正しい哲学がはじまると主張しているのです」(一四四ページ)。実際に『ドイツ・イデオロギー』に立ち帰って検討してみよう。その序文は次のような言葉ではじまっている。

「人間はこれまでいつも自分自身について、すなわち自分がなんであるか、またなんであるべきかについてまちがった観念をいだいてきた。神、規範的な人間などについてのかれらの観念にしたがって、かれらはかれらの関係をととのえてきた。かれらの頭の産物は始末できないほど成長してしまった。かれらの被造物のまえに、創造者であるかれらは身をかがめてきた。われわれは、その軛のもとでかれらがいじけているところの幻想、理念、教条、空想的な事物からかれらを解放しよう。われわれは思想のこの支配に反逆しよう」。

この序文を素直な目で読めば、ここでマルクスは〈これまでの人間観〉の虚偽性を暴き、正しい人間観をうち立てることを宣言している、としか理解できないのではないだろうか。『ド・イデ』は史的唯物論の形成発展の上で極めて重要な位置をしめる著作であるが、それはマルクス自身が捉えられていたヘーゲル左派的な人間観を打ち破り、〈これまでの人間観〉にマルクス的変革をかち得ようとする努力の結果である。この作業にあたって、彼は十一章からなる『フォイエルバッハにかんするテーゼ』においてフォイエルバッハの機械的唯物論を批判し、人間史の歴史的反省に媒介された研究を行おうとし、『ド・イデ』が書れるのである。

ところがスターリン主義運動の公式の見解によると、マルクスは〈人間はなんであり、またなんであるべきか〉という問いかけそのものを投げすてることからこそ、正しい哲学が始まると主張した、というのである。ここではマルクスの精神は全く忘れ去られ、マルクスの哲学から人間の問題が抜きとられてしまうのである。この人間のいない「哲学」は、歴史に働きかける人間主体のあり方と、その解放の課題についてなんら把えることができず、「生産力と生産関係の推移が人間を条件づけ、歴史を進行させてきた」ということを一面的に述べたてる史観を生むのである。そして〈人間的〉だとか〈疎外〉だとかいう観念的な言葉を並べるのは、書斎に閉じこもっている学者やプチブルにまかせておけ」（註１）とする恐るべき思考が生み出される。〈問いかけ〉を投げすててマルクスは出発したとする以上、マルクス主義が先行するあらゆる哲学の諸原理を包摂する、という弁証法的な把え方の基本さえ自覚されずに、マルクス主義哲学は〈良い哲学〉それ以前の哲学は〈悪い哲学〉という機械的な切断が行われるのである（註２）。

（註１）いずれも横浜国大共産党細胞Ｏ君の発言。なおスターリニズムをイデオロギー的支柱としている横浜市立大学新聞一四〇号には「現在の生活の空しさに対する焦りと不満のうっ積、将来の生活に対する漠然とした不安――人間性喪失と自己疎外感――いわゆる〝不安〟な観念の横行」という一文があるが、ここでは〈疎外〉という概念が内容把握のないままムード的に使われており、〝ソガイ〟の流行に便乗していることがわかる。

（註２）例えば、空想的社会主義者といわれる人々の著作を全く評価することができない。一連の空

想的社会主義者たちは、たしかにマルクスのような科学性をもちえなかったが、しかし彼らは資本主義社会の人間疎外に即自的な憤激をもって、資本主義の反対概念としての共産主義を唱えた人々だったのである。

Ⅳ 『草稿』における疎外論

A 『草稿』の構成

『草稿』は第二稿の大部分が失われているが、全体としての構成は次のようである。

第一草稿は、二本の縦線で三つの欄にしきられ、それぞれ「労賃」「資本利潤」「地代」と名づけられている。マルクスはここで資本制生産の三つの要素に関してノートしているわけであるが、この研究は国民経済学派の見解を批判的に摂取しようとするものである。ノートはしばしばスミスの『国富論』、リカード・カーらの著作の引用で理まっている。当時卓越した方法論をもって王座をしめていた国民経済学から彼は経済学の基本諸概念をとり入れるが、この経済学は彼にとっては打倒の対象でしかない。彼は国民経済学の論理をおしすすめると、それ自身人間の疎外を認めざるをえなくなることを次々に論証し、「国民的利益の追求」を標榜する経済学をあばいていくのである。

「しかしながらスミスによれば、大多数が苦しんでいるような社会は幸福ではないのであるから。ところが他方では社会のもっとも富裕な状態はこの大多数の苦悩をひきおこし、かつ国民経済はこのもっとも富裕な状態にみちびくのであるから、したがって社会の不幸が国民経済の目的なのだということになる」。

「しかしながら、労働そのものは、現在の諸条件のもとでだけでなく、一般にその目的がたんなる富の増大であるかぎりでは——私はあえていう——労働そのものは有害でありわざわいにみちびいている。このことは、国民経済学者はしっていないが、彼の説明から結論されることなのである」。彼は国民経済という言葉を「一般に個人的利害の社会」（すなわち勃興しつつある産業資本主義制度）という意味に用いていることに明らかなように、経済学が「富を増大させるための理論」として、人間の問題を捨象していることを鋭く衝き、資本制生産の要素の個別的な分析から人間労働そのものの分析へと移るのである。二本の縦線でしきられた欄は意味を失い、第一草稿の終りは編集者によって「疎外された労働」と名づけられた叙述にかわる（以下各章の表題はすべて編集者による）。

この章の冒頭では、国民経済学が私有財産を前提として出発しながら、私有財産そのものの本質を人間労働との関係においてなんら明らかにされない、という確認がされる。そして〝そもそも労働とは何か〟〝本来の労働が資本制社会においてはどのようなものとしてあるか〟という二つの課題への接近が相互に補い合いつつ同時的にすすめられていくのである。そしてこの分析の過程で、彼は今まで労働を疎外する要因として考えられていた私有財産が、実は疎外された労働そのものによって生み出されることを認識するのである。

「なるほどわれわれは、外化された労働（外化された生活）という概念を、国民経済学から、私有財産の運動より生ずる結果として獲得した。しかし、この概念を分析してみると、私有財産が、外化された労働の根拠として、原因として、あらわれるとき、それはむしろ同じ外化された労働の一つの帰結であることが明らかとなる。あたかも神々がもともと人間の悟性の昏迷の原因ではなくて、その結果であるとおなじである。あとでこの関係が交互作用に転ずるわけである」。

こうして私有財産の秘密が明らかにされる。この章で得た疎外された労働の概念をもって、今度は逆に国民経済学の諸カテゴリーを分析展開しようとする意図は第二、第三草稿の「要求、生産、分業」「貨幣」らの章として編まれていく。また疎外された労働の結果として生じた私有財産の一般的本質を、「真に人間的な、社会的な財産にたいするその関係において規定」しようとする志向は共産主義をイメージすることになる。これは「私有財産と共産主義」として成り、ここではじめて共産主義という言葉が使われ始める。

『貨幣』の章では、マルクスは貨幣の本質についてこのように言う。まず『ファウスト』のメフィストフェレスの言葉とシェークスピアの『アテネのタイモン』のひとくだりが引用され、これらの言葉が貨幣の本質をみごとにとらえているとして次のように結論する。

「貨幣は表象を現実に、そして現実をたんなる表象にする手段と能力――外的な、つまり人間としての人間からくるのでない、社会としての人間社会からくるのでない、一般的な手段を能力として、一方では人間および自然の現実的な本質的諸力をたんに抽象的な諸表象へ、それゆえに諸々の不完全へ、苦悩にみちた妄想、個人のほんとうに無力な、ただ彼の想像のなかにだけ現存しているような本質的諸力を、現実的な本質的諸力および能力へ転化させる。すでにこの規定からいっても貨幣は、こうしてまったく諸々の個性の全般的転倒であって、これらの個性をその反対のものに転じさせ、彼らの属性に、矛盾するような属性を付与する」

こうして貨幣が「人間の外在化された能力である」と明言されるのである。

『私有財産と共産主義』の章では、人間的本質の現実的な獲得としての共産主義が、それまでの不完全な共産主義を批判するなかで論じられる。不完全な共産主義に対する批判は極めて内在的になされ、マルクスの思索は重々しく回転している。そしてついに宣言されるところはこうである。

「人間の自己疎外としての私的所有の積極的な止揚としての共産主義。それゆえに、人間による、人間にとっての人間的本質の現実的な獲得としての共産主義。それゆえに、完全な、意識的となった、そしてこれまでの発展の富全体の内部で生成したところの人間の――一個の社会的な、すなわち人間的な人間としての人間の、自己にとっての還帰としての共産主義。この共産主義は完成された自然主義として＝ヒューマニズムとして＝自然主義である。それは人間と自然とのあいだの、また人間と人間とのあいだの抗争の真実の解決であり、現存在と本質との、対象化と自己確認との、自由と必然との、個と類とのあいだの争いの真の解決である。それは解決されたる歴史の謎であり、自分をこの解決として知っている」。

B 「疎外された労働」の把握について

Ⅲの註1で示しておいたように、人間疎外という言葉が孤立感、不安感というようにムード的に表現され捉えられる限りにおいては、疎外を克服する現実的な方法は決して導き出すことはできない、マルクスは『経済学批判』序文において、「人間は自ら解決しうる課題しかもちえない」といみじくも言い放ったが、彼にとって疎外の分析をすすめることは、全く同時的にその克服の方途を明らかにする過程であったのである。

たとえば多くの研究会のテキストに用いられるパッペンハイムの『近代人の疎外』(岩波新書)は、疎外、疎外と叫びながら一向にそれを明らかにしないままに終わってしまう代表的な例である。ゴヤの『カプリーチョス』の一作品にふれて出発する魅惑的な構成は、実存主義者たちによって表現された疎外の意識の紹介のあと、技術と疎外、政治と疎外、社会構造と疎外等の分析に移るが、疎外がムードとしてしか認識されていないため、その叙述は奇妙に交錯し極めて不毛である。社会構造と疎外の章ではマルクスの『経済学＝哲学草稿』がふんだんに引用されながら、一般的な紹介という域を一歩も出ていない。労働の自己疎外は三つの要素――労働の生産物からの疎外、労働の生産過程における疎外、人間の人間からの疎外――をもつ、このことが鮮明に把まれない限り、人間疎外を根底的に止揚する闘いの実践的な指針はえられないのである。務台理作の『現代のヒューマニズム』（岩波新書）の自己破産はこれを明確に物語っている。

務台理作はヒューマニズムと人間疎外の分析を通じて次のような結論を得る。「戦争と貧しさをなくすことができれば、人間疎外の根幹はとり除かれるにちがいありません。しかしそれはきわめて一般的な問題です。けっきょく資本主義制度がこの地上から跡を絶ち、生産労働者中心の社会、社会主義社会が実現されるのでなければ解決されないものでしょう。貧しさを一般になくすには、生産手段の私有制、独占資本制というものをなくし、富の分配の平等を進めて社会主義社会を実現するほかはないでしょうし、また戦争をなくするには、この世界から植民地、半植民地、他国の不当な侵略、干渉による独立国をなくすほかないでしょう。現実の問題としては、まず働くものの労働条件をよくして、働くもののよろこびを回復していくこと、世界の植民地を解放して、被圧迫民族をなくしていくほかないでしょう」。たしかに戦争と貧しさが人間疎外を生みだしはするが、人間の疎外された労働そのものが戦争と貧しさの原因であることは、ここでは全く理解されていない。私有財産の秘密を労働の疎外との関係において把握していないところからは、したがって貧しさをなくするために生産手段の私有制、独占資本制の打破がのべられるにもかかわらず、その現実の問題としては「まず働くものの労働条件をよくして、働くもののよろこびを回復していくこと」とされるのである。だが、精神労働と肉体労働が永遠に分裂せられている資本制社会においては、労働条件をよくすることによっては働くもののよろこびを回復していくこと（生産過程における労働の疎外の克服）は決して出来ないのである。そこにプロレタリア革命の必然性が存するのであり、務台理作は自分のヒューマニズムを独占資本を打倒する実践的ヒューマニズムだとしながらも、プロレタリア的倫理を把握しないまま「人類ヒューマニズム」というアイマイモコとした教説を唱えなければならないのである。

こうして、私たちが現代の人間疎外を論じるためには、労働の自己疎外の完全な分析を必要としており、それは「疎外された労働」の明確な把握をおいてはなされないであろう。

☆横浜市立大学学園総合雑誌「創造」三号に掲載された論文

ノート　二月二日

ああ、ぼくのザビーネ、ぼくは君に恋をしたよ。君は、ぼくの前に、カーキ色のコートの胸から紺のワンピースをのぞかせてあらわれた。君は素肌が美しく白く光っていた。君はその素足にサンダルをはいていた。ぼくは君をみつめている間、いくどもいくどもこみあげてくるなにかの衝動を感じていた。君の頬は白くかすかに紅くそまっていて、髪を長く肩までたれていた。ああ、だれが三年前の君をおもいだすだろう。ぼくは君を君のしなやかな体を力いっぱい胸に抱きしめたかった。君はきっと、ぼくの胸に身を投げかけてくれたろう。

君は「三年前の自分」を悔いていた、わがままだった自分を恥じていた。そして、今も、そのわがままが少しも直っていないと嘆いていた。君の姿の美しさに、ぼくは、君が恋をしているのではないかと疑った。だが、ぼくは君が、いつも淋しく、ものうげに家と勤め先の間を往復していることを知ったとき、地下鉄の吊り革にけだるそうにつかまって、考え込んでいる君の姿を想った。ぼくは君を愛した。君は「よくわすれずに、電話してくださったわね」と言った。ぼくは君を抱きしめて君の唇に接吻して、若の背中をさすりたかった。あの、握手したときの君の手の冷たさとやわらかさをぼくは決して忘れないだろう。君は踏切に立って手を振ってくれた。ぼくのザビーネ、正真正銘のザビーネ、ぼくは君を愛した。おもいきって電話したことをほんとに喜びと感じつづけるだろう、S・T☆よ、ぼくの頭の中には、こうして全学連の革命的再建統一大会の同盟員総会の席上にあっても、K・Eのとなりにすわっていても君のあの優しい姿をはらいのけることはできない、北村栄子よ、中原素子よ、わがクレティン病者よ、どこかへ消えてしまえ、ぼくは君を抱きたい。ぼくの腕の中に身をまかせきった君の体をいつまでも抱いていたい。ぼくのザビーネよ。君の指先の冷たさ、そのやわらかさ。

☆S・T…高校時代の音楽部のメンバーであった重原時子。

ノート　二月四日

こうして机に坐っていると涙がとめどもなく溢れてくる。今まで自分がしてきたことが不思議に思え、自分が、今立っている場所があらゆるものの中のどんな位置にあって、それがどんな意味をもっているものかさっぱり分らなくなる。

全学連の『七月再建統一大会』の意義についてなら、ぼくはとうとうと一時間でも話せる。人間の疎外が現にどのようなものとしてぼくたちに問題をつきつけているのか――ということなら、五時間だって一週間だって話しまくることはできる。けれども、ぼくは、ただ、おびえるものがないのにおびえて、不安でいるべきものが存しないのに不安でたまらず、淋しくて、こわくてただ茫然としているのだ。

三日前に、明正高校の学習会の帰りに、代々木上原で下車してS・Tに電話をかけた。駅でまっているぼくの前にあらわれた彼女の姿をみるや、ぼくは果てしなく遠い見知らぬ世界の入口に立たされたように感じた。彼女とひっそりおしゃべりした二時間ほどの間、ぼくは心がぶるぶる震えるのをおさえることができなかった。彼女は二年前とはあまりにちがっていて、あまりにおだやかで、あまりにやさしくて、あまりに可憐だったので、ぼくは触れてはいけない美しい花の前に立たされているような気持だった。

ぼくは頭の中で、中原素子を思い浮べ、北村栄子を思い浮べ、そしてS・Tを思い浮べる。

ああ、おれはこれからどうやって飯をくって、階級闘争をやっていくつもりなんだろう、「砂漠の中に一人放り出されても、砂を食っても生きていく人間」――それは、おれという人間の傍観者の願望的表現にすぎない。見よ、彼の前には普遍的な砂漠がつき出されている。彼は進む。彼は砂を食う。それは苦しみであり、吐き気であり、憤りであり、それ以外のものではない、おれは、彼を見ている限りでは、彼に頭を下げ、自分も彼のようになりたい、と思う。だが、ぼくはひとたび砂漠に出くわすや、膝頭をがたがたふるわせ、おそれおののく。尻尾をまいて逃げるには度胸がなく、かといって進むには勇気がない。たたずみ、まどい、逡巡して自分の姿を知る。

ぼくのT.Sige、ぼくのザビーネ、ぼくは君をしっかり胸に抱いて、接吻し、そうして、そのままでいたい。ぼくの頭の大半をしめている、階級闘争のどろ沼の現場。それにしても、ぼくの頭の片隅にりんりんとさえかえっているSige の美しい姿！

中原素子や北村栄子のクレティン病者らの顔に唾を吐きかけて、君を抱きしめたら、どんなにすばらしいことだろう。

疎外された社会下の、唯一の疎外されない人間実践！

――たしかにそうだ、われわれの闘いはそれにつきる。だが、それは、こうしてもああしても可能だという荒地を切り拓くものの喜びと不安にまみれている。だからして、ぼくは自分の一歩にとまどい、おそれて。だが、また確乎たる一歩を進めるのでもある！　T.Sige よ、ぼくは君を力一杯抱きしめるぞ。

ノート　二月五日

恋をして階級闘争をやって海で泳いで。それで何をやるの？

時々の笑い、時々の普び、時々の涙、そしてそれからは？

階級闘争をやっているときは、こわいから、でっかいキャンパスに一本の線を引くみたいに、どこに、どう、なにを描いたらいいのか、なにを描いてもいいから、それゆえおっかない、だから恋のことを考える。恋をしているときは、女の子に語りかける言葉をあれこれとさがしながら、ああもいえる、こうもいえるとおもうと、この女の子を悲しませも、喜ばせもできるのかと思うとおっかない。彼女の唇に接吻しても、胸に手をあてても、どちらでもいい！

ああ、おっかない、おっかない、だから階級闘争のことを考える。

このかん、二、三日仕事が楽なのでやたらに淋しく、不安に思うのかもしれない。品川駅でみた中年の女。あのばかでっかい荷物。それを背中にして改札を通っていく、おっどろいた、おっどろいた、彼女は「人はなぜ生きるのか」なんてことは疑問に感じない、おお、感じないんだぜ。ぼくの、この、優雅な生活、お金が一円もなくても、ああ、なんてぼくの生活は優雅だろう。たのしいことばっかりじゃないか、女の子のことを夢想し、中原素子とコーヒーをのみ、福田、佐藤、遠井と階級闘争を論じる、市大の自治会に真紅の旗をぶったてる相談をする。

ああ、こりゃ一体どうしたことだ？　なにが起きたんだい、へへののもへじさ！　やめろ、やめろ！

ノート　二月一二日

自淫は幻想的な幸福ですらありえない。性器は人間交通の媒介物である。性交によって、人間は互いに全的に交通する、精神的にも肉体的にも交通する。否、精神、肉体――はそのようにあらかじめ切断されているという意識の中で語られてはならない。人間は、性交によって全的に交通する。性器はその直接の媒介物である。精神交通が、性交によって実体的交通に移る――という言い方は誤りである。何故なら、男女は、性交によって全的に交通するのだから。

自淫は交通の対象をもたない。空想上の対象は、空想的であるがゆえに対象ではない。すなわち、性器は、その結合する対象的性器を有しないがために対象を有しないのである関係しようとする性器は実体として、ここにあるのに、その対象は空想の中にしかない。空想——それは恐るべきものである。それは実体なき実体である。自淫によって、だから、性器はそれがふれるべき肉をもたない。すなわち、媒介物だけが交通実体から切断されて存するのである。送電線だけあって、受話器も送話器もないのである。

したがって自淫は、性器が交通の主体によって、非交通的にマサツされ刺激され、律動させられるのである。それは主体そのものの一層の不毛性、虚偽性、幻想性をますだけである。——だが誤ってはならないのは、このことの確認が自淫を否定することにはならないことである。むしろ問題は、にもかかわらず、自淫が示されねばならないということである。

メモ　日付不明

破産だ！破産だ！おれは、また、なにを求めて彼女に会うのか？
長い髪。あの目。唇、顔、言葉、彼女はおれとちがう。
彼女はおれとちがう。
おれはいつも、自分と同じ娘を探しているのだ。
おれはなにを見ているのだろう？
おれはなにを目にしているのだろう？
おや、これはまた

毅然と構えた鏡の中の
おれの顔！

姉のアパートに泊った。部屋べやから若い男女の小さな話しごえがきこえていたが、やがてどの部屋もまっくらになってしまった。

おれは、やさしい娘をみつけて、その娘に夢中になって、あげくのはてに結婚でもしたら、そのあと、何をして生きていくだろうか。

ぼくの妻のやさしい声。温い布団の中のまどろみ。それからさき、おれは何をして生きていくんだろう？

ぼくは電車の中で、手をふった。姉はそれに応えた。別れ——ああ、なんと胸のむかつくことだろう。

ノート　二月二〇日

一八七一年五月二二日パリ・コミューンが発した檄は「武器をとれ！」"aux armes!"であった、次の日の檄は「全員バリケードへ！」であった。

闘いに加わったロートレアモンは、人間への憎悪と愛を歌にうたった。

Marxはその二八年前『法哲学批判序説』でプロレタリアート解放のイデーを高らかに宣言したのだった。

血みどろの闘い、人間どうしの殺し合い——階級闘争。

ベートーヴェンはクロイッツェル・ソナタをつくった。

歴史。

したがって、
プロレタリアートへの熱き血の合流を！——である。

日々、あるいは瞬間ごとに「人生とは何だ」である。

だから、「人生は何でもない」ではない。ああ、統一された生。

生きることの、苦しみと・喜びと・哀しみとの生！

クロイッツェル・ソナタのあのすんだ旋律がきこえてくる。

あす、S・Tに電話すること。そしてあさってライオンで会うこと。

彼女と語り合うこと！

そこには『チボー家の人々』と『人間の条件』と『人間失格』と『ジャン・クリストフ』とがある。ああ、
総合的把握。統一された姿態。全的掌握！

おもいっきり泳ぐんだ！

ノート　二月二三日

これはまた超然と構えた鏡の中のおれの顔。

おれはネクタイをきゅっとしめ
彼女の姿を想いつづけていた。

やさしい姿、美しい顔立ち、
やたらに寒い冬の夕方
彼女と体をくっつけて歩く。

そこにいるのは別のＳ・Ｔ、
彼女の瞳はぼくを見ていない
Swing! Swing!
それでおしまい。

去って行く彼女の姿、
手も握らないで、
横須賀線へ！
鎌倉のＭＫ！

不眠の討論、

豊かな笑い、
信頼と同志。

ここでは、ぼくはバスを待っている。
真赤な、それこそあかいドレスをきた娘が近づいてきて、
腰を下げてこぼれるように笑う。
おお、川崎＝kun！
川崎＝kun！おまえはなんとかわいいんだ。
抱きしめてやりたい、その小さな体。
おお、なんとかわいい唇だ、
えっ？　聖歌隊？——なんだって？　ダンスに行く？

さらばさらば川崎＝kun、握手もせずに別れる君は
一度もおれを見なかったな。

そして
これはまた
超然と構えた　鏡の中の　おれの顔。

みにくいページたち、汚物の文字ども！

ああ、なんたる日々
黄色いガラスのむこうの世界。
皮をむかれたゆで玉子の行列
プロレタリアートへの熱き血の合流。
裸・胸・胸。

ノート　三月一日

たとえば重原時子に電話して会うとする。千駄ケ谷の屋内プールで？——そう、彼女と泳いだとする。まず、彼女が若くて美しいということ、それから現実にぼくが彼女と会って話して、体にふれたりしている、ということはすばらしくすてきなことのわけだ。コートを着て体のほてりを感じて陽気でいる彼女と並んで歩くのはすばらしい。

電話したら、彼女が「土曜日は会社の人たちと箱根へ行くことになっているのよ」とすまなそうに言ったとする。

ぼくは土曜の午後、なにか別のことをしているわけだ。新宿高校の田部君とあって彼に、いかに社学同がナンセンスか喋っているかもしれない。彼と別れて帰るときの気持と彼女と別れて帰るときのちがい。

足元を見よ。父が病気で倒れたとする。自分でめしを食っていかねばならなくなったとする。ライポンFの製造工場で残業してアパートへ帰る。『前進』を読むのもめんどうなほど疲れてねむるとする。

もちろん、党学校で『経=哲革稿』の学習会をしてあの感激にひたったりすることができないのは当然だ。

いや、彼女に会えたとしても、彼女が、「もう、これから、たびたびはお会いできないわ」——すなわち、今後あいたくないと言ったら？　男女関係の力学的作用はぼくをして中原素子の扉を叩かしめるのだろうか？

たとえば、喫茶店一軒はいったかはいらなかったかについては？　また、その喫茶店でかかっていた音楽のあれか、これかのちがいについては？

それにもちろん、喫茶店から出てくるときは全くちがった気持でいるにちがいない。

ふろしきのひらきかたが雑だった。こうするとよい。

前進社で黒川さんと「疎外論」を論ずる。また国際部の仕事を手伝って、彼と英訳したり和訳したりする。

それはぼくの時間があるからだ。

時間は金でかえる。逆に金がないと時間の自由はない。ぼくが働いていて、たとえば江東地域で、——だとすれば前進社を訪れるのは月に一度しかないだろう、それも新聞をとりに。そして、そそくさと帰る。

CEB☆にいるときは白いYシャツに背広。労働者のときはジャンパー。むろん、どちらにあっても、ぼくの心の豊さと、精神上の優雅な生活はかわらないのである――実際、それがマルキストだ。根本君をみたまえ、『赤い広場デモ』から帰った彼のスマートな姿と三五中委での長靴ときたないズボン姿。だが彼のすべての生活に変化はない。これがマルキストだ。だが、ジャンパー、疲れた顔、貪欲な睡眠より、白いYシャツ、櫛を入れた髪、女の子との散歩の方がずっと良い、そして、たしかに、それは、生活のちがいだ。だからして客体的条件と主体的切込み。実際に作用されることと、ぼくが作用することとが、奇妙にアンバランスに思えてくるのだ！

非常に奇妙に、黒い魔手とぼくの対話を思う！

☆CEB…マル学同中核派の機関紙「中核」の編集部

ノート　三月一〇日

鏡の中のおれの顔はにくらしいほど超然としている。

マルキストをめざすようになって以来、不断の自己否定に自らを置かねばならない、と決意して以来、ぼくは涙を失った。

動力車労組の闘い、田端駅構内で「労働者と学生の連帯万歳！」といくども叫んだときは涙がこみあげてくるのを感じた。

一切のブルジョア的重圧、抑圧・搾取・横領。愚弄といったものを払いのけるとき、警官の幾重にもなった列を物理的な力をもってうち破るとき、ぼくらはみなぎる生命力を爆発的に噴出させながら、確立されるプロレタリアートの主体性――〝おれたちの番だ！　おれたちの世界だ〟という絶叫――に狂喜して涙せずにはいないだろう。

こうして、引裂かれ別れゆく愛し合った男女――そうしたものを、きかされ、見せられ、読まされても、ぼくは涙を流さないようになった。ただ、「それでは、その時こそ、プロレタリア的自覚を！」とだけ感じるようになったのだ。

およそ見るにつけ、きくにつけほろほろと人間の涙を流すものは、自己の立脚点のないさすらいの、人生の旅人――すなわち、まぬけな旅芸人でしかないだろう。

たとえば、根本君は、あの広島で、「本大会に出席された労働者、学生、そして市民のみなさん！」とメッセージを読みあげながら、駆けつけてくる機動隊員がやがて自分の体を殴りつけて、一瞬の中に吹飛ばしてしまうであろうことを意識しながら、だが超然と一語一語をはっきりと読んでいたのだ――「私たち全学連の学生は、本日、ここに……」

論 文

新たな理論的前進のために
――三月合宿は何を勝ちとったか――

マルクス主義学生同盟中核派主催、全国学生活動家理論研究集会（三月合宿）は、三月一二、一三、一四、一五の四日間にわたって行われた。

フランス帝国主義の中国承認という事態に露見されるように、現在進行している世界の構造的変動は帝国主義圏とスターリン主義圏とが微妙にいり組みながら変貌を遂げるという様相をおびており、日本帝国主義の諸政策もこの動きに照応して行われている。日韓会談を環とする日帝の海外進出と国内においての労働者階級に対する手をかえ品をかえての攻撃は矢つぎ早やに行われている。だがこうした日帝の攻撃に労働者階級の闘争は対応しきれず、闘いは深刻な試練にさらされており、組織的な分解と再編成が急速度に進行している。このような状態をわれわれは一刻も早く革命的に止揚し、学生戦線の統一と再武装（＝全学連の再建）をなしとげねばならない。わが同盟を中核とする全学連主流派の一年間の闘いは学生戦線にゆるがすことのできない独自の位置をしめ、企学連の再建統一という任務にこたえる中心的翼に強化されたのである。われわれの一年間の闘いは学生戦線においても反スターリン主義を貫徹することが正しかったことを物語り、いまや全学連の再建のために反スターリン主義理論をより全体的に強化することが焦眉なことをわれわれは確認したのである。まさにこのための全同盟的闘いが三月合宿にほかならなかった。

三月合宿は一月中間に提起され、ねばり強い組織活動の結果全国の活動家に支えられ、二〇〇名近い参加者の下に開かれた。この四日間は全学連主流派によって提起された「三・二〇金鍾泌訪日阻止羽田闘争」をひかえ、きわめて緊迫した空気の中で、一、二月の波状闘争から教訓を汲みつくし四、五月闘争をいかに闘い日韓闘争を大衆的に拡大するかという角度からきわめて具体的に報告＝討論された。現在、学生戦線においていずれの他党派も組織的混乱を繰り返している中で、われわれがこのような形で全国的な規模の理論研究集会をもちえたことは画期的な意味をもつであろう。

四日間は異状な熱気につつまれ、睡眠時間の大巾な削減にもかかわらず熱心な報告と討論に終始し、二部門六項目のテーマにとり組んだ。集会の性格からいって報告と問題の提起に重きがおかれたが、チューター団はこれまでと異なり、現実の大衆運動を組織している東京都段階の大量の同盟員によって編成され、各論に鋭いアプローチが試みられた。各テーマが明らかにした諸点を概括してみよう。

第一部設定の意義――現代ドラマティックに進行しつつある世界の構造的変動の過程で、日常の労働者階級に対する露骨な攻撃の前に、日本の階級闘争はこれまでになかったような深刻な危機にみまわれ、あきらかに大きな曲り角に立たされている。今春闘にみられるような日本の労働運動の危機的現実を大きく食い破り、階級闘争の負のベクトルを大きくかえるために、われわれはスターリニズムとの思想的訣別の闘いを通じてかちえた方法論的支柱をもって、現実の日本の階級闘争を下向分析し日本革命の展望をきり拓いてゆかねばならない。こうした課題に全面的に答えることこそが山本派を最後的な解体に追い込む道であり、スターリニズムとの不断の闘争を通じて日本の階級闘争の場にわれわれの新たな地盤を拡大し闘いを大衆化していくことなのである。三月合宿ではこの課題に対して三つの軸を中心にして解明を与えようとしたのである。

㈠　中国革命論

中国革命がどのような誤謬を伴い、いかなる変質をとげながら今日の中国を生み出したのか――この問題はスターリン主義を打倒していく闘いの過程で最も重要な意味を帯びずにはいないのである。これまで中国革命の研究はともすれば二段階革命論の誤りを例証する道具のようなものとしてなされる傾向があったが（現在山本派がやっている中国革命＝スターリニスト革命という規定はまさにそれである）、三月合宿では現実にわれわれが中国革命を内側からみつめて毛沢東主義を検討し、その過程においてそれを批判しきれない困難な問題領域（たとえば農民問題）のあることをも大胆に明らかにしていった。基本的な分析視角を三つにわけると①帝国主議段階における中国社会の経済分析（複合発展の法則がいかに遂行されたか？）、②中国におけるプロレタリアート権力の形成過程について、③中国革命と一国社会主義論であった。

㈡　戦後革命運動史

戦後日本共産党史が秘めている様々な誤謬（たとえば民族民主革命論、解放軍規定等）をならべたてて一国社会主義論の不毛性を断罪するというような、これまでともするとわれわれが陥りがちだった安易な態度を克服し、反スターリン主義的立場をつらぬきながら日本革命を志向する闘いの中で、労働者の闘いに根を下した革命党建設の任務をになう実践的立場から批判的に解明するという態度を堅持した。とくに切り込み口とした点は、①二・一ストをめぐる諸問題、②五〇年分裂の解明、③日本の労働運動における日共の覇権が崩れて＝総評民同が擡頭してくる過程の分析であった。

㈢　日本労働運動の現状

世界が急激な変貌をとげつつある中で、日本の今春闘がどのような壁に直面しているのかという問題に真正面からぶつかって解明しようと試みた。春闘の「ハッスル路線」を京都社学同の諸君は「新しい革命の波が起りつつある」などと、とんでもない錯覚をしているが、この見せかけの「戦闘性」が依拠せざるを得ないところまで後退した日本の労働運動を大合理化攻勢が占める位置を検討しながら明らかにしようとした。分析の三つの軸は、①日帝の合理化攻勢と賃金攻勢を日本帝国主義論にふまえて具体的に暴露すること。②年功序列型から職務給へと賃金体系の構造をかえようとしている日帝の攻撃の内容を明らかにするために、明治時代にさかのぼって賃金論を追究すること。③総評＝民同の本質を戦後労働運動史に媒介させながら明らかにすること＝すなわち二・一ストの大敗北の後に右翼的な組合運動として出発した総評＝民同が今日の姿をとるに至った内実を過程的に分析することであった。

第二部〈当面する学生運動の諸問題〉

設定の意義＝学生運動で問題にされている課題を全国的な規模で検討し、全体的、体系的に掘下げて教訓化しようとする試みはこれまでなされたことはなかった。日本の学生運動全体の責任ある担い手たらんとして活動しているわが同盟が、このようにおおまじめに学生戦線における闘う武器を磨くために、理論的研究に、乗り出したことは、革命的な意識があるであろう。

㈠　日韓闘争

日韓問題には高度に理論的な諸問題が集約的に秘められている。日韓闘争論で解明されようとした諸課題は次の諸点である。①日本帝国主義の対韓進出の必然性を明らかにすること。②韓国の実情（政治・経済・社会的）をブルジョア資料を大胆に利用しながら克明に分析暴露すること。③再編をめざす日本帝国主義の韓国に対する新植民地主義的意図を明らかにすること、それに対する反日帝闘争がいかにあるべきかを検討すること。われわれはこうした研究を通じて日韓闘争の困難さと重要さを骨身にしみて感じた。プロレタリア国際主義という最も原則的な確認を、目先だけでなく、現実の闘いの中で具体化していくことは、ことに李ライン撤廃問題に関連して大衆の中で日韓プロレタリアートの民族的排外主義をいかにして食い破るかという問題として極めて困難であり、そしてこのことの解決なしには一歩も闘いを前進させることができないものとしてあることが確認された。

㈡　憲法闘争

憲法審議会による六月の最終答申案が上程されるという決定的な段階をむかえながら、われわれはこの問題に関して決定的に立遅れており直ちにわれわれの憲法闘争論を準備すべきことを研究の過程で第一に明らかにした。ことに「改悪意見書」と「高柳意見書」の二つの答申案を緻密に検討し、日帝が改憲によってなにを企図しているかを正確に把むことが必要である。研究された諸点は、①憲法闘争の現状――社会党、日共、関西社学同の闘争論を批判すること、②日帝にとっての改正の必要性とその性格を暴露すること、③改憲の階級的イデオロギーをつかむこと――そもそも憲法とはなにかという本質理論的掘下げ、などが試みられた。

㈢　学園闘争

全学連が学園闘争をまともにとりあげたことは革命的な意義をもっている。

従来学園闘争は戦闘的学生運動の内部ではともすれば軽視されがちであったが、この問題に対して体系的＝全国的に検討し、一定の解決をあたえて、学生運動の重要な環として闘わないかぎり、全学連の再建もかたチンバにしかなされない（社学同の諸君にはこのことが全く理解できない）ということを全体で確認した。研究の中で、学園をめぐる状勢が日々きわめて厳しくなっていることが明らかにされ、各大学自治会の闘いをつねに全国的に確認した、交流を強め、闘いを組織化していく必要のあることが強調された。われわれの闘いは未だ未熟で、学園に対する帝国主義的重圧を具体的にどうはねかえしていくかについては不十分であるが、ただちにとりくみ豊富化していかねばならない。

以上概括的にみてきた中でもすでに明らかなように、三月合宿はこれまでわが同盟が直面していた様々な壁を、現代日本革命の主体者の立場から、いかに反スターリン主義を日本の階級闘争の中で具体化するかという実践的な視点に貫かれていた。われわれは三月合宿の各テーマが「なにが明らかにされ、また不十分だったか」ということを各チューター団の主体的な総括にもとづいて詳細に検討し、『中核』臨時増刊号を発行して合宿の成果を整理する予定である（五月中旬）。三月合宿で突破口をあたえられた各テーマの課題は断乎研究が進められねばならない。チューター団の代表団会議では、各テーマごとに地方の支部同盟員をも含めて大幅な増員を行い、組織的な討論の場を保障してテーマの掘下げを続けていくということがすでに確認されている。そして画期的な意議をになってふみ出したわが同盟主催の理論研究合宿を今後定期化して闘っていくつもりである。来年の合宿の内容は今年の夏頃にはすでに明らかにし、準備にとりかかるつもりである。

各支部においても三月合宿の理論的成果を総括、検討、同盟のイデオロギー的強化を断乎おし進めていただきたい!!

三月合宿実行委員会

☆マル学同機関紙「中核」第27号（三月二〇日発行）に掲載した論文

佐藤政夫への手紙　四月一日消印

佐藤兄へ。

『中核』の原稿も書き終え、二八、二九日に行われた東京都高校生の集会も終えて、頭をすっきりさせ、全力をあげて一ヵ月市大の活動に没頭しようとあれこれ具体的なスケジュールを組立てているところです。

君は帰省するたびに寝込むようですが、病気が直ったあとの頭は複雑な様相を帯びるものです。そこで報告します。

――

▼三月二〇日金阻止羽田闘争はきわめて大きな意味をもって闘われ、またその意義を発揮しました。今日発行された前進一七七号まだ全部読んでいないにもかかわらず一七六号とあわせて送ります。九回の激突を通じてぼくを含めＭ七名、社学同二名、社青同一名、計一〇名が逮捕されました。未だ小野君だけが釈放されておりません。

▼三月二五日の全自代☆はわれわれの路線に貫かれ、一切の組織が、「日韓をどう闘うか」と「全学連再建にどのような態度をとるか」という次元で討論されました。大勝利です。四、五、六月の過程で、Ｍ線、ＭＬ、社青同がわれわれの批判を具体化させずにはいないでしょう。

▼全自代のアトの全国支部代で、Ｍの中央執行委員会が確立されたこと。都段階のＬと山梨一、京都三、奈良女一、三重一、岡山一、九州一、静岡一などのメンバーで月一回程度の会談をもって、全国的な総括を繰り返していくことになりました。

▼一七六号の『闘いは進む』の投書「式場君は山口伸君です。投書にみられるとおり彼のパトスのもえあがり方はすさまじく、二四日の主流派活動者会議にはマチガエて前の日に法政に行ってしまったり。前進社にTelしてきたり、たいへんなもの。Mが彼の成長に対して、対応しきれていないのが現状です。

▼長谷川君も闘う姿勢がある——とは遠井若の報告です。

▼四月一七日第一波闘争、四月一九日「李承晩打倒四月学生革命記念——日韓会談反対・日韓学生連帯集会」を中野公会堂において行います！　四月二八日全国学生ゼネスト！　です。一九日までに講演会（高本君を呼んで）やり、新入生との接触をデッカク保つ考えです。

▼青山高校から社青同の同盟員が商学部を受験しました。結果はまだ聞いていません。

▼明日は東交へのビラ入です！　遠井君もきます。彼と具体的に話すつもりです。まっさきにやるべきことは六日からの学習会に活動家の総力動員をめざし、闘いを訴えること！

あらゆる状勢が市大のMのCAPの到着をまちかまえていること、そして歯車を回転しはじめなければならないことを意味しています。

君がとりまかれている状況に関して全く無知、無神経に発せられる遠井・奥、連名のアピールはこうでしょう。

一刻も早く市大へ帰れ！

☆全自代…全国大学自治会代表者会議の略称、全学連（革マル派）、平民学連（民青）に対立する会議。

ノート　五月一〇日

「人間が解放される」

　美しい言葉だ。

　何から解放されるのか？

　鎖をとき放つ！

　何からとき放つのだ?!

「人はそうかんたんには解放されないんだなあ」とは、マルクスは言わないという。彼は「少しでも解放されるにはどうしたらいいのか」と考えるという。なるほど、たしかにそれにちがいない。

う――ん。カッコいい。

しかし、人間は存在そのものがニガニガしいものなのではないか。たしかに日々「解放されていく。しかし、それはいつまでたっても（ever,ever……）解放「されていく」ものにちがいない。〈もう、ちょっと〉の解放は、さらに細い鎖を見出さずにはいない。――人間そのものが鎖！　鎖の束、零に近づきながら、零にはなれない?!

ノート　五月一七日

昏迷はなにから生起したか？　五月一七日兄から届いた手紙はこうである。
何のてらいもなく人生の〝幸福〟感をしみじみと感じております。……妻も温く迎えることでしょう。

はるか遠い彼方から迫りくる何ものかへの憧れはぼくの胸をかきむしってやまない。
芭蕉は〝漂泊の想いやまず〟とのベゴルトムントはますますジプシーの女のひきしまった体を抱いた。おれはそびえ立つ山々の夕ぐれに〝人はみな旅人か〟とうたった娘の声をおもいだし、青高の学窓でやはり今のようにはげしい焦躁を感じていた自分をおもう。二年前、山はなんと広くなんとのびのびとしていたことだろう。人々は山にいると優しかった。しかし、オレはその山を下らねばならなかったのだ。下ってもどったところは、ギラギラ輝く太陽がものすごく、人々は自分の中にとじこもり、腹を立て、けんかし、いがみあっていた。おれはたえられなかった。なにもかも、生きていること自体がいやになってしまった。だが、それは一週間の間だけだった。ぼくはもとにもどり、いがみ合い、腹を立てあう人間の一人になった。

そして、今またぼくは山に登った。しかし今度はほんの二時間、ある場所にいただけなのだ。あのはにかみやが人生の幸福感をしみじみ感じておりますと言い、妻という言葉を用い、そうしてみると、ぼくはいつのまにか山の上に立たされるのだ。

昨日、中原さんの手を握ってはじめて散歩した。だが、それが一体なんだろう。ぼくの顔はほてり、彼女の顔も紅潮していた。おれには二〇・二九闘争がある。このギラギラ輝く太陽の下で、ぼくは生きていかねばならないのだ。なんということだろう、なんということだろう！

ノート　五月二〇日

マルキストは自分の現在的姿態をつねに過程的に総括してすすむ。(正確には、これは同義反復である。なぜなら、すすむとは過程的総括を意味するのだから。）それはあるがままの自分から出発せんとして、それゆえに実践上の試行錯誤と思想的な破産をくりかえす（だがそれに無自覚な）非マルキストから自らを区別する。

さて、森林と静寂、岩々と白雪、心の美しく〈くなった〉人々との〝山〟は一体なんだろうか！　山小屋と登山靴。たしかにこの雪、この岩、この人、この小屋は魅力的だ！　だがカレンダーに大写しされた日本アルプスの峰々の空虚さよ、人々は追われてはそこに逃げこみ、青春を「謳歌」する。大都会は大量の人間たちを排泄し、そこに山がある！　人間の便器――山！

甲虫のような形をした放水車が坐り込んだ学生に水しぶきを浴せ、幾十本もの旗が放水車から学生を守ろうとしてはためく。

奇妙な対比だ！――ここでは強い者が弱く、弱いはずのものが強い。学生はシュプレヒコールとインターの合唱とスクラムによって強い。警官隊は心の片隅の動揺をおしかくそうとする構えと弾圧する者ゆえの弱さをぬぐいきれない。彼らは学生よりはるかに組織的に動ける。だが弱い。

論文　五月二五日

今日起ち上る韓国学友の闘いに注目を！
25日韓国三十二大学総決起集会！
三度起ち上った韓国学生への弾圧を許すな！

二十一日の毎日新聞は次のように報じている。

「ソウルで二〇日政府の禁令をふり切って朴政権批判の集会デモが行われ、学生八〇人市民六〇人もの検挙者を出した。この日の集会の名称は「民族的民主主義葬式および討論会」。民族的民主主義は朴政権の中心理念であり、その葬式とは朴政権の否認を意味する。日韓会談反対学生総連合が主催し、ソウル大学文理運動場に市内各大学の学生三万人を集めるはずだったが、政府は十九日許可しないことを決め、二千人の警官隊が非常配置についた。このため他校生は来れなかったが、一般市民も含め三千人が集まった。この後約千人がデモに移ったが、三百メートルほど進んだところで警官隊が催涙ガスでくいとめ、デモ隊は石を投げて対抗。集会の最中に閉鎖されて会場に入れない多数の市民がヘイの外でマイクに耳を傾むけていたが、警官が追い払い、老人、婦人までがくってかかった」。

こうして催涙弾と警棒の嵐をついて韓国の学友は二〇日三たび闘いに起ち上った。ところが、この闘いで逮捕された百四十人の市民学生の身柄を拘束せよと言って、二十一日空てい部隊所属軍人十三人が担当判事の自宅を襲うという事件が起った。軍人は徹夜でデモ処理に当っていた係官の脇腹にカービン銃を突きつけ、逮捕者の拘束令状を発行するよう強要したのである。この事件については朴政権は、国防部長官、金聖恩に辞表を出させたり、軍当局に関係者を逮捕させたりして民主的なよそおいをこらしているが、朝日（二四日）によればこのようなことを堂々と言っている。「政局不安は根本的に一部政治家らの無軌道な言動、一部言論人の無責任な煽動、一部学生の不法な行動、そして行きすぎた政府の寛容（！）に原因する。真実なら、法によって措置するが、一部政治家、言論人、学生が反省すれば、このような事件の再発はなかろう」。

この事件と朴政府の態度に対して学生の憤りが渦巻いているという。朝日（二三日）は「二十二日、三十二大学の学生幹部はソウルで集合し二十五日各大学別の決起大会を開くことを決議した。」というから、本日韓国では闘いが爆発するのである。二〇日の闘いではソウル大学に集ろうとした学生が警官隊に阻止されたことから、今度は大学別に決起集会をもってデモに移ろうとしていることは明らかである。韓国学友はいくら弾圧されても「日本帝国主義打倒！　朴政府打倒！」の闘いに不死鳥のように起ち上るのだ。

先に看板やビラによって、この韓国学友の闘いを弾圧しているのは、朴政権のみならず池田政府も秘密裡は三千万ドルの資金を投下して、学生運動破壊のための情報局員三七万人を雇っていることをお知らせした。日本国内においても、たとえば法政大学の二〇〇名の韓国留学生は日夜警察とぐるになった情報局員につけねらわれているのである。こんなことを我々日本の学生はだまって見ていてよいのであろうか！　韓国学友の闘いを催涙弾、嘔吐弾、警棒の雨から守るのは、それこそ韓国学友の闘いの弾圧に手をかしている池田政府に闘いをもって抗議することではないのだろうか。二〇日、韓国学友が三度目の闘いに起ち上ったその日、日本では全国学生の統一行動が闘われていた。東京では外務省への抗議も許さない警官隊は、坐り込んだ学友に対して装甲車のような放水車で水を浴せ、棍棒をぬいておそいかかったのである。日韓会談によって韓国への再進出をねらっている池田政府は、朴がやった弾圧と同じことを日本の学生にもやっているのだ。今日の夕刊と明日の朝刊に注目――、韓国学友の闘いに連帯して、我々日本の学生も闘いをおしすすめよう！

☆日韓会談反対闘争のビラのための原稿。

兄への手紙　六月一六日消印（葉書）

紳平兄貴、尚子お姉様。

一切の雑事から離れて化学にひたすら学問的情熱をそそごうとする学友、歌とダンスさえしていれば楽しくて新聞を読むのさえいやがる学友、あるいは音楽に、あるいはマイ・カーに生きがいを見出して全くテンデンばらばらな学友たちを、ぼくらは一回のクラス討論によって、その一切の目をこちらにひきつけ闘う韓国の学生に連帯せよ！と訴える全く特殊な手腕をもって多大な学生の思想的変革を勝ち得ています。それは職場にある労働者の闘いと根本的に同一基盤にあり、反体制運動は常に厳しく魅力的なもののはずです。日韓会談阻止闘争は困難をきわめながら、高揚を生み出しつつあり、六・一九の闘いでは、首都圏統一行動がもし三、〇〇〇あるいは五、〇〇〇の学友に支えられたなら、かならず装甲車のバリケードを乗り越えて、外務省前の抗議集会を勝ちとるつもりです。いつもお招きにあずかりながら、スッポカシの連続ですが、六・一九の闘いに無事でしたら、ゼッタイに六月二一日の日曜お邪魔させていただきます！　兄貴にお贈りした「経＝哲草稿」にかんする論文（三〇枚）の雑誌が一七日に発刊されますので持参します。それでは二一日にお会いしましょう、お元気で！

ノート　六月二三日

女を抱きたいなどと書いても仕方がないのだ。抱きたければ、その現実的な方法を考え、歩きまわった方が、どれほどましか！


文字はほんとうにくだらないものだ。なんのために書くのか？

自分が感じていることを自分に対してはっきりさせるためにか？

何を感じ、何を考えているかはまったく良く解っているではないか？

反対に、乳房だとか、腕だとか書くことによって感性は死ぬのだ。

自分を慰めるためにか？

だいたい、女の子をおもいきり抱きしめたい、と書いて抱きしめる必要がなくなるほどおめでたい人間がいるのか？

したがって書くことはなにもない
　　中原素子はクレチン病者だ！

ゼッタイに七月三日まで手紙を書くな、

電話をするな、
　『前進』を送るな、
書くことはないのだ。事態は明白である。

　論理的人間と
　感性的人間との
　媒介的統一。
ノートを開くや一切の言葉が暗闇に吸いこまれていく！

ノート　六月二五日

　二年前の今ごろ、ぼくは駅へ向う夕暮の道をぼんやりと歩きながら、考えていたものだ。あたりはむし暑さの去ったあとのすがすがしさと、やがておとずれる暗闇のけはいで静かであり、まっかな太陽が屋根屋根のむこうに沈もうとしていた。ぼくは涙を感じながら、そのとき生命の寂蓼感に聞き入っていたのだ。

　一年前の今ごろ、ぼくは前の年の自分を静かに反省しながら、革命の姿勢をもちえた自分に喜びと満足を感じ、しっかりと歩いていた。

　今日、わたくしは、また、ここにいる。疎外された社会の唯一の疎外されない人間実践は、また多かれ少なかれ疎外されているのである。なぜなら、疎外された社会にあるのだから。わたくしたちの人間実践が疎外されていないのは、今日の固定化された疎外の現姿態を止揚しうる唯一の根源的な方法の中に身を置いて、その運動（movement）をつき動かしているから、基本的に疎外されないのであるが、一方わたくしたちは、最も整ったブルジョア社会に生きているのであって、映画のポスターを見、新聞を読み、資本制社会の下で一人の女の子を愛すのだから、多かれ少なかれ疎外されているのである。

わたくしは中学・高校時代に独・仏文学に命の糧を得ていた頃、わたくしは恋というものが人生そのものだと考えていた。一人の女にめぐり会いその女を抱擁する——そうしたことにむかって自分は生きすすんでいるのだと考えていた。しかしわたくしはいま日比谷公園でいとも簡単に事務的に抱き合う男女を見、世間の男女たちのおびただしく、ささやかな、あじけなき、無造作な性交を感じ、映画、テレビ、雑誌、新聞で書きまくられる男と女の接触と離反を意識するにつれ、また出会う女たちの〈気まぐれと、ひとりよがりと、無知〉（これは不確かだ！）とを感じ、単細胞動物の生殖をイメージするようになってしまった。アオミドロの無神経な接合、水中をとびまわるミジンコたちの突然の交尾。

しかしわたくしは依然として一人の女を求めていることに変りはない。わたくしは半ば失望しながら、なかば失望しきれずに女を夢みているのだ。

失望——なにが失望だ！

ノート　七月六日

女の子に「愛している」という言葉を吐くことを逡巡する必要はない。なぜなら、〝愛している〟と言わないうちは、愛は存在しないのだから。

愛とは二人の人間のあいだの関係である。したがってそれは相互媒介的に深まる（あるいは浅まる）のであって、一方交通としては絶対にありえない。〝愛している〟という言葉を吐くことによって、その言葉が女の子に与える反応そのものにおいてしか、そしてその反応の享受によってしか愛は成立しえない。

したがって、人は女の子を愛しているから、〝愛している〟というのではなく、〝愛している〟という言葉を吐くことによって愛を生み出すのだ！　したがって〝愛している〟ということ——一般に告白といわれている——は大胆な能動性をもつ活動である。愛を生み出そうとする人間の積極的な行為だ。

人は愛しているから、そういうのではなく、そういうことによって愛すのだ。だから人は愛していると言うのを逡巡する。果して自分はほんとうに彼女を愛しているのだろうか？　と反省する。しかし、そうすることによっては、なにごとも明らかにはならない！

愛している、と言うことは重要なことである。人は女の子に愛していると言うことによって、はじめて自分が彼女を愛していることを身をもって感じるのだ。

中原素子への手紙 七月七日

中原素子さんへ、
久しぶりに君に手紙を書きます。ぼくたちの間の不幸な現実のために、ぼくは再び君に前おきしておきます――最後まで読んで下さい。

1 まず、事実経過のはっきりした把握が必要です。

早大一文が学生自治会として機能しえなくなったこと。これまでの日本の戦闘的学生運動にしめた早大一文の意味は計り知れないほど大きかった。安保闘争をはじめ大管法闘争においても早大一文は一千単位の動員をカチとってきた。だが、Y派☆が自治会執行部を占拠するや、一文は一拠点に凋落して今日の姿になった。クラス討論は行われず、他党派の看板はブチこわされ、ビラ入れは暴力的に妨害された。〝闘えない現実の思想的切開と、闘う主体を形成するための立脚点〟というあの恐るべき空語が吐かれ、学生の自治会批判に対しては〝単なるケチつけに終止する〟という反批判」がなされた。

A 今年四月からの運動の展開過程では、フロントの諸君が一文の学生委員を圧倒的に固めた（F―四〇～五〇、M戦―一五／Y派―一五～二五）。六月三〇日に予定された委員総会は、したがってY派の暴力的簒奪が予想された。彼らは一文執行部を「守りぬく」ためにSを先頭とする選管委は、フロントの学生委員が当選しそうなクラスは学生委員を選ばなかった。（東洋哲学三年、西洋哲学四年、社会学三年。もっとも技巧的だったのは西哲におけるマヌーバー選挙）。自主選挙で登場したフロントの諸君に対して、Y派は「正当な委員だけで開かれねばならない。自己批判を要求する」と言い、一五名の学生委員（Y派傘下！）で委員総会を開こうとした。

昨年の反戦集会以来、血のにじむような闘いを通じて、統一行動を呼びかけ、統一行動を守り抜いてきたマルクス主義学生同盟中核派は社青同の諸君と共にフロントの要請に応じ、一文自治会の再建をめざしてオルグ団を派遣した。

六月二九日の深夜、Y派の二〇名を打倒してしまわなかったことは、かえすがえすも残念であった。恐怖して石と牛乳びんをわれわれに投げつけていたSとHを、われわれの棍棒で打倒しつくせなかったことが残念だ（一体、SとHがこの一年間、何をしてきたというのだ！　SYのK君を棍棒で頭をブチわり、われわれの同志の腕を折り、看板をメチャクチャにし、そして、早大の学生運動に何を新しく生み出してきたというのか！）。

二〇日の委員総会における彼らのゲバルト！　われわれに潜入してスパイ活動していた理科大生をはじめ（彼は、ぼく自身の手によって必ず打倒しつくす！）東Cら外人部隊を雇い、総会の教室を変転させ、フロントのもとに集まった二五〇名の学友を（われわれは別に六〇名いた）三〇名のゲバルト要員で愚弄したのであった。たまりかねたわれわれは一挙にY派を飛散させたが、一八一教室の鍵は開かなかった。その後の二五〇名の一文自治会再建委員総会と、三〇名の「委員総会」は早大一文の方向性がどこにあるかを、はっきりとしめしていた。

B　六月一〜二日にかけて、例によってY派のテロ行為が開始された。社青同とわれわれの同志は棍棒をもって早大構内を徘徊するY派のために、ビラまきと七・三闘争への一切の組織化を放棄せざるをえなくなった。

われわれはフロント、社青同と共に全都的な憤りをもって、七月二日夜にY派に徹底的自己批判を迫ることを決意した。七月三日の銅像前集会にSとHにでかい顔をさせて分裂行動をとらせることは、絶対に許せなかった。

七月二日の夜、われわれの失敗は五分間で決着をつけられなかったことだった。ぼくは鶴巻公園でヘルメットを被り、棍棒を装備しながら日本の学生運動がY派を最後的に打倒して大きく広がる姿を頭に描いていた。三時間の激闘で、ぼくは全身に投石をうけて血まみれになったとき、われわれの戦術の不十分さを残念に思った。

Y派の徹頭徹尾の卑劣さは、七・三闘争に向けて、フロント、社青同、社学同と協議している際中に、中核派が武装して殴り込みをかけてきた、としたことであった。彼らは一法と新聞会に別れて石を運び込んでいたくせに！

２　「早大事件」の背景

統一行動という行動上の一致をカチとりつつ内部的批判の貫徹によって学生戦線の闘う統一をなそうとしたわれわれに対し、社学同の勢力におびえ、統一行動を否定しさるというセクト主義の道を選んだY派は、当然にも戦闘的学生運動から召還せざるをえなかった。分裂が一時的には圧倒的に全国的支配を終えたY派は、一年間の中に北大と、名古屋大、北学大、鹿児島大、金沢大らの地方拠点校のすべてをスターリニストに手渡し、九学連を社青同へ奪われながら、「立脚点の形成」「闘えない現実をいかにとらえるのか」という論議に耽り続けてきた。

東京都においては東工大におけるわれわれのケルンの勝利、社事大のスターリニストへの明け渡し、国学院の半身付随化によって、Y派「全学連」は残るところ早大一文だけとなった。戦闘的学生運動から の召還と自治会権力へのしがみつきはもはや暴力によってしか保障されない。暴力のみによって権力へ固執しようとする者は、飽くなき暴力化への悪無限的進行に呑みこまれざるをえない。

われわれは中核派結成以来、日本の学生運動の建てなおしのために全力をあげて闘ってきた。戦闘的学生運動の再興という革命的事業の過程にしか、自らの党派性の貫徹はありえないとしてきた。ある場合には、セクト主義者たちには最も「お人好し」と錯覚されるような闘争も敢えて大胆にとり続け、だが、最も強固な組織として偉大な位置を占めてきた。そして、四、五、六月闘争の過程で鮮明にされたことは、常時一〇〇〇名を越える動員が保障され、統一行動の闘いが徹底化され、いまや全国の闘いに、都学連、全学連という組織的表現を与えなければ、われわれは闘争を一歩たりとも前進させることができないところまで事態をおし進めることができたことであった。この過程で明らかになったY派の醜悪な姿態は、げんとして登場しつつあるわれわれの闘争に否定的態度をとり続けることができなくなり、社学同二派と社青同への統一行動申し込みというボス交渉に明け暮れた根本の奔走ぶりが象徴的に示してた。こうして個人的名誉心の最も強い根本と佐竹はマル学同の凋落しゆく部分と、もっとも官僚的で政治技術家集団であるところのML☆として〝結婚〟したのであった（その密月ぶりをしめしたのは、七・三清水谷集会で「早大事件について中核派に自己批判を要求する」と言ったML望月の言葉であった）。

こうして、都学連、全学連の再建にむけて現実的な巨歩を踏み出そうとする限り、Y派の中心メンバー（H一派）の腰の骨を砕くことが、今日の学生運動の階級的要請として提起されるに至った。

われわれの戦術上の不十分さから、五分間の中にそれを完遂しえなかったことを残念に思う！

3　「早人事件」を機に権力は徹底した中核派弾圧に乗り出し、われわれの中心指導部を潰滅させようとしている。だが、われわれにとっては主流派書記局を法政から東工大へ、中央指導部を各支部から増員するだけのことしか意味しない。われわれは、東C選挙で統一候補に従わず、分裂候補が三〇〇票得たことに狂喜し、社学同が勝利するよりはスターリニストの当選に喜んだY派が潰滅する以前に、潰滅するようなことはない！　自己の党派の凋落に自治会活動そのものを道づれにするような組織をわれわれは絶対に許さない。

■党派闘争の新しい局面をひかえてぼくたちはなおいっそう秘密に論議しつくさねばなりません。こうした事態そのものを積極的契機として自らの立ちえている思想的基盤の点検を、相互批判を媒介して貫徹しなければならないのです。君は、ぼくとの論争を回避しては何ごとも解決しえず、明らかにはされないはずです。Y派はY派的な現実の把握の仕方と対応の仕方しかできないのであり、だからこそ、ひんぱんにぼくたちは話す必要があるのです。Y派的態度の最も非マルキスト的な姿は、思想闘争を叫びつつ、現実的に真の思想闘争をなんら積極的に試みようとしない点です。君は、これまで、ぼくの問題提起に対して、最後まで闘争しようとしなかったし、これからも、Y派の翼下に逃げ込んで「ケルン・パー☆はパーだ！」というスターリニストの「全学連ってどこにいるんですか？」に似た他党派の内在的批判なき、すなわち自己の立ちえている思想基盤への主体的反省なき活動によっては、自らを可能的存在として高次的に変革することはなしえないのだ！

中原素子の小児病的セクト主義反対！

中原素子の思想闘争回避の非マルクス主義的態度反対！

ぼくたちの討論の場を保障せよ！
ただちに速達便にて会見の日時を設定して返答せよ！

奥　浩平

☆Y派…山本派のこと。
☆SY…社会主義青年同盟（社青同）の略。
☆ゲバルト…暴力。この場合は分派闘争において棍棒やヘルメットで武装し暴力的にわたりあうこと。
☆東C…トンシーと読み東大教養学部の略。
☆ML…社会主義学生同盟からの分派。マルクス主義戦線派（マル戦）とは別にマルクス・レーニン主義という機関誌から呼称されるマルクス・レーニン主義派をさす。
☆ケルン・パー…革共同の分派闘争において革マル派が中核派を揶揄していった言葉で、中核派は確乎としたケルンを創造することなしに大衆運動にふりまわされる誤りを犯している、という批判の意味が込められている。

ノート　日付不明

七・二問題☆以後、中原素子の硬化現象が始まっている。彼女は、思想闘争を完遂しないで、あるいは全く組織論・革命論がパーな他党派の人間を癒着するな、と自分に言いきかせ始めたのだった。というより、ぼくに対する関係の漠然とした不安を七・二問題をモメントとして一切をぼくにぬりつけ、自分を脱出させようと計っているのだ。おそらく、それは、彼女自身がこれまで歩んできたマルキストたらんとした道の無力さを感じ続け、ぼくの働きかけにある一定の動揺を否定しようとする動きに支えられているだろう。

しかし、考えてもみたまえ。

七・二事件が起るまえの土曜日、ぼくが改札口を前にして握っていた彼女の手に力を入れて離そうとしたとき、それに応えてぼくの手を握りかえしたのは、彼女自身ではなかったのか！

公園から帰る途中「やっぱりケルン・パーはパーね」と言った彼女は、それを黙殺したぼくの手を、どうしてふりはなそうとしなかったのだ。

彼女は思想闘争の回避を自分に言いきかせているかもしれない。

しかし、いままでのぼくとの戦闘的・友好的交通を断ち切って、これからなんの思想闘争であるというのか！

彼女の形姿を清算主義というのだ。

☆七・二問題…一九六四年七月二日夜、三日に予定された憲法調査会答申に反対するデモの計画を練るため、早大構内に結集したマル学同革マル派（山本派）に対して社学同、社青同、中核派が中心となってこれを粉粋するため、棍棒、ヘルメット等で武装して「なぐりこみ」の実力行使を行った事件。

第五章　大学時代（Ⅲ）原潜寄港反対闘争

一九六四年七月〜一九六四年一一月

○中原素子への手紙
○ノート
○佐藤政大への手紙
○論文

中原素子への手紙　一九六四年七月一七日

おそらく君は合宿から戻って、この手紙を読むでしょう。四日間の合宿で体いっぱい空気を入れてきた君にとっては、ぼくの言うことは、またケルン・パーのどうしようもないパーな文章であることだろう。

安っぽいウイスキーはなんとにがにがしい味がするのだろうか。しかしぼくは不思議に酔わない。父が久しぶりにぼくを怒鳴りつけている。「勝手ほうだいのお前がいて、そのまわりをおれがうろうろしなけりゃならないのか？　明日の朝は何時に起きる？――ねてるから先に行ってくれ。――晩は何時ごろ帰るんだ？――早く帰るって言ってるじゃないか。――そんな返事の仕方があるか！」

ああ、ぼくの生はぼろくずのようなものなのだろうか、それとも輝きなのだろうか。デモの隊列の中で、みんなと一緒に大声で叫びながら警官のバリケードを突破するとき、講堂で、学生を前にアジテーションをするとき、鎌倉で同志とともに徹夜のＭＫ☆をやるとき、自分が書いたビラのすり上ったやつを読むとき、――それらはぼくに自分のほこりを感じさせ、何のために自分が生きているのかはっきりと自覚させる。どんなに暑い陽が照りつけていても、ポケットに十円しかなくても、ぼくは輝かしい気持で生きている。だが、ある時、ある場所でまたおれは自分がぼろくずのように死んで行く人間なのではないかと思いはじめる。破けた靴、真昼間のトロンとした山手線の車内、すべてが黄色っぽく見え、ばかばかしく見える。いっそのこと、なにもかもやめてしまいたい。今、怒鳴っているおれの親爺はなんのために生きているのだ？

これから先何をしでかすかもわからない息子を待っている。テレビを見ながら時計を気にしているが、ついに寝る時間になっても帰らない。翌朝目を覚す。台所に行ってみると切り口が茶色くなったレタスの上に冷えたカツがのっている。そうした毎日。彼はなんのために生きているのだろう。――そして、おれは？

おれは一年前から貪欲な人間になった。『経＝哲草稿』を読んでからと言うもの、きっすいの人間、純化された人間、人間が人間的本質を獲得した姿を自分に二重化して暮すようになった。好きな本を好きなだけ読み、一日中を思索と疎外されない人間実践をめざして活動するようになった。

幸福な日々。輝ける誇りに満ちた生活。しかし、ある日ある時たちまちの中に現実の中にたたき込まれる。気づいてみると本を買う金がない。飯を食う金がない。期末テストは見るも無惨な点数。一体大学は卒業できるのかしら？

ぼくは勉強してきた、絶対に誰にも負けない勉強をしてきた。しかし、確かに体育衛生、地学概論、学校の教科書の英語はやらなかった。それをやらなけりゃ学問と言わせない、というのか?!

こうしてぼくの生活はみじめさと誇りのどんでん返しの悪無限的進行の過程となった。ケルン・パーのアレかコレか主義――などと言う奴ははりたおす。コンミュニストたらんとする学生はつねにそうではないのか？　これはおれの問題でありながら、おれの問題だけではありえないのだ。

一七日現在、君からの速達を受取っていない。

マルキストたらんとしつつも、スターリニズム的害毒とブルジョア的思想攻撃に無自覚なままディレンマの生活の中にいた二年前、ぼくは君を識った。黒寛の立候補理由や彼らの論理はよくわからないと言いながら、社会党が何名当選するかラジオにきき入っていたぼくに前進を送ってくれたのは君だ。

君との戦闘的、友好的交通はまるでサーカスの綱わたりみたいに不安で展望がなかった。そして丁度昨年の今時分、山本派が統一行動をさぼり始めた六・二五闘争以来、君は黙りこくってしまったのだ、君は一年後、七・二問題を契機にまた殻に閉じこもろうとでもいうのか。

君はおれが中核派を識り始めたときY派になっていた。おれはなんとかして君との思想的同一性をかちえようと努力し、あせったが、なぜか君はそれほど熱心には応ぜず、スイスイしていた。ぼくの批判に対して真剣に答えようとはせず、聞き流しているようだった。

一体どういうことなのだろう？　総じて彼らY派はああした不誠実な態度を執るのだろうか？　S君も昨年オルグれそうだという限りにおいてはおれを捉えたが、今年になってからは、ぼくが彼に話合いを求めても出来るなら避けていたいという態度をとるようになった。なんということだ、彼の言う〝思想闘争〟は。

ぼくは絶対に君を離さない。君がもしぼくとの話し合いに応じないなどという清算主義的態度をとろうとするなら、ぼくは君をマルキストとして認めないぞ。

忘れないでいて欲しいのは中核派と革マル派があって、ぼくと君とがあるのではない。君とぼくとが識り合ってから、互いに他党派になり合ったのだ。この分裂に無自覚なままこの分裂を止揚しようとしないで、いったい君は何をしようというのだ。なんと君は不誠実なことか。

ぼくは二〇日朝九時半、内苑へ菖蒲を見に行った日に待会わせた場所で君に会いたい。必ず来て欲しい。

浩平

☆MK…横浜市立大学のマルクス主義研究会。

中原素子への手紙　　七月二五日

☆この手紙は便箋一枚、白紙であった。

兄への手紙　　七月二八日消印（葉書）

紳平兄貴へ！


今、浜松へ来ています。

ことづてや届け物があるかと思って、土曜日に電話しましたが、ウッカリ半ドンであることを忘れていて、「奥は昼から、山へ行きましたが」ということでした。

お母さんからは三笠山をあずかってきました。

今度の浜松行は実は一連の活動のより道なのです。七月三〇、三一、八月一日は京都で全学連主流派全国大会。八月二日は大阪労働者、学生反戦集会（二、〇〇〇名規模、全国の戦闘的プロレタリアが結集する）。八月三日は京都で全国学生自治代表者会議です。二日は四・一七スト後社会党、共産党にかわる新たな前衛党を志向して結集した全国の労働者に、全学連の学生が合流して、集会後はデモをやることになっています。日本の反スターリン主義運動の一結節点を画すでしょう。

そんなわけで、ここ十日間ばかりひばりが丘はヘッポコ老彫刻家が一人住むところとなっています。

ぼくもひんぱんに速達を出すことにしていますが、できたら日曜などにお出かけ下されば父も喜ぶと思います。

さて、ぼくらは彼女らの気持を神経的なほどに探るのに、どうして女の子は男の気持がわからないんだろう！——同感ではありませんか？

では帰ったらTelを一本差し上げます。

お元気で。尚子お姉さんによろしく。

ノート　日付不明

脱却！

脱却

歴史からの・現実性からの＝自分からの

脱却！

飛び出せ！

ぼくという人間を、より高次の高嶺にむけて深く包みこみつつ、これを否定しろ！

優しい娘の姿を想い描きながら、
砂漠の中を歩ける（歩く）人間になれ！

二〇年間の打倒！

二〇歳に終止符を打て！

新しい自分を造れ！

女々しさからの脱却！

佐藤政夫への葉書　八月五日消印

オルグ活動に奔走してくれてありがとう。

八・二集会はぼくに次のことを示した。

客体的形姿においてのみならず、主体的態度においてYは共産主義者のグループでないこと。

したがって、その思想性を貪りつつある一人の女性と指を絡め合い、唇を交すことは全くの混迷であったこと。

しかし、これからの一カ月の時間の海は、なんとむし暑く孤独なことだろうか！

思想の女々しさ、生き方の女々しさから脱却するためには、生活の現実性を変革しなければならない。

佐藤政夫への手紙　八月一三日消印

佐藤、山口のバカへ！

一、〝政治技術なら山本派をみならえ！〟の路線に従ってパンフを作成した。

二、食堂で美術部の酒井に会った。「政治状勢がキンパクしていますね」というので「どうしてこんなところでフラフラしていてアメ大に抗議にいかないのか！」とごりごりいじめつけてやった。

三、二人でじゃれっこばかりして勉強してねえんじゃねえのか？　ぼくは、「経験批判論」「哲学ノート」「武谷三段階論」は今夏はもうやらないことにした。英語と仏語をもっぱら勉強している。anti-Dühring を英語で、Le mythe de sisyphe を仏語でやってる。山口に朗読してきかせてやるつもりだ。sisyphe の章は暗記するつもり（語学については否定の否定の法則、現在的場所的適用）。

四、Mの合宿の場所は熱海になりそう。

五、佐藤君への challenge はさしあたって二回にわけた。次便も乞御期待。

六、もう連絡することはない。ゲンコーはゼッタイかけ！

七、ホントにおしまい。

七　さよなら。

春期闘争の総括化のために――その1――

マルクス主義における可能性の追求とは何か。

〝主体的根拠を考えろ〟という名の日和見主義に反対する！

１　七・二問題処理にみられた同志藤本の日和見主義的意見の相違を再現して討論する。

同志藤本――七・二問題は一般学生は「全学連の奴らがまた殴り合ったのか」程度にしか考えていないことは明らかなのだ。今、われわれが全力をあげて向うべきなのは原禁大会と八・二集会への組織化なのであって、七・二問題はその過程でしか問題にすべきではない。Ｍの声明を個人的に郵送するとか、あるいは討論会を組織するなどもっての外。

同志藤本が目論んだのは明らかに、生起したピンチな事態の〝もみ消し〟以外の何物でもなかったのだ。あの同盟員総会において岩崎の発言に対し〝イギナシ！〟などといっておきながら、まさに学友に対する現実的な働きかけは、それとは似ても似つかない方向性を含んでいたのである。総会終了後の激化した討論で岩崎がなんとかして明らかにしようとした内容は次のところにあった。

まさに一般学生は（エコポリ☆の酒田君の文章にすらみられた、そしてそれが最も代表的な）「全学連の奴らがまた殴り合ったのか」という意識でしかなかったでしょう。学生活動家に対する自らの主体的批判を、ともすればネグレクトしようとする――そして同時に自分の頭の中から学生運動への主体的なかかわりの問題を拭い去ってしまおうとする圧倒的な学生たちは、七・二問題をこれさいわいと自らの主体的な問題設定を回避することに最大限利用しようとしたことは疑いない。だからこそわれわれは事態を隣家の火事とし、「市大生は参加していなかった」というムードをつくり、もみ消してしまうのではなしに、逆に一人一人に問題を徹底的につきつけ、それと対決を迫る必要があったのである。まさに七・二の「殴り合い」と無縁な学生運動と平民会は存在しないのであり、学生はそのことを仔鹿のような耳をもって鋭く探知するのだ。七・二問題をあいまいにして九月以降の活動はない。逆にここでわれわれの方が騒ぎたて、市大におけるMの存在とその在り方について徹底的に自覚させる必要がある――これが岩崎の主張の根底を支えていた立場なのである。

Mの声明はまさにそのような立場に立って書かれたものとして再検討されて然るべきである。同志藤本の「情宣の環は原禁だ！」という主張はまさに七・二事件のもみ消しという悪しき意図から生じた空文句にしかすぎなかった。われわれは原禁と反戦集会の宣伝を七・二問題への声明を掲げたからとて、別に弱めたりすることにはならないからだ。

討論集会は、まさにあの時点で市大に残っている連中がどうしようもないグループであったことから、集会の意義は半減するものとして開かれなかったが、もっと学生がたくさん残っていたら、まさに開かれるべき集会としてあったのである。

われわれは声明を大々的に配布することによって、まさに学生戦線の血なまぐさい現実とそれをaufheben せんとして死闘しつつあるMの同盟員（ならびに各潮流の organizer）の姿を一人一人の学生の脳裡に灼きつけ、それへの主体的参画を迫ることができるのであり、それによってまさに最大の好機（chance）へ転化しうるのである。〈今、東京中を陸軍トラックがわがもの顔にのしまわっている。水ききんという帝国主義者にとっての最も危機的な事態すら、「いざというときには、自衛隊は首都を制圧するんだぞ！」という demonstration として彼らは貪欲に転化するのだ！〉

同志藤本の執った態度は残念ながらこの理解とはほど遠い日和見主義としてあった。一般学生にとって、〝マル学同の同盟員〟とはつねに何処か遠いところにしか意識されないものを、まさにクラス討論で〝すばらしい勉強ぶりで話す〟佐藤であり、奥であるということを意識化させることをこちら側でなさねばならないのである。それは〝ぼくはマル学同の同盟員です〟とクラスでいうような愚劣事によってはゼッタイに保証されないことは明らかである（北小路君の集会が成功したからといって学生は平民会を支持することにはならない。遠山教授の講演に感服したからといって、それを主催した史研にsympathyを感じる人間は一〇〇人に一人といないだろう。まさに北小路君の講演会を開いた平民会と北小路君その人との関係を具体化するためには無限の主体的働きかけによる媒介項が必要なのである）。

2　横浜市内デモ記事にみられた同志藤本の日和見主義。

市内デモ論争の昏迷は、まさに持続的なクラス討論のつみあげと一定の大衆運動の昂揚の上に設定されるべきものを、大衆運動の昂揚を生み出す（創り出す）出発点として設定しようとしたことからM各員の焦躁と逡巡、不安と期待が判断を下しえぬまま時間はジリジリとすすんだが、市内デモ賛成論者はみな〝失敗するかもしれないが遂行されるべきもの〟として位置づけたところに特徴があった。しかしながら、残念なことに同志藤本の反対論は全く没主体的な「国大がやればヤル、国大がやらなければヤラナイ」という、恐るべきcretinismであった。ここでは市大の organizer が国大の organizer に転身してふるまった。すなわち、市大だけでもデモをやるという意義と必然性がいかにして生れたか、その論にはいかなる方向性と、なにが孕まれているかということへの洞察が全くなく、同志藤本の脳裡にあったのは、ただ一二、三人で日の出町をデモる消耗感だけだったのであった（奈良女大生が一桁の数でデモったという報告を捉え返すべきだ！）。そして同志藤本は例の通り講演会へ逃げ込んだのだ(したがって講演会とデモを両方やろうという意見に対しては「主体的力量を考えろ！」という恐怖に満ちた惆悵に終始したのである)。

岩崎は最終的にデモも却下に決定した討論（第二ホール）において「大衆闘争の一定の昂揚の上に位

置づけるべきものを、その出発点として設定するには、あまりに日数がなく、今からではあまりに不十分である。デモが貫徹される意味はあるが、その現実的な効果は半減する。秋に十分力量を貯えてからやろう」としたのであった。それは唇を噛む思いで発言され、唇を噛む思いで他の人に受けとられたが、一人同志藤本には〝ホっとする〟思いで受けとられたのであった。

3 看板活動における同志藤本の日和見主義

A 入学式に一年生を迎える第一看板は「新入生諸君、日韓闘争に立上ろう！」「六五〇万労働者の大ストライキを全力をあげて守ろう！」とすべきであるという岩崎の主張にもかかわらず、看板部長同志藤本は「サンデー毎日」の書きうつしを全学連羽田闘争が行われたというニュースでごまかしてしまった。一七ストについては「ストが行われる」というお知らせでしかない看板を書いた。立上ろう！守ろう！――でない看板を並べてサービスするくらいなら、ブルジョアジャーナリズムの方がどれだけ美しい文句をしっているか分らない。同志藤本は「始めからは無理だろう」と言ったが、これは悪質なスターリン的二段階論であることはあまりに明白だ。入学式の朝（受験日の朝――だったのは国大の一年生だ！）闘いが自分につきつけられていることを感じさせることが重大なのだ。

B 大東京地区の闘いで二、〇〇〇人はどうしても集りそうもないとわかっている時でも、同志藤本は「五、〇〇〇の学友と～」と書き続けてきた。一体いつでも新聞で一、〇〇〇とか八〇〇とか見なれている学生が、五、〇〇〇という数にひかれて一人でも参加するとでも思っているのであろうか。逆に市大運動に対する、また運動一般に対する疑惑をつのらせるだけである。

次のことを銘記していただきたい。われわれは東京都の一切の運動がぶっつぶれて、市大だけが生き残ったとしても、市大から運動を生み出し、全都に敷衍することをも敢えてするのである。昨年の国大の運動の起りはまさにそれではなかったか。いたずらにデッカイ数字を並べたてて「さあこい！」とするのではなく、まさに現実の闘いの危機を訴え、それこそ「国大生はがんばって全国の先頭にたってやろうじゃねえか（角山）」として巻き起ったのが国大の運動ではなかったのか。「まさに全学連が再建されてから市大で何事か始まるのではなく、全学連再建を市大からやっていくという闘いを組まないかぎり、市大において、戦闘的な運動を創り出すことではないと考えます」（岩崎――主流流大会）

以上の所論の展開は同志藤本への根底的批判として、その問題の設定は、同時にその解決を孕んでいると考える。

以下　次便

☆エコポリ…横浜市立大学の国際問題研究会。エコノミック・ポリティックスという機関紙からエコポリとよばれる。

佐藤政夫への手紙　八月一六日消印

1　第二便を送ります。

2　君らのハガキもらいました（ミー公は、そりゃあミー公にうんともてるものですよ、佐藤くん。もてる――ということが一般にいいことじゃないんだ。だれに、どうもてるのか――そいつが問題だ！）。

3　山口君とは別居しましたか？
4　これを書いている中に、カキとブドウはもう食わしてもらえなくなるんじゃないか——とふと心配になりました。
5　弁証法は物質の自己運動の論理です。否定の否定、対立物の統一、量から質への～などがちりぢりばらばらに存するわけではありません。にもかかわらず、それらの法則を「原理」に高める抽象は必要なことです。ですから、一使で追究されるべきことが、むしろ二使でより追究されていたり、その反対をいうこともおおいにありうることだと思います。しかしのべられていることは厳然たる事実、統一した一つのものの各側面です。

春期闘争の総括の深化のために——その2——
マルクス主義における〝批判〟とは何か
同志藤本の自己絶対化に反対する！

「分析家は、自分の相手の心の中に自己を投げこんで、自己を相手と同一のものとし、かくしてしばしば、相手を誘って錯誤に陥らせたり、せきたてて誤算に陥らせたりする唯一の方法を直ちに知るのである」——「モルグ街の殺人事件」
自己を相手の心の中に投げこみ、自己と相手を同一化することによって得られた成果をひっさげ、現実の自己にもどったとき、相手に対する批判は真の有効性を獲得し、自己は変革された自己としてある。自己変革が媒介されぬ〝批判〟を私は断じて拒否する！

しかしながら、同志藤本における〝批判〟の活動力がしばしば自己変革に媒介されないのを見るのは残念なことである。同志藤本はしばしば早合点主義者として登場し、「わかった、わかった、君の言いたいことは～ことだよ、そうだろう？　それは、～という故にパーだ！」と破産宣告する。破産宣告することによって相手は回答を見出したのであろうか？——否、昏迷に陥っただけだ！　破産宣告することによって同志藤本は一段と高まったのであろうか？——否、元の位置に立っている！

同志藤本における〝批判〟を（貧弱ながら）体系化したところに自己の存在を見出しているのが山本派にほかならない。「私有財産の関係」——一一七頁の論争「両項の対立、双方とも他方からその現存を奪いとろうと努める」の一文に関する解釈の問題において、私は幾人もの人々の私に対する批判の言葉に対して、自分の把握から離れ、他の人の言葉の中に入り、その主張の内部に立って、自分の把握を省りみた。そして、ここでは資本側社会のタテの断面＝論理的展開が意図されており、私はヨコの断面＝歴史的展開に固執して問題をたてていたと総括した。私は次の頁に移るとき、したがってこの頁の内容を立体的に把握することができるまでに変革されたと感じた。しかし、同志藤本は論争のはじめから終わりまで同じ藤本だったわけである（！）。彼は、まさに私の主張の内部に入り、私が何に固執し、何をまちがえているのか、したがっていかなる破産宣告がその誤謬から私を摺り出すことになるのか、考えることが必要だった。それが〝批判〟の全領域である。彼は始めに誤たなかったために、最後まで正しかったが、その正しさの内容は与えられずに形式のみあった。論とすれば、先に正しかったか後に正しかったかは問題にならず、勝ちとった正しさの内容だけが問題となるだろう！

日韓会談反対＝政治集会という学生課の弾圧で同志藤本の呼出しがあった際に生じた私との若干の小ぜり合いにおいて、私が「スターリニストを相手にしているような言い方はやめろ！」と言ったのに対し、同志藤本は残念にも「スターリニストを相手にしているのと同じだと思っている！」と言った。われわれの批判がスターリニストに対する場合とそれ以外の場合とどう異なるかは次の通りである。われわれのスターリニストに面とむかっての批判は、実は恫喝であり、その場合われわれは自己を絶対化する。ありとあらゆる論争の技術を用いて打倒のためにのみ発言する。スターリニストとの論争の後味が悪いのは総じて、自己変革が媒介されない故の不愉快さである。しかし、われわれが内部に批判し合う場合には異なる。われわれの意見は十分流動的にあらねばならない。相互批判において打倒されることを恐れてはならない。むしろ変革されない自己が固定的に定在することを恐れるべきである。

存在する自己から問題がたてられるべきではなく、可能的に否定され、変革されるべき存在としてのみ意味をもつ過程的な自己から問題がたてられるべきだと思います。その意味で、「女が欲しいっていうのがおまえの主体性じゃないんだ！」と言った同志的場の言葉はいまもその輝きを失っていないでしょう。

ノート　八月一六日

中原素子はやさしい少女だった。党派闘争の一年以上の間ぼくはいくども、いくども彼女と会い、話した。中でも一番印象的だったのは去年のぼくの誕生日に池袋で会った時だった。ぼくは二〇歳になり、喫茶店のテーブルを換えながら幾時間も語った。ぼくは彼女を徹底的に攻撃し、問いつめ、彼女は例によって頰を赤らめ、ついにだまりこくる。しばらくして彼女は言った。「煙草を買わない？」二人でピースを喫った。帰りに彼女にイタリアンスパゲティをおごらせた。

彼女と一日中すごしたのは一日しかなかった。あれは六月の中頃だったろうか。彼女をはじめて待たせた時だ、九時に渋谷で会うことになっていたのに、ぼくは三〇分も遅れた。彼女は怒ったように、心配していたように、困ったようにふるまった。喫茶店はモーニングサービスにプリンがつく店を選んだ。彼女の女友達から恋人の悩みをきかされた話にぼくが意見をはさみ、それから神宮の菖蒲園へ行って菖蒲をみた。水蓮の花の方が美しかった。清正の井戸はとまっていた。退屈だった。林の中では二人だけだった。立ち上って黙って幾分もすごした。彼女の手を求めようとしたが、空が明るすぎた。

代々木の駅前で中華そばを食べた。ぼくは夕べから何も食べていなかった。彼女の分もたべた。「そう言えばもっと残したのに」と彼女は惜しそうに言った。彼女は午後から委員総会の準備があるから学校へ行かねばならないと言った。「もっと一緒にいるんだ！」とぼくは言った。新宿で映画にひっぱっていった。「砂の女」をみた。なんだかさっぱりわからなかった。映画館の中は暗かったが、彼女はぼくの方をあまりむかなかった。それにうしろに若い男が三人いた。

そのあと栄太楼の地下で緑茶を飲んだ。「なんていうお茶ですか？」と彼女がきくと店員は「初音です」と答えた。ああ、腹がへってたまらない。もう五時だ。彼女は自分が学校をさぼることになったのは、ぼくが三〇分遅れたことから始まったと言い続けた。ぼくもそんな気持になった。

そろそろ彼女の沈黙が始まった。銀座に行こうと言ったがきかなかった。ぼくは無理やりに池袋へつれていった。「白鳥」で待たせておいて「前進」の新しい号をとりにいった。

「さあ、別れる前にきちんと政治討論しよう」。彼女は突然別れるといいだした。なんと言ってもきかなかった。ぼくは彼女のハンドバッグを奪いとって帰らせまいとした。彼女は泣きだした。ぼくは「負けた」と言って店を出た。駅が近づくと「前進社ってどこにあるの？」と言った。「遠いよ。もっとむこうなんだ」「少し歩きましょう」前進社の前を通り、ひきかえし、公園へいこうとすると「もう足が痛くてあるけない」と哀しそうな声を出した。ぼくは彼女の肩を抱いて公園へいった。しばらく休んでから次の公園へいった。彼女はやさしさをとり戻していた。ぼくは手を握った、それから肩を抱いた。池袋の街を党派闘争の話をしながら歩きつづけた。

時計の針が九時を指そうとしていた。渋谷駅まで送った。東急の改札口ですばやく握手し、二人ともうしろをむいて別れようとすると指が絡み合って離れなかった。

その次は六月二七日、バイトの生徒の家へかけ込むや雨はものすごいいきおいで降り出した。風がごうごうとなって木をゆすぶった。雨が降りやんでくれること、そして、その頃に彼女が家にもどっていることを心の中でひたすら願っていた。雨と風がやんだ。ぼくはバイトの家を飛び出し電話をかけた。「ぼくが論文を書いた雑誌ができたんだ、ね、一五分後に駅で待っていて」「いや、こんな遅く、もう寝巻き着ちゃったわ」「ねえ、たのむよ、ゼッタイに」彼女はそれ以上いわなかった。「ねえ素子さん！」ガチャンと電話がきれた。ぼくは期待が裏切られたうつろな気持で電車に乗った。学芸大学で降りまいと思ったのに降りてしまった。ホームに立ってしばらくじっとしていた。あの人はこないのになぜこんなところに立っているのだろうと自問した。足下の地面がくずれていくような気がした。ぼくは彼女を愛しているのだろうか、そして彼女のことを考えずに革命家として生きられるのだろうか？　ぼくはぼんやり改札を出て、いつも待合わせる場所に立ち、それから改札に引きかえし、切符を買った。改札に入ろうとしたとき彼女が階段を降りてきた。

「公園へいくのはいやよ」と彼女はいった。ぼくはいつものように鞄を飲み屋に預け、彼女と歩いた。

「こんなに夜遅く家を出るのはイヤなの」と弁解するように行った。公園に近づいた。ぼくは彼女の肩を抱いてむりやりに公開の柵を通った。雨と風がやんで公園は静かに濡れてもやに包まれていた。ぼくは手を握った。木と木の間で二組の男女がうごかずに抱き合っていた。けれどもそれを知ったのは彼女の手がぎくっと動いたからだった。彼女は少し興奮しているようだった。しばらく歩いてから、なぜかぼくと彼女はもつれ合った。彼女がキャーッと突然悲鳴をあげた。ぼくはどきっとした、そして無我夢中で彼女を抱いた。ぼくのキスはうまくいかなかった。ぼくはもう一度彼女に接吻を試みた。彼女は「やめて」とききとれないほどの声を出しぼくの腕をすべり抜けていた。七、八歩も走ったが歩みをとめた。ぼくは近づいてあらためて手を握った。彼女の手はなかなかいうことをきかず、指の間に、ぼくの指をおしこむのに時間がかかった。ぼくはかたく手を握って続いた。彼女が叫び声をあげたあたりで煙草の火が揺れていた。「お母さんに叱られるわ、もう帰らなくちゃ」と彼女が言ってぼくの手をすり抜けたが、あいにく彼女は砂場の垣根のある方へ行ってしまった。ぼくはふたたび彼女をとらえて指の間にぼくの指をすべりこませた。彼女が先に立って歩いた。「ケルン・パーはやっぱりパーね」と言った。ぼくは答えなかった。駅が近づいた。彼女の家の前まで送ろうとしたが飲み屋の前で彼女はぼくの手をはなした。ぼくは鞄をとりもどし、また手を握った。駅の前にアスファルトの窪みに泥水がたまっていた。彼女はぼくの手につかまりながら、よごれた足をサンダルごとじゃぶじゃぶと洗った。改札の前でぼくに切符を買うようにと合図したが、ぼくは切符をポケットからとり出してみせた。彼女の手に力が入った。指が絡み合って離れがたかった。彼女は決してふりかえらない。ぼくもふりかえらない。ホームから彼女の上気した頬が見えた。

さあ、すべてのことは書きつくした。彼女とのことは、ドラスティックな階級闘争の進行過程における仇花にすぎなかった。ぼくは彼女を愛している。だが階級闘争はそれを引きさくのだ。七月二五日に白紙の手紙を送ったことは正しかった。白紙——それはすべてを物語っている。ぼくの彼女への愛は階級闘争の一過程、分派闘争の熾烈化の中にもぎとられていった。そして、まさにこの一年数ヵ月の奇妙な同盟の中で、ぼくは彼女と会い、電話し、手紙を書き、手を握り合うことによって生き成長したのだ！だが、われわれの愛が成立する現実的基盤は七月二日以降断ち切られた。七・二事件は歴史に残るであろう。今後山本派は依然にもまして激しい凋落の坂道をころげ落ちるであろう。そして彼女は歴史のくずかごに捨てられていくのだ。だが、彼女がいなかったら今日のぼくはなかったろう。ぼくは彼女の中で生れたのだ。ぼくは今でも彼女を愛している。彼女さえ、ぼくに手紙をくれるなら、ぼくは彼女のもとへとんでいくだろう。　八月一六日

日記帳というのは、人間が成長するのに吐き出す汚物のカメだ。汚水タンクの蓋をとって中をのぞいて、どんな功徳があろうか！

佐藤政夫への葉書　　八月二四日消印

嫌悪感を起させる文字の二通の普通便を受取った。君の手紙のようすでは、この休みはあまり君にとって快適ではなさそうに思える。速達は着いたと思うが、もう一度目をこすって読み直していただきたい。

Mの理論合宿を「大会前顔合せ」とうけとり、切符を買う都合で「おジャン」になったとする君の意識状況に不安を感じる。二七日午前十時に七人がそろわなかったら合宿は流会にする。

ノート　八月二四日

今日も、むし暑いが何事もない静かな一日だった。けばだっているのはぼくの心だけなのだろう。

昨夜本年度芥川賞の「されどわれらが日々――」を読んだ。ぼくは中原素子に対してあまりに自分勝手すぎたのだ、と「われらが日々」のおもい返される叙述に悩みながら、図書館でJapan Timesの記事をさがし読けた。「われらが日々」はくだらないただの小説だが、女についてはよく書かれているように思われた。『抱かれたことのない、接吻されたことさえない二十一歳！　何て醜いの！』と優子は言うのだった。ぼくが初めて彼女の手を握った夜、ぼくは彼女をやさしくなぐさめるべきだった。そしてこういうべきだった。「君の心をぼくにもっと開いてほしいんだ」けれどもぼくは彼女の中で、女の子が目を覚しているのをみつめることができなかった。ぼくは彼女に要求することしか知らなかった。おれはちっちゃな赤ン坊だったのだ。おれは、ひきつけを起しては自分がいつも不幸だと思っていたのだ。ぼくはつねに党派論争でたたきのめしてから彼女をぼくのものにしようとしていた。彼女はきっと息苦しくなるばかりだったろうに。

優子――「ねえ、あなたに判るかしら。女の子が、高校に入った頃から、もう何を思い、何を待っているか。ううん、もっと前から、もっとずっと前から、もっとずっとちっちゃい時から、鏡の前で自分が女の子だってはじめて知った時から、もう何を思い、何を待っているか……」

ノート　八月二五日

《The pendulum(by O-Henry) の中では"John Perkins was not accustomed to analyzing emotions"である。

ぼくは、自分の生活をいつも総括し、その総括を更に純化しながら進まねばならない》

おもえば二年の間に、ぼくたちはよりいっそう心を閉じ合っただけなのではないか、と思う。はじめ、ぼくが手紙で料理の腕自慢をし、彼女は〈それでは、今度、腕前を競い合いましょう〉と書いてきた頃、ぼくたちは互いにお互いの一部を分ち合えているような幸福感を感じたものだった。しかし、その後の一年は互いに何も理解し合えないままだったのではないか？　全く、いくら党派論争をしても、彼女の心の奥に閉ざされているものを探りあてることはできなかったのだ。そして分ち合ったのは温い指の先だけ！

いまごろになってやっとこんな当り前のことに気づくんだ。そして、彼女もまたこうして机に向い、ぼくのことを思い浮べながら苦しみを背負っているかもしれない。だが、もう和解の道はないのだ。ぼくたちが共通の畑を持つことができるとしたなら、それは七月二日以前に可能だったのだ。

ノート　日付不明

古いページを読み直してみて、自分の生に対する捉え方が変貌しつつあるのを感じる。「トム・ジョーンズの華麗なる冒険」という映画と「されどわれらが日々――」という小説とカミュの「結婚」というエッセーとによってぼくは女性に対する考え方をかえようとしている。それはとりもなおさずぼくの世界観の変遷だ。「トム・ジョーンズ」はいく人もの女の子を抱くめそめそしないさっぱりした男の姿をぼくに見せてくれた。「われらが日々」は女の子の心の中をぼくの前に開いて見せてくれた。「結婚」は生の喜びと女の体を抱くことの関係を明らかにしてくれた。だが、これらの三つの作品は、特に異常な刺激をぼくに与えるものとして、他のものから区別されて存在していたのではなく、それを可能ならしめたのは、ぼくがNから汲みとったものなのだ。おれは強くならねばならない。

ノート　九月三日

社党・総評との統一行動は迫力に富んでいた。原子力潜水艦寄港阻止は明らかに日本の労働者・学生の闘うエネルギーを引き出すものであろう。第一回目の緊急動員で労働者は野外音楽堂から溢れんばかりだった。学生は九・三という不利な日取りにかかわらず五〇〇名が結集した。みなぎる緊迫感、闘いの迫真感。〈この秋は「原潜阻止」でブルジョアジーの胃袋が焼け爛れるぞ！〉

ぼくは労働者の隊列の中に、見おぼえのあるなつかしい女の顔を見た。ぼくは半信半疑で近よる。〈やっぱりそうだ！〉安保闘争の最終段階でぼくが社学同かぶれだったときマル学同の同盟員であった女学生だった。ぼくはこの四年間彼女の顔を忘れたことがなかった。Mに加盟してからというもの、なおのこと彼女のことが気にかかっていた。

〈あるいは脱落したのではないか？　あるいはY派へいったのではないか？〉そう思いながら、ぼくの心の片すみに小さく巣くっていた負けん気の聡明な美しい顔だちの女学生だった。

彼女はぼくに戦線を問うた。〈M！〉彼女は、ぼくにむろん同志であることを直感させた。同志だ！ぼくはおもわず彼女の手を握った。なんというすばらしいことだ！　こんな場所で、そして三六五日が四度も回転して！

次の瞬間、ぼくの心はぶるぶるっと激しくふるえた。このやさしい顔、相変らず理知的な容姿、ぼくは激しい欲情を感じた。

ぼくは急いで自分の席へ帰った。彼女は松島という名から鈴木という名にかわっていた。ぼくは湧きあがる労働者の歓声の中で疎外感を感じた。彼女の顔を盗み見るたびにぼくの心の中を黒い雲がおおった。

次第に、デモのあと話し合うことを約束したことを後悔しはじめた。

デモ……歌声、警官の狂暴な弾圧、ジグザグ行進。デモはいつもと同じだった。〈彼女とはきっと会わないだろう、そんなに丹念にぼくを探しはすまい。すぐ帰るだろう、鈴本という男のふところをめざして……。会ったって別に話すことはないんだ。愛する男のいる女とぼくは話す気なんかない……〉

新橋駅で解散集会中彼女はやってきて、ぼくの視線をとらえた。ぼくは気げんよくうなずいてみせた。静かなだれもいない喫茶店の二階でいく時間も話した。デモのあとのぼくは心が静まっていた。ぼくは兄の妻といく時間も世間ばなしをすることは、ちょっと退屈なだけで、それほどいやなものだとは思わない。この女の子にしたってそうだ。

彼女が夫と定めた男は安保の時東工大でMとして活躍していて、彼女をオルグった人だった。「あなたも知っているはずよ」と彼女はいったが、そんな男は思い出さない、それに思い出したくもない。

やっぱりなにも起らなかった。一一時半に喫茶店をほうり出された。ぼくは、彼女の夫が大会社に勤めていて、M青の一員でありながら下っぱ技術者として働いていること、ぼくのような若くて元気の良い有能な活動家を前にして昔のことが思い出され、夫を少し不満に思っていることを感じた。

新橋の駅で自分自身京浜東北がくるのをまちながら、ずっと山手線の車輛の中のぼくを見送ってくれた。ぼくは手をあげた。彼女も手をあげ、二人の間を人が妨ぐのにまかせ彼女は向きをかえた。

彼女と同じホームを選んだために渋谷をまわって池袋へいかねばならなかった。心がうつろだった。ぼくが秘かに心の隅においておく女の子たちは、見知らぬ男たちがやってきてはふみあらしていく。この前は木原昌子を、今日は松島真美を。「きっといらっしゃいね。お料理を作ってやさしいところをみせるから」とホームで言った。ばかな、ぼくは決して行くものか！

ぼくはデモの会場でもらったビラの裏にでたらめな数字を書いてはそれをフランス語に訳した。電車はいやにすいていた。

ノート　九月一九日

（二一歳の誕生日を背後に感じて）

三日ぶりに家へ戻ると手紙が机の上に置いてあった。宛名の筆跡から〈彼女だ！〉と思った。裏返してみると青校の社研からだった。おれは相変らずあの女の面影から逃れられずにいる。あの、憂鬱そうにおれをじっと眺める彼女の姿がいつも頭の隅にこびりついていて離れない。おれは本当に彼女を愛しているのだろうか。

九・一五闘争で警官のアッパーをくらい、口の中がいく個所もきれた。そこがうんでひりひりと痛み続けている。

一Dの坂井がクラス討論のすすめ方を話している最中にこんなことを言った。〈ぼくはそうは思わないな。友だちって平行線でいいんじゃない？　お互いに統一させようってするのは恋愛だと思うなあ〉

大杉の下宿に泊るたびに奴はおれを子供じみていて落着きがないといってせめる。そして、きまって最後にはこういう。〈おまえは、女の子と寝るともっとどっしりしたいい奴になるよ〉おれはこの頃本気でそう思うようになった。

実際おれは二〇歳でありながら、一五歳にしかみえないのだ。〈見える、見えない〉ではなしに、一五歳のねうちしかないのだ。

おれの精液は女の腹の中に吐き出されねばならない。

おれの、これまでの人生はあまりに単線的ではなかったのか！　女を力一杯抱きしめてみたい！　全力で愛してみたい！　こんな生活はいやだ！　こんな毎日はいやだ！

ボードレールもランボーも読めない人間、全く爬虫類のごとき存在だ！

ああ、二五日が近づいてくる。二五日――横浜市内デモ！　市大から五〇名以上の大動員！　市大に反スタをうちたてるか否かは九月二五日の闘争いかんなのだ！

鏡の中のぼくの顔は、いつも、凛々しく、美しい。それは二一歳の少年だ！

ノート　九月二〇日

なぜこんなに朝早く目を覚すのだ！

おれの胃の腑は飢えきって、今日もからからと音を立てている。

乾ききって、満たされたことがない、おれの醜い臓物。


死にたい！

ノート　九月二七日

二五、二七闘争が終った。
おれはまだ二一歳だ、若いのだ。
お茶大の、あの小鹿のような女の子を恋人にしたい。

メモ（投函されなかった手紙）　九月末

同志湯川へ　　岩崎　哲

九月闘争の教訓
〈市大における反スタ運動の発展〉
▼客体的――主体的条件の成熟
Ⅰ　市大における反スタ運動の現時点は次の如く総括しうる。
A　昨年九月から支部活動のサークル主義的傾向を脱却しようとした闘争の過程は、横国大の闘争の教訓を貪欲に学びとることを主体的契機とした。
それは一方ではMの大衆闘争への下降の過程という全国的動向の積極的一翼としてであり、他方では（国大の運動に媒介されつつ）市大における反スタ運動が安保闘争後の即自的スタ批判から運動への実体化として現実化する過程の闘争であった。

B　今年四月からの闘争は、そうした昨年の闘争の総括をふまえ、大衆闘争に接近することを意識的に追求するものとして出発した。そして、四、五、六月闘争はたしかに〈大衆闘争の中でものを見、考え、そして判断する〉態度をM総体として獲得するという成果を一定程度収めえた。しかしながら、その内部では、幾多のジグザグと誤謬とを繰り返しつつ、全国的なMの学生運動への十分な参画とはいい難いものがあった。

ビラ、看板の物量作戦はすぐれたものとなったといえ、その内容、方法には未だ不十分な点が数々存していた。また、闘争が、ビラ、看板、個人オルグに極限された。クラス討論、大教室のアジテーションへの拭い切れぬ日和見主義を克服する闘争の過程は極めて困難なものであった〈クラス討論路線の〝発見〟は五月下旬からであり、〈いくらやっても大衆化しない、という現実からの主体的反省を契機とした〉Mは断乎たる態度で、クラスに没入したが、しかし、その内容――方法については決定的弱点を有し続けた。

C　昨年一年の闘争と、春期闘争とを比較すれば、明らかにサークル集団から大衆闘争の集団へのMの自己脱皮の過程は、あまりにも明瞭である。そして、秋の闘争は〈大衆闘争への執着〉をより貪欲に追求し、大衆闘争と自己の媒介的統一を勝ち得る過程として浮き彫りにしうることは今や明白である。

D　現時点は拡大、強化されつつあるMの全力投入によって、市大における頑強な反スタ運動を大々的に展開しうることが全く可能な時期として捉える必要がある。

Ⅱ　九月闘争の諸問題

A　九月闘争は、以上の如くわれわれの闘いの現状をふまえ、大衆闘争の爆発をめざして、Mの活動スタイルを一変させるという構えをもって突入した。

i　九月十一日の授業開始日より、9・27闘争まで、一日もかかさず八時三〇分のビラまきを敢行したこと。

ii　クラス討論資料はこれまでにない内容豊かなもの（十一ページ立て）を二日間でカッティングから製本までなしとげること。

iii　クラス討論への徹底的突撃。

iv　大教室のアジテーションの徹底化。

v　大看板（模造紙十二枚張り）等の瞬時的完成（三〇分以内で書く）。

このような諸点を指標としうる活動スタイルの自己脱皮の中で、大衆への接近がなされていった。

a　文理学部におけるクラス討論の成果。

1Dの場合（岩崎）

春期闘争では一年十一クラスの中で最悪の事態を呈し続けることが予想された中で、貪欲な接近を開始した。

毎週三～四回のクラス討論の過程で最も困難であるはずの理科を最前線に立たしめえた。

特に昨年国大で運動が起る過程で経験された〈君は革命をやるつもりなんだろう！〉式の学生運動・革命運動への湧き立つ討論を通過することによって（革命的危機の主体的転化）完全掌握した（後期選挙では四〇票は確実。7・25市内デモには強風をついて六名が参加――『前進』の定期講読による固定化の必要性）。

b　大教室におけるアジテーションの成果。
・同封の最後のビラ（民青による）に関して。
(a)　あくまで原潜阻止の闘争を徹底的に貫ぬこうとしている我々の姿の誇示。
(b)　起った暴力事件の真相に関する具体的な説明（これがないと、いくら闘いの姿勢を打出しても、「平民会は殴ったことは殴ったんだ」となってしまう）。
(c)　９・27闘争の決定的意義と原潜阻止闘争の展望の明確化。
(d)　学生戦線の再建と平民学連執行部の腐敗の暴露。平民会による自治会奪取の宣言！
以上の展開から大教室のムードを今面的に獲得し、彼らのビラを逆テコとして、昨年の消耗した暴力問題ははるかに乗越えた処理を可能とした。

B　こうしてかちとった市内デモ（９・25）は参加三十二名、９・27は二十五名。
９・25は当初五十名を上廻る数を予定していたが、台風に襲われ日和見の発生と、試験ムードへの流入によって妨げられた。

われわれの死力を尽した闘争にも拘らず、依然として、大衆闘争の爆発的爆発を実現しえない問題点は次のところにあった。

政治討論の決定的欠如による宣伝、煽動の環の不明確化とジグザグ。

安全性論争（二週間）──→東南アジアへの侵略、抑圧反対（一週間）──→原子力戦争準備日本核武装反対（二〜三日）──→「起て！」（二日）という道をたどり、その過程の政治的総括がクラス討論を媒介としつつ、総括されていくということが全くなかった。場当り的、ひきまわし的──→すなわち、クラス討論の組織者が空気が入らない──→学生が空気が入らない──→その討論の結果が総括されないという悪循環。

これは、我々の活動が全体として帯びていた欠陥であり、全政治状勢の把握と媒介された市大内における闘争、というあり方を、Mひとりひとりの活動から導き出し、総合していくということができないことを意味している〈夏の合宿への岩崎の基調報告も、この点が決定的に欠如している〉。
▼その克服の方向。
a　MKにおける『前進』政治論文の読み合せ徹底化。
b　他党派のビラ、機関紙の読み合せを大衆的に行う。
c　この欠陥はM中心主義的な活動の形態に根本的には根拠をなしている。――→活動者会談の充実化。この欠陥は五月下旬にクラス討論路線を確認したのにつぐ、決定的な重要性をもつMの脱皮となろう。その克服は極めて困難なものであろうし、われわれ一人一人の意識的な追求を必要としている。だが、逆にこれを克服しえれば、われわれは全国において最も先進的な支部へ成長しうるであろう。
Ⅲ十月闘争への展望。
A　ケルン形成の闘い。
九月闘争で成長した一年生の有力な部分　1D坂井、1B中山（文）、1F村越、2年山内（商）の10・6全国活動者会談と10・17闘争を通じてのMへの結集。十月中には必ず十名を突破して選挙闘争を迎える。

現在、25、27闘争で接近した一年生を活動者会談・個人オルグを通じて成長を助けている。今年中に1B葉山美智子（演劇研）をも結集する。

B　機関紙活動の改善
『前進』二〇〇号、二〇二号における機関紙活動を教訓化し、十月中に七〇部にする（現在五〇部）。
C　選挙闘争
M内部の徹底した討論をふまえて、ほぼ次ぎの如く候補を確認
商――遠井――大杉
文――奥――式場

以上、大分がザツな報告ですが、広島からの便りを下さい。

兄への葉書　一〇月二日

兄上・姉上様。
ぼくがこうしてハガキの一枚も書く時は、ぼくにとって不正常な時間です。というのは九月の一ヵ月はとうとう四日間しか家で眠らなかったほど闘争に明け暮れ、そしてまたその生活の中にこそ本来のぼくがあるからです。二五日には横国大と市大で市内デモを、二七日には横須賀で基地闘争をしました。二七日は五万人の労働者が学生と共に激しいジグザグデモを展開するということが起りました！ ぼくはこの九月の闘いを通じて、闘いの息吹きとそれを生み出す人間の限りない力にふれ感慨に耽りました。一〇月一六日にはオリンピック中に日比谷で労学集会をやります。兄貴も是非きて下さい。一〇・三〇

は学生の全国ゼネスト！　三、〇〇〇以上の学生できっと装甲車のバリケードを踏みこえて外務省へなだれ込むつもりです。

さて、とはいうものの、心ははやっても今は試験の最中です。特に日頃勉強していない者どもは、こうした時こそ、フランス語やためておいた哲学、経済学の勉強をしなければなりません。ぶどうがかきに、かきがくりに、くりがみかんに変るにつれて、また今年もぼくは背中に悪寒を感じて本にしがみつきたくなることでしょう。この秋は、さいわい資本論を読むことに心が落ちつき、ガッチリやろうと思っています。でも寒気は学問研究の飢えばかりからくるのではありません。闘争が一段落すると必ず決って感じる心の淋しさは何が満たしてくれるのでしょうか。中原さんはデモにも来なくなりました。ぼくはお茶大の隊列の中に、いつも一人の女の子の姿を認めるようになりました。では……

ノート　一〇月四日

二一・二二・二三、……三〇歳！

ぼくは昨日、池袋の駅で山口を待つあいだ、刻々と時間が過ぎていくことに焦躁を感じた。若い美しい女たちが幾人もいく人も通り過ぎていく。ぼくは一秒も無駄にせぬように女を愛し、フランス語を学び、マルクスやレーニンを読まなければいけないのに、現実の生活の中では、どれもまともには出来ず、なすすべもなく、時を過しているのではないのか？

ノート　一〇月八日

ぼく、そして一般に革命的共産主義者は、生きることについてきわめて貪欲だ。我々は人間の全人間的解放をめざして闘っており、それゆえ全面的に発揚し、開花した人間の可能性と能力について日々想いめぐらしている。ぼくたちは常に最高のものを求めているのだ。ぼくは勉強したいと思う——目につくだけの本を読んで、必要なだけの本を本箱に揃える。女を愛したいと思う——魅力のある美しい、やさしい女性を力一杯愛したいと思う。パリッとした背広を着、滋味あふれる食事をしたいと思う——まっ白いワイシャツ、とくにぼくの感性から選ばれたネクタイとズボン。たっぷりしたビールとあゆの塩焼き、ぷーんと鼻をくすぐる洋梨。だが、われわれは資本制社会に呼吸しており、それと敵対する質の存在者であり、それゆえ常に窒息させられかねないものとしてある。一切は異和感である。志向は反逆なのだ。目につくだけの本を読むためにはプロレタリアートから無制限に収奪された力を必要とし、やさしい女性を力一杯愛することは、ぼくたちの人間的な全活動の過程で、それほどスッキリした形で進められるものではなく、たっぷりとビールを飲むためには、たっぷりと疎外された労働の中に浸らねばならない。われわれは今日の労働に敵対する。われわれが疎外された労働に身を置くことを意義あることと感じるのは、革命的活動に利するという場合に限られる。

こうして、ぼくはつねに絶対的に魅力あるものを求めながら、全面的にそれを否定しかかる状況の中で生きるのである。まわりのもの、見るもの、きくもの、ふれるものに対する異和感が起る。

自分の存在の方向性をたえず生み出すことと、それを状況が阻害することによって惹き起される障害、いらだち、不快は個別的、具体的に解決されねばならない。解決——それは、それほどたやすいものではない。中村正也先生にとって、なにが問題だろうか？　毎月決まった収入、愛くるしい息子、やさしい妻、たっぷりした時間の中でたっぷりした研究。「安保のような闘争が起ったら、講義なんかほっぽり出して闘う。しかし、それまでは何もやらない」と言ってスイスイしていられる人間。夕食前のビール、食後の家庭的歓談、夜更けの読書と執筆、寝床の中の妻との時間。そうした中で『経＝哲草稿』の研究が続けられていく。

ところでぼくは姉に資本論を買ってもらう。うまいことを書いたハガキには皮肉っぽい返事が返ってくる。姉の会社へいくと、同僚どもがよってたかって言いかける。「世間の見方が甘い。自分で一人立ちできなければだめだ。将来のことを考えろ。いつまでも学生ではないんだぞ……」

ワイシャツ……おっと、まった、洗濯屋の前の払いはまだ済んでいないんだ。鎌倉でＭＫ……池袋と品川で改札をチョロまかさなけりゃあ。活動者のコンパ……誰に金を借りるかなあ？

試験……やっぱり、フランス語はふだんやってる奴に負けるのか！　ｅｔｃ、ｅｔｃ

ぼくはこうしたいらだちからは最後まで解放されない。逆にこれらのいらだちが、ぼくの感性をよりとぎすましていくのだ。

こうしてぼくの存在とそれが敵対的に依拠している状況との拮抗が心情的に表現され、日記が書かれていく。だが、変革的人間、すなわち政治的人間にとって心情的課題は政治的に総括され、高められるべきものとしてある。文学的人間は心情そのものの中に立って、それに深く入り、それを全的に表現することを活動とする。だが、変革的人間は、世間を、現実を、人間を変革する人間である。彼にとっては、心情を表現するや、その意味は失われる。文学者は表現することによって出発するが、変革者は表現することによって終わる。ぼくは日記の文字をつづるそばから、書くことの意味を疑うのだ。われわれにとって、哀しい――ということはどういうことか、それは哀しさの克服をめざす時にのみ意味をもつ。四・一七ストが最終的に裏切られた時、ぼくたちは憤りにふるえた。しかしぼくたちは〝口惜しい！〟と日記帳の上で絶叫しなかった。ぼくたちは、プロレタリアートの革命的闘争を裏切るスターリン主義者と社会民主主義者の打倒の決意をより一層かため、直ちに闘いに舞戻るのだ。ぼくたちの憤りは理性的である。心情は直ちに論理的に総括されねばならないのだ。

以上は、この一年間、気のむくままに記してきた日記が、爆発的な心情をこめながら、常に文字にはその姿が表現されず、冷たく消えていったことの理由を含んでいる。

論　文　一〇月一五日

原子力潜水艦11月寄港阻止！　戦争絶対反対！

原潜が「安全」などとはとんでもないデタラメで、政府の言動はウソとゴマカシに満ちみちている。寄港に関して「アメリカを信じなさい」とは何事だろうか。日本の科学者の誰かが保証したとでもいうのか、みなこぞって反対しているではないか。

だが政府は無理矢理に原潜を日本に寄港させようとしているのだ。昨年はおどし程度だったが、今年はなにがあってもやりとげようとしている。日本の労働者、市民、学生は核兵器を憎み、日本の核武装化に反対してきた。政府はぼくたちの反戦＝反核の意志を踏みにじり、原潜寄港によって日本を一挙に核武装化し軍事力でおどしつけながら、東南アジアや韓国へ経済的侵略を計ろうとしているわけだ。これは日本だけのことではない。南ヴェトナムではアメリカと日本とフランスの資本がものすごい競走をし合っている。資本主義の盟主を誇るアメリカ大統領選を控えて、南ヴェトナムを手放すなと猛烈な勢いで兵隊を送りこみ、ヴェトナム人民を殺しつづけている。日本の政府も「救援物資」という美しい名前でゲリラ戦に必要なトランジスタラジオをヴェトナムに送り込んでいるのだ。

ぼくたちが学園で一見平和なこうした生活を送っている最中にも、真二つに引き裂かれたヴェトナム人民は互いに殺し合いに駆りたてられている。アメリカの兵士はヴェトナムのドロ沼でいつ殺されるかも知れず、果てしない戦争に対して厭戦ムードになり、「戦争にいくよりはモンキーハウス(ブタ箱)がいい」と言って酒を飲んでは暴れ狂い、自分で営倉に入れられていくのだ。山口県岩国基地の日本人殺傷事件もその一つの例にすぎない。帝国主義的対立と中ソ官僚の衝突の渦の中にある今の世界で、各国は部分核停条約などにおかまいなしに、武装を固めているのだ。米ソは近代戦のために原子力潜水艦を全力をあげて開発しようとし、フランスの核実験につづいて、今度は中国が核実験をやろうとしている。

こうしてアメリカの原潜は、南ヴェトナム人民の反抗を鎮圧し、太平洋を「動く基地」でがんじがらめにするために日本に寄港しようとしている。日本政府はこれを機にオリンピックムードにのっかって、核武装化の道をつくってしまおうとしているのだ。

帝国主義陣営の再編成と、それにつけ込んで自分たちの利益を見出そうとする中ソ官僚との衝突が激化していく現代世界で、各国は世界戦争への全面的準備を開始した。今すぐ戦争が起るわけではない。しかし戦争の前夜をむかえてしまったら、戦争を阻止することは絶対にできないのだ。それは『きけわだつみの声』が物語っているではないか。『わだつみの声』は、戦争で死んでいった日本の学生は、最後まで決して魂を売り渡さなかった記録としてぼくたちの心を衝く。だが彼らは戦場に駆り出されて死んだではないか。ぼくたちは戦争を絶対に許してはいけない。戦争が準備されていく過程に全面的に反対して闘わなければ『わだつみの声』は何度でも繰り返されてしまうのだ。

「核兵器ができたからもう戦争は起らないだろう」という人々がある。これはとんでもない間違いだ。なぜ武装を強化拡大するのだろうか。つねに支配者たちは国際的発言力、威信を高めるとかいうことを武器の強さで決めようとする。武器の量で競争している中に、支配者たちの「起そう」「起すまい」の意図には関係なく事態は戦争に突き進んでしまうのだ。これまでの一切の戦争がそうであった。そして再びそれが行われつつあるのである。

ぼくたちは原潜を阻止するためには、全人民的、全国民的な反戦の闘いを組織しなければならない。労働者も科学者も教員も婦人もそして学生も立上って安保のように闘いを拡げて、はじめて阻止できるのだ。九月の闘いの成果に踏まえて十月闘争の爆発を生みだそう。あらゆる国で、歴史的に学生は反戦の闘いの先頭に立って闘ってきたが、原潜阻止闘争においても学生の闘いは、決定的な重みと役割をになっているのである。

安保のような闘いで阻止を！
――反戦闘争の理論と教訓――

（戦争はどのようにして起るか）

およそ人間であるかぎり、戦争が好きな者がいるだろうか。戦場で殺したり殺されたりするのを好む者がいるだろうか。だが地球上では何度でも戦争が繰り返され、何回でも大量の殺りくが続いているのだ。それは十九年前の過ぎ去った記憶ではなく、目の前で、インドシナで、キプロスで、中近東で毎日人間が人間を殺し合っているのだ。

なぜ戦争が起るのだろうか。憎んでいるはずの戦争になぜ加わってしまうのだろうか。ぼくたちは戦争に絶対反対する者として、この問題をはっきりさせなければならない。

戦争は突如として勃発するものでは決してない。戦争が始まるまでには長い準備期間がある。列国が対立し合って互いに軍事的に競争し、そうしているうちにつまらないキッカケで、対立が火を噴いて戦争になるのだ。第一次大戦の時は、オーストリア皇太子の殺害事件、中日戦争では盧溝橋事件がそれだった。

現在の原潜寄港が表現しているものは、アメリカを中心とするドル圏とフランスを中心とするＥＥＣ圏がインドシナなどを舞台に激しい対立を生み出し、これに中ソ官僚の利害が絡み合って軍事力の強化拡大が進められ、今や全面的に戦争の準備期に突入したということである。日本ではこの背景に、警察予備隊がつくられると見るまに保安隊へ、そして今ではアジアで第一の軍事力をもつ自衛隊にまで発展し、核武装化へと進もうとする過程があるのだ。

オリンピックを機に日の丸が復活し、国家意識が煽られ、ぼくたちは次第に広島や長崎のことを忘れようとし、『わだつみの声』をメンドクサイものと思おうとして、反戦＝平和の意識を失ってしまうのだ。そしてやがては〝日本を守るための名誉ある闘い〟といわれる戦争に自分から加わるようになってしまうのだ。

これまでのあらゆる戦争がこのようにして引き起されてきた。「しまった」と気づくのは焼土に硝煙が鼻をつく時であり、恋人や兄弟が死んでしまったあとなのだ。だが、こうした事態を許すまいとするぼくたちは今こそ考え直す。

〈戦争を絶対許すな―〉

これまで大きな戦争が起る前には、必ず列国の中で激しく果敢な反戦闘争が広がった。ドイツではヒットラーが擡頭する過程で社会民主党を先頭に徹底した反戦闘争がまき起り、ヒットラーは数千、数万の人々を殺りくしてのし上ったのだ。逆にいえば、ドイツでもっともっと正しく徹底した闘いが進められれば戦争を阻止することができたのだ、――ということをこの事実は物語っているではないか。反戦の闘いとは、〈最後まで自分は武器を手にしない！〉と叫び続け、それを実践することである。そしてこの全く基本的な原理をあらゆる戦争準備の過程で貫いていくことが反戦闘争なのだ。原潜の寄港を拒否し日本の核武装化を許さず、中国の核実験に反対し、その闘いを全国民的、全人民的に拡げることによって始めて戦争を阻止しうるのだ。日本人民は力強い反戦＝平和の意志を持ち続けている。中でも日本の学生は戦争政策に全面的に反対して闘ってきた伝統をもっている。ぼくたちの手で絶対戦争を阻止するのだ。

☆クラス討論資料として書かれた論文

「私の現在と生きるということ」

私が「十号」という名で呼ばれていた四日三晩の間に、いくつかの小さな出来事があった。そのうちのどれをとってみても、私たちがいつも出食わすことばかりだが、なぜか私にはそれらのことが心にかかって忘れ難い。

私の闖入で房の空気はそれまでとは変って、なごやかさを帯びたようだった。その頃の私はいまよりもずっと子供っぽかったし、また私が「都公安条例違反」という容疑だったせいか、房の人々は私を特別扱いし、親切にふるまってくれた。私は教えられていたように気品を保ち、しかし尊大でなくふるまうことに成功し、いくつかの手続きを無事に終えた。私に付添った刑事は私に気兼ねして、取調べ室と房を往復するたびに、「いちおう署内では手錠をかけることになっているんでねえ」と断って首をすくめるのだった。取調べにあたった巡査部長は赤ら顔のいかにも無能そうな五十男で、東北弁の持ち主であった。

「とにかくう、その、なんだなあ、名前ぐらいは言ってもらわにゃこまるなあ」彼は、検事が到着するまでに私の名前をなんとか聞き出そうと、無駄な努力を続けるのだった。留置所の生活は退屈で意味のないものであろう。三回の食事の時間と用便の時間を除けば、あとは全く何事も起らず、私たちは夜になるまでの長い時間をしんぼう強く耐えねばならないのだった。私にとって最も不愉快な日課は朝の掃除であった。六時の起床とともに私たちは毛布をたたみ、そして「部屋」の中を掃除する。私の希望と意志とを全くふみにじって、無理矢理私を押し込めている部屋を、なぜほうきで掃き、ぞうきんで磨かねばならないのだろうか？　のちに私は「貴重な運動の時間だと思って楽しくやるべきだ」という意見をきいたが、いまもって納得できないでいる。さて三日目の昼下りのことであった。昼食が済むと「煙草の時間」というのがあって、この間だけ陽の目を見ることができる。一房の半分の人数だけトイレの横を通り、特別に開かれたくぐり戸を通って表に出る。そこにはバスケットコートほどの広さにコンクリートが敷いてあって四方も天井も金網で覆われている。二ヵ所に担当の警官が立って煙草を配って歩き、みなおもいおもいの場所で陽を浴びながら、煙草をふかすのである。主任の担当は、昨夜この留置所にぶちこまれた一人の風太郎の男をしげしげと見やっていたが、やがて声をかけた。「小林とかいったなあ、おっさん、おっさんは福島からきたんだって？」男は顔を上げて担当の顔をみると悪びれもせずに答えた「ええ、わしは福島です、福島の伊達です。」担当と男との会話がはじまった。

「伊達かあ、おれも伊達だ。それで伊達は伏黒かね、それとも長岡かね」「伏黒です」

「それじゃ自民党の代議士になっている亀岡さんを知ってるだろう？」「ええ、あれはわしの実の伯父です」「えっ、実の伯父って、あれは二人兄弟なんだから、おまえはそれじゃ××さんの子供なのか？」「ええ、正妻との間の子供じゃねえんですが、まあ妾の子です」担当は腕組みをしたまま唇を噛んでだまりこくった。誰かがすっとんきょうな声を出した。「それじゃあ、担当さんとこのおっさんは従兄弟ってわけだぜ。おい、おっさん、この担当さんは亀岡代議士の息子さんなんだぞ、あっは、こいつはおもしれえや」この会話のやりとりをきいていた人々の間にどよめきが起った。風太郎の男はアルコール中毒のためにふるえる煙草を口にくわえたまま、何も言わなかった。

この男は昨夜二十二円の無銭飲食をしてここへ連れてこられたのだった。彼は焼酎を一升近くも飲み、最後の店でおでんを注文したが食いながら金がないのに気がついたらしい、顔みしりのおかみさんだったので頼んで店を出たが、運悪く巡回中の警官が店に来たため突き出されてしまったのだという。彼は夜中に房でうなり出し、パトカーで病院に運ばれて今朝方戻ってきたのだった。この男は体中が焼酎で爛れてしまっているという感じを与えたが、言葉遣いは風太郎に似合わずきちんとしていた。福島を発つときは、一体どんな姿をしていたのだろう。この男は今日中にパイ（出所）されるにちがいない。留置所を出たら、どこへ行って何をするのだろう。一方担当の主任警官は警棒に手をやりながら、上を向いている。制服はきちんと整っていて美しい。彼は、これまで自分の父が代議士であることに誇りを感じて生きてきたにちがいない。そしてこの分で行けばもっと出世し、うまく行けば地方の警察署長ぐらいにはなれるかもしれないと思っていることだろう。もう一人の警官が指で合図した。「煙草」の時間はすでに過ぎたらしい。三月の空はどんよりとくすんで晴れ間を見せない。この水上署に吹きつける海風はまだ冷たい。遠くから税関と連絡をとるハシケの汽笛がきこえてくる。

警察署の中庭に建てられた鉄の檻の中で、私たち十一人の人間たちが煙草を喫った。主任の警官は今晩どんな夢をみて眠るのだろうか？

☆横浜市大六四年度一年C組クラス雑誌「碧空」に特別寄稿したもの。

論文 一一月

戦争に反対する自治会を！

ぼくは戦争に絶対反対します。ぼくたちの自治活動はふたたび繰り返されようとしている世界戦争の危機を打開し、自分たちの生命を守る強大な闘いを生み出しうるものでなければなりません。学生はあらゆる国において反戦の闘いの先頭になる担い手です。けれども戦前においてぼくたちの先輩たちはその闘いを十分に生み出せず、どの国にもかつてなかった戦争へ学生が駆り出されるという悲劇をなめなければならなかったのです。戦争に反対する闘いを押し進めることこそ、戦争で鉄砲を握りながら「おれは戦争には反対なんだ！」と呟きつつ死んでいった〝きけわだつみの声〟の魂を正しく受継ぐ立場だと思います。

原子力潜水艦がついにぼくたちの反対を無視して佐世保に寄港しました。いまほど全国民が固く団結し合って原潜を日本から叩き出し、再び横須賀に寄港させない闘いが迫られている時はありません。こうした全日本が緊迫している状態の中で、ぼくは前期の自治会執行部のあまりにだらしない活動を批判し、今こそ全学友の支持をえて、戦争反対の力強い闘いを生み出すため市大の自治会を再建したいと思います。これまで原潜反対の闘いではぼくたちが発揮した力をもってすれば、ぼくたちの手で新しい執行部の体制を打ち固めることは全く可能であると思います。

12月全学連再建しよう！

ぼくたちは全国の学友の闘いを力強く押し進める団結をかち得るために、全国七〇大学の学友がむかっている十二月全学連再建の闘いへ合流したいと思います。10・29原潜阻止全国学生ゼネスト闘争には十一大学がストで立上り、デモには、一八〇〇名の学友が参加しました。この闘いが、日本の学生運動を正しく継承して再建するものであり、労働者、市民の人々にも共感をもって迎えられる全学連の再建統一であると考えます。この闘いの一つの大きな翼として国大と市大を先頭に神奈川県学連の結成をぼくたちは考えています。九・二五原潜阻止市内デモに国大の一年生は三五〇名参加しましたが（学生数八〇〇名）、このようなみごとな闘いと結合して県下四大学の団結と交流が組織的にかち得られるならばすばらしいことだと思います。

市大の自治会再建を！

学生の自治活動はぼくたちが学園で学問文化研究活動を進めていく中で思考し実践する全活動を意味するとぼくは考えています。そしてこの活動を保障するためにこそ学生自治会という言葉と〝執行部〟という言葉を区別して考えねばならないと主張します。ある時は学友たちの要求によって執行部が方針をかえ、ある時は執行部が方針を投げかけて学友たちに納得してもらうことがあります。そのためにこそクラス討論が必要なのです。このクラス討論を軽視すれば必然的に執行部の人たちだけの意志を自治会という名をもって中国核実験に対して反対することをあいまいにしたり、一党一派にかたよった活動に陥ち込む危険が起るのです。クラス討論の意義を強調するぼくたちの立場はここにあると主張したいと思います。

学問研究活動の生きた担い手になろう！

これまでクラス討論で話し合ってきた原潜寄港問題や日韓会談の問題などの政治的課題に関する討論を煮つめ集約する場として全学シンポジウム、学内討論会の定期化をかち得よう。シンポジウムは互いに異なった意見を論議しつくし、一つの統一した学友の方向性を生みだす場である。それはゼミ・サークルで展開される独自的な活動を総結集する場でもあると思う。全学シンポジウムや学内討論会を定期的にかちとることは困難をきわめることだが、これを本当にぼくたちのもとでできるなら、ぼくたちの学問研究活動は飛躍的に発展し実り豊かなものとなることは明らかだ。ぼくたち現代に生きる学生として真に責任ある学問研究活動の担い手になろうではないか！

☆六四年度後期委員長に立候補したときの選挙公報に掲載されたもの。

第六章　大学時代（Ⅳ）終節

一九六四年一一月〜一九六五年三月

○中原素子への手紙
○ノート
○佐藤政夫への手紙
○兄への手紙

ノート　一一月六日

今朝の空はつきぬけるように青い、またなんのために目覚め、なんのために起きるのだろうか？　ぼくは愛というものを不当に拡大して考えてもいないし、不当に小さくみつもることもしていないと思う。ささやかな優しさ、互いに他を分ちもっているという喜び、相手の瞳の中に自分の姿を見出す愉しさをぼくは求めたのだ。もしかすると、ぼくたちはほんとうに〝老いやすい世代〟なのかもしれない。そして、ぼくはそれに気づこうとしていないのかも知れない。

きのうの晩、ぼくははじめて女性に自分の心を打明けた。「それでは、君の言うアンケートに答えて欲しい」彼女はジャズのリズムに合わせて頭を小きざみに振っていたが、一度顔を大きく振ってみせ返事をした。「質問者の顔をみないか？」彼女はぼくの目をみた。ぼくは何分間もためらい続けた。「ぼくは君を愛しているんだ」。彼女はあの丸い口でぼくをみつめたまま動かない。何を感じているのだろうか、この女は？

一分ほどすぎた、ぼくはあせった。「君もぼくを愛して欲しい」。彼女は言った。「手紙に書いた一行目のとおりです」「なぜ？」「なぜ？」

おれはあんなに真剣になったことがあるだろうか。渾身の勇気をふりしぼって言ったのだ。必死になって自分の心を打明けた全く全身的なぼくの試みに対して、あの女は顔色ひとつ変えずにいたのだ。

ああ、一幅の漫画だ。

おれが愚劣なのか？

愛とはぼくと彼女との、統一された場の存在の確認であり、「愛している」というのは、そうした場を二人の間に生み出そうとする全く人間的な活動であり、その、他に対する決意の表明であり、「愛して欲しい」というのはそうした場を生み出そうとすることに関する他へのよびかけである。そして統一された場をかちえた状態を、（常に乖離せんとする危機を孕みながらも）「愛し合っている」と表現するのだ。

ノート　一一月一八日

兄に手紙を書こうか？　あの少女に手紙を書こうか？　それとも一人の同志に宛てて書こうか？　いや、語りかけるべき相手はないのだ。あるとすれば自分だ。人間は誇りと醜悪さの浮沈に生きている。そして、誇りも醜悪さもなんら絶対的なものではなく、それぞれの自覚の問題にすぎない。「人間はどこまで動物か」という書物がある。「人間はどこまで人間か」とも言えるわけだ。

ぼくはある時、鏡の中に映った自分の顔にほれぼれすることがある。世界一すばらしい人間だと、自分を感じることがある。ぼくの身体には人間社会の構造を鋭く捉えた哲学があって、ぼくは地面にしっかりと足をおろし、人々に語りかけ、誇りをもって生きていると、思うことがある。

そしてまたある時、鏡の中に映った自分の顔の醜さにぞっとすることがある。この世の中で最もみすぼらしい貧弱な人間、思想も栄養も行動も貧しい枯枝のような人間に感じることがある。

ぼくは、いつもそうした、極度の誇りと自信、そして極度の焦躁感とみじめさの間をいったりきたりしながらガンとして生存を続けているのだ。愛――そして恋愛、ぼくが愛した少女が同時にぼくを信じ、ぼくにすべてを許すこと、熱い息の交換と頬の交り、それは世界の中で絶対に美しく、極度に人間的で、そして最も尊重すべきものだと、ぼくは依然考えている。

だが、ぼくたちは、それを失うこともあるのだ。愛した少女を失うこともあるのだ。愛した少女を憎み、自分の存在の対象から追い落し、追放することもあるのだ。そして、その時、愛がとぎれた暗闇で考えることは、「人間はゾウリムシと同じではないか?」という疑問だ。ざわざわとひしめきあい、うろちょろと歩きまわり。ある日、ある時男と女が出会って交り、肉をかわし、離れ去っていく。なんと爬虫類的な無神経さか、なんと単細胞的なことか! そうしたときに、新しいまっ白なワイシャツと背広と靴とネクタイと、きれいにとかした髪が、一瞬の中に価値を失い、ゴソゴソと体にまつわりついているいやらしいものになりさがるのだ。いや、体そのものだって、いやらしく、きたならしい、人間の存在そのものが爬虫類的なものに変るのだ。

ぼくは二〇〇名の学友を前にして語りかけ、ぼくの、ひとことが、彼らの心につきささり、彼らの表情をかえ、彼らの意識をかえるのを認識し、相手にむくいられて帰る。ぼくの心は希望に満ち、そして誇りにみちている。ぼくは幸福で、飯はうまく、着ているものはスマートに感じられ、お金はたっぷりもっているような気になり、そして、本はあふれるほど読んだような気持になる。そして、つい、いい気になって女の子にも話しかけてしまうのだ。「君を愛している、君もぼくを愛して欲しい」。

ぼくは寝床の中で目を覚ます。警官に蹴とばされた腿が痛み、殴られた頬がひりひりする。そして始まるのだ——一体おれはなんのために目覚め、なんのために起るのか?

飽くことなくぼくは自問し続け、そして飽くことなく同じことを繰り返していくのだ。しかし、ぼくは決して死なない、鉄の棒のように、私の意識の輝しさと不快さとにはかかわりなく、私は鉄の棒のように生命を保ち続けていくのだ。ぼくはゾウリムシと人間のあいだをたえず往きかえし、どちらにもとどまりえず、時間を積んでいき、ついに死なずにこの地面の上を這い続けるのだ。ぼくはまたいつのまにか一人の女を心から愛し、その時世界は虹色にかわるだろう。そしてまた次の時に世界は真黄色にかわるだろう。

世界は、人間は、ぼくにとって少しも不条理でもなく、また少しも明晰でもないのだ。世界は、時々に色を変えてぼくの前に登場するのだ。

兄への葉書　一一月一九日消印

ぼくは時々、自分が人生に対して、本当に真摯な態度をとりつづけているのか、と疑問に思うことがあります。それでもぼくは一度だけは、本当に真剣になりました。「君を愛している。若もぼくを愛して欲しい」しかし「あなたには、私の大嫌いな一面がある」とさりげなく女性が答えた時、ぼくの脳裡を、写真に映った父の若い頃の、唇をきゅっとむすんだ姿が通りすぎました。

ぼくには彼女が意味しようとしたことがよくわかります。ぼくには人格的に大きな欠陥があります。トム・ジョーンズの映画と「されどわれらが日々」と、カミュの「結婚」を読んで感じ始めたものです。しかし、それこそぼくが愛する女の子が、同時にぼくを許してくれた時に育てられる人格だと思っていました。だが、かちうべき結果の不在によって行為そのものが成立たないのでした。ぼくは、ぼくの必死の試みに笑って身をかわした女性をなじったり、非難したりすることはできません。彼女はぼくの鏡です。ぼくは彼女を通じて自分の裸の姿を知ったのです。これまでの二年半のぼくの人間的な成長は彼女の存在によって保証されてきました。ぼくは彼女の中で生れ、育ったのです。

デモで会うたびに彼女は美しくなっていき、ぼくから遠ざかっていきます。いまごろは高田馬場へ向う通学バスの中で、一人の男と同じ吊り皮を握っているかもしれません。

金物やの娘は、ぼくにとってはいつまでも美しく、忘れられない存在です。しかし、これからは、ぼくは一人で生きていかねばなりません。次ぎから次ぎへと闘いがぼくを待っています。寒さも厳しくなることでしょう。ぼくはもっと豊かに、もっとおおらかにふくれあがらなければいけません。

さようなら

ノート　日付不明

おれは猛烈なナルシストだ。ナルシストとは自己変革を志向せず、自己の存在を絶対化して讃美する者のことだ。自分を否定することのできない姿だ。おれは自分の姿をよくしっている。そして、そこに少女を引きずりこみ、その形にかえようとした。その態度に恐れをなし、彼女は「あなたには、私の大嫌いな一面がある」と言ったに違いない。

ぼくはすばらしい人間になりたかった。そして、それは一人の少女との恋愛が保証する——というつもりでいた。兄貴も、「おまえは、だれか女の子をほんとうに好きになって愛し合えば、いいやつになるんだがなあ」と言っていた。だが、その女の子を愛そうとした時に、そもそもそれが問題になったのだった。かちうるべき結果が、すでに行為の否定的な原因となっていたのだ。愛することによって獲得すべきものの不在が、愛そのものを成立させなかったのだ。

ぼくを愛そうとしなかった少女をなじることをする前に、ぼくは自分の裸の姿を見てしまう。彼女はおれの鏡だったのだ。

ぼくは彼女と別れてから、ずたずたに引裂かれた自分を見た。彼女はやはり美しく、存在し続けているのだ。おれは彼女をなじることはできない。

ノート 一一月二二日

失うこと、と、総括。

「人間は、鏡をもって生れてくるのではなく、また吾は吾なりというフィヒテ的哲学者として生れてくるのでもないから、人間はまず、他の人間という鏡に自分を映してみる」（資本論I―1―3）

ぼくは失ったのだろうか？　失おうとしているのだろうか？　それとも、これから真に得ようとしているのだろうか？

ぼくは、はじめ、ぼくを注意深くみつめ、批判し、責め、蔑しめた友を失った。彼は、ぼくのために口を開いたのではなかった。彼には彼なりの生き方があった。彼は一人進んだ。一人歩み、そしてぼくに矢を放って行ったにすぎない。ぼくは彼を愛した。ぼくは彼の矢を体中に受けながら大声をあげてとまどった。彼は行った。ぼくは傷だらけの、血のにじむ体をみつめて、その矢を一本一本抜きとった。ああ、彼は去ったのではないか！　そして、ぼくは、まだここにこうして立っている！　ぼくはなんという不幸な生き物なのか。ぼくは彼を失った。彼は一人で生きていく。しかしぼくは禅寺の境内に佇んでいるのだ。

人間は生きる。一個所に佇んでいるように感じるのは、その人の錯覚だ。人は歩いている。ぼくは彼とちがった道を歩んだ。自分の足下を確かめながら歩んだ。やがてぼくは自信を得た。ぼくこそ正しく、彼はまちがっている、と思うまでになった。そうだ、確かに彼はまちがっている。

だが、ぼくは彼の顔を一目見るや、彼を批判するどころか、またしても彼の前に膝まずいた。そうだ、ブスッ、ブスッとぼくの体に彼の放つ矢がつきささった。ぼくは血まみれになってうしろを振り返った。おお、なんたることか、ぼくの前進は、あの「偉大」な前進はなんというおろかなものか。

彼はすでに無言で、ぼくにひとことの言葉もかけようとはしない。ぼくは決して彼を得ることはできない。ぼくは彼を失ったのだ。得る前から失っていたのだ。

自分の生存にささやかな誇りを感じずにすごす人間はない。ぼくは処女と手を握り、胸を張った。六月の夜は誇りに満ちている。彼女はじっとぼくをみつめ、ぼくを赤面させた。ぼくは頬が赤くなると同時に、内臓まで赤くなった。彼女は無言のままぼくを非難し、ぼくをなじり、ぼくを蔑しめた。ぼくは耐えた。かたつむりのようにぼくはじっとしていた。彼女はものうげにあらぬ方角をみつめることがある。ぼくはその時、つのを出し、這う。と彼女はぼくをみかえし、悲しそうにうなだれるのだ。ぼくは一体どうしたらいいのだろう？

ああ、深い瞳、ほんのりと赤らんだ頬、そして、何か言いたげな唇。ぼくはそれらのものを、どんなに自分のものにしたかったことか。あの熱い耳にふれ、頸筋に口づけし、肩と肩をしっかりたしかめ、彼女の乳房に埋まりたかった。

彼女も歩いていた。彼女が一歩あゆむたびにぼくは膝をきしませた。彼女は世界の別の部分をみつめているのだ。彼女は一人生きている。ぼくは青ざめてただ立っているのだ。小高い草はらから雪をかぶった青い山々が見えるだろう？　その草はらにはぽっかりと一一月の陽がさしており、とてもあたたかい。何の音もきこえない。ぼくが足を動かせば、枯草がかさかさ音を立てるだけ。

一人の友と一人の恋人を求め、ぼくは失った。八幡さまの境内には、大きなけやきの木が立っていて、みずみずしい木肌と豊かな葉の茂みをもっている。そしてその裏側にまわってみると巨大な穴があいていて、がらん洞の洞穴なのだ。

人はけたたましく前進する。自分のすさまじい活動にほほえむ。だが、友や恋人は許しはしない。彼らは冷たくとぎすました矢を放つ。前進の裏側はがらん洞のほら穴！

恋人は無慈悲に石を投げつけ、ぼくが彼女のふところを求めると冷やかに上衣のボタンをかける。

あたたかい褥よ。許し合うこと、ひとつの眠りをまどろむことよ！

恐るべき欠乏と貧困の人格。ぼくには無いのだ。ぼくには存しないのだ。世界に立ち向う虫けらの小人。小人は傲慢である瞬間にすでにドン・キホーテなのだ。

日記帳は死ね！　がらくたの文字どもは消えろ！

"Oh, silly. Oh,nonsense!"

ノート　一一月二九日

一Dの坂井は言った。「『愛してくれだって？』ぼくはそんなこと言わないなあ。『君が好きだ』といってだめだったら、『おれが好きになれない女はバカだ』といって帰ってくるがなあ」

ぼくはあっけにとられて彼の顔を眺めた。わりばしをいじりながらタンメンのどんぶりの中をみている彼が巨人にみえた。自分のみすぼらしさ、貧弱さを感じた。彼はなんと強く逞しいことだろう。

中原素子への手紙　一二月八日

さようならと総括。

私はあなたに詫びるつもりは毛頭ありません。詫びてそのまま立去るという例はごく稀れなことです。あなたは特に詫びられることが嫌いです。私もそれは良く知っています。詫びるということは和解を願ってのことであるからでしょう。和解——それは交通の復活です。この手紙にはもうそんな下心はありません。安心して読んで下さい。

現在の私の意識は極めて明晰です。私はあなたに総括を表現したいのです。

今夜ほど、あなたの心の内が手にとるように感じられたことはありませんでした。あなたがどんな生活の中で何を感じ、何を心に秘めているか——私にはすっかりわかったように思われました。それはすべてがぼくと遠く隔ったところで行われていて、ぼくにはとても手が届かないことだったのです。そして二年半もの間、私は努力を試みながら、全くその努力は互いの生きる場の相違を確認し合う役目しか果しえなかったことを知り、私は自分の無能さに気づきました。

無能だったら、静かに無能ぶりを確認すればいいではないか！——だが、私の心はあまりに激しくあなたを求めていました。あなたが遠のこうとすればするほど、私はあなたを欲したのです。あなたは常に冷静で、私の求めを断ち切る言葉をいくつもいくつも投げつけました。私は初めてあなたの頬に掌を触れました。それはあなたのとぎすましたいくつもの、次第に正確さを帯びて私に投げかけられた言葉への返答であり、あなたへのあきらめと自分の無能さを確認するためでした。

しかし、あなたはひるまず弾劾しました。私と男全般に対して（いや、一人の男性だけはその中から外されていたかも知れません）。私は背中にぐさり、ぐさりとあなたの言葉を受けました。あなたは今夜から私をあなたの父上と同列において評価することでしょう。

暴力革命は必然性の具体的表現であるため、正悪の主観的評価を超越して厳として存するのです。私のささやかな暴力は私のエゴイズムと自己満足に終わり、全事態に終末をもたらしたようにみえます。

私は今夜、あなたという女性を真に知りました。そして、あなたが私のことを「知らない」などともう愚痴をこぼしますまい。いつか手紙に書いた理科の一年生から教えられた「おれを好きにならない女はバカだ」という論理は、私にとっては全く破産の論理でしかないことを私は知ります。あなたはどうしても私の心の飢えを満たしてくれるただ一人の女性でした。なぜ中核の女の人を好きにならないの？——という問いにもう一度答えておきます。あなたを愛していたからです。

この世の中には、しかし、どうしても愛し合えない男女があるようです。明日の朝はまた雲ひとつなく晴れて追浜の米軍基地に私に与えられた疎外労働が待っています。

さようなら。私のようにあなたの心を満たさない御家族たちと、せめて生花を飾ってたのしい正月を迎えて下さい。

さようなら
ロートレアモン

――しっ、静かに。君のそばを葬式の行列が通りすぎていく。
一二月八日　二四時　弘明寺の友人宅にて。

奥　浩平

ノート　一二月一三日

久しぶりに音楽をききたかったのでダイアルを廻した。チャイコフスキーのヴァイオリン協奏曲だった。独奏者は少女だった。緊張してひきしまった頬と弦を押える正確な指の動き、しなる身体と細い腕にこもった表現は全く人間的であった。彼女は十八年生れだと紹介されていた。

チャイコフスキーの曲想の正確な把握と表現することへの厳しい努力とのあげく、彼女は拍手を受け、家へ戻る。だが、彼女は家庭でも幸福ではないのだ。彼女は家族たちと話しながら、たえずいらだつ感情を抑えることができず、そして人々も彼女が〝人格者でない〟ことを惜しむだろう。彼女が激しく求めているものは、人々とは別のものなのだ。

人にはそれぞれ生活がある。長い間かかって作り出した。そして長い間かかって変えていく生活がある。だが生活の場にある自分を、人はいつも眺め返してため息をつくものだ。そのため息が熱く希望と幸福感に満ちみちている時は人生のうちでほんの僅かな間しかない。あとの大部分は自分の生活の場を叩き壊し、そこから脱却しようとする努力のあとに疲れ果ててもらすため息なのである。

なぜ人は自分の生活の場を否定するのか。それは他の人人を自己の鏡とするからだ。人はたえず生活の場を分ち合いたいと願っている。男同士の場合、私たちは思想の統一性を確認して満足する。感動的な対話を交して満足する。だが男女の場合は別である。男女はすべてを統一しようとするのだ。互いの生活の場の統一性を確認し合うことはただちに現実における物質化の全過程へと降りてゆく。生活の場の一致は生活の一致へまでつき進む。男女は愛し合う。男女は恋愛し、そして結婚するのだ。

Nには彼女の生活があった。そして、それを確認する限り、彼女の生活とは別の私の生活もあったのだ。そして私は彼女との生活の場の統一をもとめた。私は彼女を愛した

（中断）

ノート　一二月一七日

彼女に最後の愛を試みた晩、彼女は「なぜ、中核派の女の子を好きにならないの？」といった。おれは「君が好きだからさ」と答えた。

女はあいつ一人ではない――という表現もとれる。おれはその気ならばＹだってＩだって、それから奈良のあの女の子だっておれのものにできる。彼女たちはおれに満足するだろう。だが、おれはあの少女たちに満足はしない。Ｎは、ただ一人おれの心の飢えを満たしてくれる女なのだ。

おれは彼女を憎み、嫌い、そしてみつめなおす中に、彼女を知った。そして、初めて彼女との間に自分たちだけしか知らぬ秘密の感情をもった。おれが少年の時から求めてきたものを、彼女との間に得たのだ。

おれは彼女を愛した。そして彼女の愛を要求した。しかし彼女は拒絶し、拒み続け、おれの愛をいらないと言う。おれは求め、欲しいと言った。だが彼女はそれを拒んだのだ。

彼女の中に、おれがもっとも欲しているものを、彼女はおれの中には見ないのだ。ああ、不条理だ。彼女はおれとはちがったところをみつめているのだ。

おれには彼女以外に愛す女はいない。

だが、あいつはおれの前で三〇センチの距離で言うのだ。――あなたを愛せない、きらいよ、大嫌いだわ。

おれが愛しているのに、愛しているおれにむかってそんなことを言う女なんか殴っちまうのが当り前なんだ。

だが、おれは殴ったあと後悔した。なぜなら別れたあともやっぱり彼女のもとへ帰りたかったからだ。

ノート　一二月一八日

都学連大会に急がねばならない。

仏教の哲学は媒介概念の一切の捨象である「空であり無であり仏である宇宙」に対する認識論的洞察

は坐禅による直感によって得られるというのだ。「一如である、一体である」と彼は叫んだ。「愛？　そんなものはいらない！　愛は自己の対立物があるから、したがって必要になるんだ。茶碗そのものがおれなのだ！」

私は愛について知った。このあわれな仏教哲学者は「おのれ」と一言吐くと同時に、それは対立物をすでに予想していることには気づかないで、おのれと世界とを無媒介的に統一しようとしたのだ。そして統一しようとする試みを放棄して「すでに統一されている！　この厳たる宇宙を見よ、知れ、認識せよ！」と高慢にも人間たちに恫喝し始めたのだ。どうしてそれを知るのか？「直感である！　禅を組め！」――これが仏教の本質である。

だが、現実の世界は無限の媒介項の果てに緑野を持っている。われわれは対立を意識し、この対立を止揚する果てにしか統一と一体を獲得することはできないのだ。

そして、愛は確かに砂漠の中から生れた。合一し合う何物もない砂漠の中で、女を求め、人間を求め、世界を求めて愛が生れたのだ。確かに「対立物があるから愛は必要になる」のだ。しかしその対立物を概念の中から叩き出したところで私たちには生存はないのだ。現として、世界の対立の具体的表現として活動し、息づいているのである。だからわれわれは愛すのだ。統一の場を求めて働きかけるのだ。そしてまた対立の故に求めた場の明確な拒否にも出会うのである。これが人間だ！　これが世界だ！　そしてこれがすべてなのである！

ノート　一二月一九日

昨日の都学連再建大会にNが来ていた。彼女の後方に席をとってあの姿を見ている中に、とんでいって彼女の衿巻であの首を絞め殺したくなった。彼女の視線を一度だけ捉えた。彼女は冷静だった。（むろん、おれだって彼女から見れば冷静さ）彼女は殺さないとだめだ。

一二月一九日都学連再建大会第二日。Nは来ていなかった。おれはもうすっかり彼女のことは忘れた。そして陽気な中核の女の子たちと話合い続けた。奈良女のあの少女はこの三日間の生活の間に、すっかりぼくに心酔しているようだった。奈良女にオルグに来てくれ、選挙で一緒に頑張ろうなどと夢のような話をしかけてきた。ぼくはとまどったが、思いきって体をのばして彼女の髪の匂いを嗅いだ。彼女は愛嬌のあるかわいらしい少女だった。三月合宿で初めて見ただけだった。ぼくは彼女を誘い出して喫茶店で愛の戯れに耽りたいという衝動に駆られた。大会中はこれといってチャンスがなかった。彼女は今日帰ることになっていた。

夕暮になって会場の外でお茶に誘うと、驚いたことに三枝君が彼女を駅に送ることになっていた。彼は日和見主義者だったからぼくのつけ入るすきを防ぐ術もなかった。三人でお茶を飲んだ。ぼくの方が圧倒的だった。彼女は時々うっとりした視線をぼくに投げかけた。ぼくも彼女にそうした。

三枝君がかわいそうになった。おれは強くてそして魅力に富んでいるのだ。彼はおだやかで静かだ。あれではこの女の子の心を捉えることはできない。ぼくはいらいらした。おれは彼と心の中で競い合っている中にこの女の子を愛し始めた。

電車に乗った。おれは高田馬場の総括集会へ、彼女らはこれからデートへ。代々木の駅で別れた。彼女はぼくに燃えるような視線を送って、強引に自分を奪い去ろうとしないぼくを非難していた。三枝若はとってつけたように「おお、そうか、君は高田馬場だっけな」と言って彼女と歩き出した。彼女は手をあげた。ぼくも手をあげて応えた。彼女は小鹿のような少女だった。これでいいのだ。

おれはどんな女でも愛せそうだ、と彼女と冗談を言いながら考えていた。女たちはみな同じだ。おれはどの少女の中にもひとつの女を見る。おれはこれから、いつでもどんな少女でも「君が好きだ」と言えそうだ。女たち、たくさんの女たちを愛そう。マル学同に集まるすべての活動家の女の子たちを愛そう。

おれはこの二、三日少しおかしい。こうしたことはみな書くに足りぬことなのだ。おれはまじめにこんなことを考えているのだろうか?


メモ(投函されなかったある同志への手紙)　日付不明

山本派との熾烈な分派闘争を闘いながら、スターリニズムをより鮮明に抽象すべき任務のおもみを感じつつ、寸刻の私的時間をもってこの手紙がかかれているということをまず銘記したまえ——

われわれは逗子からの手紙に続く第二便においても、組織問題以前の問題——人間の問題——を反スターリン主義の高みから投げかけようとしているに外ならないのだ。

君もまた反スターリン主義を唱える。だが君が「スターリン主義」という場合一体なにを示しているのだろうか?

人間の歴史を世界的に変革する使命をになった（つもりで）登場した哲学としてのスターリン主義は、その問題性とスターリンの人間資質と革命の戦略、戦術らの面に限って捉え、批判されてはならない、われわれは哲学としてのスターリン主義を構造的に把握せねばならないのである。

君はまさに現在われわれわれから遠ざかっていく過程でわれわれとの思想闘争すら回避しようとしつつある。世界を四つに区切って二つの革命を叫ぶ人間とはそもそも話す意味がない、という理論をもって。しかし、われわれがなぜ世界を四つに区分するのかという問題は、まさにわれわれの現状認識に基づいているのであって、君とわれわれとは現状認識における相違性を明らかにしつつ思想的闘争を行わねばならないということは、君自身がもっともよく知っていることではないか。君がかく発言するとき、君はまさに福田との論争におじけづいて逃げていく姿しか示しえないのであって、思想の多元性を認めつつもその一元化を目標にして闘う革命家の任務をあらかじめ放棄し去っているのである。そして君はわれわれとの思想的闘争の場において窮地においこまれるや「トロと話すのは意味がない」という言辞をもって、新谷がわれわれとの論争を回避しようと試みるが如き態度を執るのである。ぼくは君にいつか福田の手稿〝「アカ」と「トロ」〟を朗読してきかせたはずだ。われわれは日共たちの言うように「トロ」ではない。しかし君はまさにわれわれに対峙して「トロ」という言辞を使用するとき、日共の使用する意味と全く同じ意味をこの言葉に与えていることに気付こうとしない。革命的に自己形成していこうとする意志を幾度か示しつつも、本質的には意識の解体状況へしか歩みを進めていない君は反「トロ」＝反マル学同への情熱的な態度をもってずぶずぶの自称革命的人間へ凋落する街道を驀進しつつあるのだ。

君は、共産主義革命はプロレタリアートを解放することによって普遍的な人間解放をもたらすのであって、それを革命的に志向して闘う以外には独占資本主義下に人間として存在することはできない、と主張してきた（われわれは、まさか君が「そんなことを言った覚えはない」などと痴呆的健忘症を露呈しないことを信じている。かくの如き明解な言辞をもって言いきらなかったとしても、「君はなぜ革命をやるの？」とぼくが質問する度に、念仏のようにかく唱えたことは忘れはしまい）。にも拘わらず、君はひとかけらの言葉「政治がいやになった、逃げ出したい」――をもってまさに「学生さん」的に行動から召還しようとした態度に対するわれわれの自己批判要求（第一便）に対して、自己の行動が構改的論理に裏付けられているにも拘わらず、「女のいやらしさ――などの表現をもって批判罵倒する」という表現をもって、敢然とわれわれに対してひらき直ったのであった。革命的以外に生きられないと言いながら「政治から逃げたい」と軽々しくも発言することを全く自己批判的に捉えかえそうとする試みはないのだ（政治から逃げても革命を志向してはいるのだなどという茶番だけはやめてくれよ）。そして第一便を撤回しないかぎり平民会には戻らないなどと傲然と言い放つのである。一体君は第一便に数多く引用した君自身の書いた手紙の君自身の言葉をどう捉えているのだ。

ノート　一九六五年一月一四日

「消耗することが、一般的に犯罪的なのではなく、いわゆる〝消耗〟から立ち還る過程で何を捉えるかが問題なのである」。

ここ数週間の私の自己活動の総括は次のことを提起している。

私は愛についてより多く知ってはならない。

愛について、その問口に立ち、中をのぞき込むや、私はかつて原潜闘争を闘い抜いた時のような、明るい少年の快活さを失った。

私は一人の人間になったのだ。

六四年一一月から一二月にかけて私は少年から一人の人間へと変った。それによって二一歳という、私の快活な存在と矛盾する不当な年齢へ重みが消え去った。

六三年四月から一二月までの間、私の愛に対する認識は現象的であった。女性の評価は多分に集合的であった。六四年一月から二月までの間にそれは急激に煮つまる。そして四月から六月にかけて、凝集のかなたに、一人の女性、たった一人の女性を見出す。この時期に私たちの愛は上向線をたどっていた。七月から九月まで私の愛の認識はゆるやかにではあったが進みつつあった。だが、実在的過程は空白期を迎えていた。七・二事件がその主要な要因である。そして、その後、私たちの愛は急激な下向線をたどった。だが、その下向面から、私の意識的な、全身的な愛の試みが始められたのだ。破産は、出発点において、すでに宣告されていた。私は執拗に彼女に愛を試み、ますます傷口を裂き開いていくのだ。

はじめ、私は彼女の愛を得られぬことを、自分の試みの不完全さに感じた。しかし、愛と革命運動とは異なっていた。あらゆる可能性の追究と執拗な試みはますます事態を悪化させるものでしかなかった。一人の女性を愛そうとする全身的な努力、それはむなしくことごとくにはねかえされて、私の体に毒矢となってつきささった。

私は、はじめて愛の空しくおそろしい淵をのぞき込んだのだった。

だが、私の体には革命のヒドラが宿っている。疲れ果てた試みの果てに私は自分が全国委員会の一員であることを見出した。ある晩、夜空は凍てつき、相変らずあの鉄の下し戸が私を拒んでいる家の前で、私はいつあらわれるかも知れぬ少女を待った。そして私は見たのだ。冷たい外気に頬を赤らめ、私を魅了したあの瞳を輝かせ、足早に私の傍らを通り過ぎる幸福に満ちた彼女の姿を。彼女の幸福は、より一層明白な私への拒絶の回答であった。そして私は結論する。私は愛についてつつましくなければならない、と。私は革命家であり、私は全国委員会なのだ。私はプロレタリア革命の子であり、エロスの子ではないのだ、と。

こうして私は自分の中に全国委員会を見出す。だが、はねかえったボールは自分だけ転がって満足しない。必ず他のボールをもゆさぶるのだ。私の六五年の始まりはより一層革命へと、学生大衆へと、そして革命的世界観へと密着していく全的活動の開始である。正月の三日間を大津の下宿で過し、朝と昼の区別のつかぬまどろみの中で焦躁と不安とに苦悩していた間、彼はエゴイスティックなまでに飲み、食い、そしてむさぼり読んでいた。彼には私のどろ沼のような心はどうでもよかったのだ。彼は目指すものへとつき進む。経済哲学へ潜入し、ドイツ語を修め、英語に通ずる。原潜闘争を平然とサボタージュして傲然と「学習活動の意義！」について語ることのできたあの愚鈍な感受性に貫かれた土百姓は、一切を見殺しにして学者になるだろう。私は、いまこそ決然と自らを世界にむかって宣言し、私の道をつき進もう。私は最も困難な道、日々プロレタリア的感性をとぎすまし、大胆な革命的直感を獲得し、政治的洞察力を養い、大衆的指導の偉大なアジテーターに、レーニンになるのだ！

ノート　一月二一日

人生には無数の夜がある。だが、甘美な夕方は一度しかない。その夕方、私たちは優しい一つの言葉を交すことによって互いに愛し合っていることを知る。私たちは求め合い、ささやき合うのだ。

八月二四日のページには書かれていた、あの猛暑の中ではじめて識ったことを、ぼくはそののち忘れたのだろうか？

私はいらだちを抑えながら書いている。私はこのノートを、もう引裂いてしまいたいのだ。以前はこのノートに愛着を感じたこともあった。誇りを感じたこともあった。だが、今となっては、これらの文字の行列は、ただ私の人間の不毛さ、その狭い限界、どこまでも貧しい姿を、これでもか、これでもかと暴きたてているにすぎない。人は「自由を！」と言うそうだが、私も言う。この貧弱な人間から脱却したいのだ。

異邦人は、「それでは、一体何を愛しているの？」ときかれたとき、空をゆびさして言った。「雲だ、ぼくは雲が好きだ、ほれ、あそこに流れていく！」だが、私は疲れはてて動けなくなった旅人のように空をながめて雲を讃美する気にはなれない。私は革命的人間、革命の全人に憧れるのだ。

ある時死に、ぬけがらになって大地をさまよい続ける人人がいる。彼らは腕の静脈を切って温い湯の中で眠ることを知らなかったのだろうか？
私はまだ死んではいない。死ぬのなら、はっきりと命がなくなるまで死のう。だが、生きるならもっと快活に、そしてもっと豊かに生きるのだ。

確かに過渡期なのだ。じっと、しんぼう強く、我慢して待てばいいのだ。幾度か思い直すように強い風が吹き、そのあと、次第に静かになり、晴間がでるのだ。私は幼い頃、空が見る間に明るみ、ひぐらしがおそるおそる合唱を再開し、土がいそいで水気を吸いとるのを見た。再び太陽が照り、私の心も小さなけいれんを幾度か起し、そのあと、静かなよろこびが甦ってくるのだった。

ごつごつとぶつかり合うような感情の交錯ではなしに、私たちは、もっと静かに愛し合うべきなのだ。私はふたたび女性を見出すだろう。だが、私には最後まで彼女の心の裡がつかめないのだ。一・一八闘争で彼女はずっとぼくをみつめていた。私は、ついに耐ええずに彼女の視線に捉えられた。ああ、なんの問題もありはしないではないか、あの優しく美しい瞳に捉えられて、私は心がうずいた。これほどまでに愛し合い、許し合っている者がこの世界のどこにいるのだろう？　私はそう思った。錯覚なのだろうか？　幻をみているのだろうか？　それとも真実なのか？

彼女の心が本当に把めぬから、こういつまでもグチャグチャしているのだ。彼女が、自分を愛さぬといって不謹慎にも彼女の頬を殴った男に、もっと敵意に満ちた視線を送ればよいのに。そうでなければ、彼女の愛する男と腕を組んで歩き、幸福に満ちた頬をすればよいのに。なぜ、彼女は、私にむかってあんな優しい視線を送るのだ！

こんなことを書くつもりはなかった。

おれはこのまま死んだ人間になり、もう快活さはもどってこないのだろうか？

ああ、苦しい！

苦しい！　こんなはずではなかったのだ。

ノート　一月二六日

世界は、あるいは貼り紙細工のようなものかも知れない。人々はそれぞれ地面にしがみついて、それぞれ賑やかな市場に住んでいる。それらの土地はたしかに互いにつながっており、一つの統一した世界を形造ってはいるが、土地をつないでいるマグマは地底を貫流していて表面からは見えない。

人々は、さしあたって賑やかな自分の市場に多かれ少なかれ満足している。

ヴァイオリンの演奏者は二本の弦を同時にこするあの煽情的な旋律で人々の心をうずかせる前に、自分の心を揺り動かしてしまう。女から女へとわたり歩く者は哀しみの中で息づいている。前者は演奏家であり、後者は女たらしである。そして、互いの市場をもっているのだ。

私はマグマを求めて出発した。これがマグマだ！――と叫んでいる間は輝しい日々であった。しかし私は不用意にある市場へ飛込んでしまった。そこでの賑やかな生活、私とは違った別の世界を知るやいなや、私のマグマ宣言は効力を失い始めた。私は次ぎ次ぎに他人の市場を覗き込んで容易にそこからぬけ出せなくなった。そして逆に、歩きまわっている自分にふと疑問を感じ始めた。私は一体何者なのだろう？

人は常に何者かでなくてはならない。革命家は徹頭徹尾革命的な生涯でなければならない。常に観念をとぎすまし、それを実在化する全過程を意識的に貫く強引さ、逞しさを備えねばならない。すぐれた感性の実践力をもって、理性を先頭に推し立て、過ぎ去る一刻一刻を嵐のようにすさまじく自己の存在を解体し、再編成する卓越した人間的資質に富んでいなければならない。

ノート　日付不明

私たちの破綻は必然的でした。ぼくは、もっと早く机の中から君の長い手紙を見つけ出して読んでいればよかったのに。

君が一昨年五月六日にぼくに宛てて書いた手紙にはこう書いてある。〝友情は、思想を乗り越えられるか？　もし、られるものなら我々の友情は、未来に向って、無限に保っていきたいものです、られるか否かは、我々に課せられた問題ですネ、我々は可能な限りられるの方向へ持っていきましょう。〟

今となっては、なんと美しい言葉だろう。だが、正直に言って、その頃、ぼくはこうした君の言葉をうんざりしながら読んだものだった。君は常に〝付合う男の子を恋愛の対象とは考えていませんし、考えたくもありません。私がほしいのは、特定の「彼」ではなくて、友情で結びついた女の子であり、男の子なのです。〃と欲していた。しかし、ぼくはつい先頃まで男女の関係に友情なんてありえない、というあの貧弱な考えの持主だったのです。君は〃家と彼の顔にドロを塗られることに物凄い屈辱を感じ、この上ない怒りを感ずる君の父上の専制支配下に育ち、「男性コンプレックス」これを、私はもってしまったのかしら〃と自問する少女だった。だから君は、ぼくとの間に互いに理解し合える友情を持ち続けたい、(そして、こわごわと)恋愛になるならそっと、知らぬまに彼が恋人になって欲しいと思っていたのだ。だから、〃お友達が、愛することは、自分で努力することだと言いました。努力するってどういうことだかよくわかりませんが、恋愛が自然発生的なものでないという意味に目下のところ考えています。確かに、恋愛は、相手の働きかけ(つまり人為的発生と言うのかしら)があってこそとも思いますが、反面、自然発生的とも感ぜられるのです。〃などとわけのわからないことを言ったりしたものだ。君は男の胸の中に飛込んでいく女の子のあの力を殺してしまっている不幸な男性コンプレックスだった。不幸だ。かわいそうな少女なのだ。そして、ぼくはそのことを八月二四日に知り確認したのではなかったか?

ぼくは女の子から奪うことは出来ても、決して与えることの出来ない人間だった。ぼくは彼女の中に求め、彼女に何ひとつ与えることができなかった。私は彼女の心の裡を把むことができず、ぎごちなく、直截に彼女の愛を、彼女の服従を求め強いたのだ。そして、それが実らぬと不謹慎にも彼女を殴ってしまった。ぼくは彼女の傷を覆ってやる人間ではなく、彼女から奪うために不断に彼女を傷つけずにはいない存在だったのだ。彼女が男性コンプレックスなら、(苦々しいが)ぼくはマザー・コンプレックスだった。

ぼくたちは砂を噛んだ歯車のようにぎしぎしとこすれあい、互いに他を毒し合っていったのだ。なんと不幸な、なんと貧弱なぼくたちの愛か。

しかし、おもえばぼくの生は徹頭徹尾マザー・コンプレックス型だった。この日記帳の全てがそれを物語っている。むろん、その肯定的契機を否定し去り、清算しようとするつもりはない。たしかに私の成長のダイナミックスはマザー・コンプレックスの内部にこそあった。だが、今やぼくはこの存在の自分を解体し尽し、組立て直さねばならない時に来ているように思う。

私も二一歳になった。幼な子のように世界に甘え、欲しいものをねだり、そしてかんしゃくを起して転げまわる姿から脱却せねばならない。私はもう一人の人間なのだ。

あの少女との不毛な日々の虚しい感情を総括するなら、総じて以上の展開が妥当にみえる。私は詩人ではないのだ。そして哀しみから立ち直ることを知らねばならぬ。

ノート　一月二八日

今日のデモはすばらしかった。野外音楽堂をほぼ埋め尽すほどの動員をかちとれるほどに我々の隊列は整いはじめているのだ。戦闘的潮流の共同行動が実りはじめ、地面の底で何事かが動き始めたのだ。さあ、久しぶりに元気をとり戻そう。一月末などという最高にピンチな時期に一千をはるかに越す学生が銀座をうねり歩いたんだから、ともかく、大したものだ。さあ元気を出すんだ。

いくら力んでみてもどうにもならないのだ。

書き続けよう。目を覚す必要がないように眠らずにいよう。今日も彼女は来ていた。だめだ。だめだ。

学校が始まってからまだ二回しか看板を出していない。ビラは一回しか出さなかった。おれの大好きなあのクラス討論も、大教室のアジテーションも一度もやっていない。昨日は民青の奴に「最近、元気ないな」と肩を叩かれた。おれたちは一月からずっと、何ひとつ大衆的に表現しえていない。そして、おれたちのシンパは彼らの毒牙にかかって奪い尽くされようとしているではないか、どうしたのだ、おまえは全国委員会だぞ！

ああ、おれはもう死んでしまったのだろうか？「ある時死に、ぬけがらだけになって大地をさまよい続ける人々」があるという。おれはそうなのだろうか。秋空の下でぶっ続けに原潜闘争を闘い続けたあの快活さを失って、おれはしょんぼりデモの隊列に加わっている。いつの間にか組織者の感覚から遠く外れて、一人の参加者になっている。そして、同志たちはおれからますます遠ざかって進んでいってしまうようだ。

何をやったらいいのか分らなくなったのではない。やらなければならないことはあまりに豊富に、あまりに具体的に横たわっている。だが、おれの体は目に見えぬ袋につつまれてしまって、手を動かすことも、足を動かすことも出来ないのだ。おれには回復力がある。次第に元気になり、あの革命的直感がよみがえり始め、ピーンとする。だが集会場へ着くと一切がおじゃんになるのだ。いつも彼女と視線があってしまう。おれは再び肺に鉛をつめこまれて家へ戻るのだ。それからの死のような毎日、ＭＫ、支部代、都自代、前進社、そして幾人も幾人もの人との革命的雑談を交しておれの傷は次第に癒える。だが、またしてもデモがあるではないか。ああ、ぼくがひきずり込まれた瞳が必ずおれを待っているのだ。彼女が消えうせた集会はどんなに晴やかだろう。そしてまた他の下らぬ男の腕にすがっている幸福な彼女の姿を目に出来たらどんなにか心がさわやかになるだろう。だが、彼女は相変らず、あの憂愁に満ちた眼差しでおれの整いかけた心をかき乱すのだ。そして、今晩もまたおれは打ちのめされて帰った。

ああ、いつまでこんな日が続くのだろうか。おれは彼女に一歩も近づけず、一言も言葉をかけられない。そして積んだ積木をめちゃめちゃにされるのだ。彼女は何故もっと敵意に満ちた目でおれを見ないのか！

父に揺り動かされて泥のような眠りから覚め、朝が始まろうとする。だが、最早なんのための朝だろう？ 誰のための朝なのだろう？

そして起上り服をつけて何処へ出掛け、何をしようというのだ。眠りの終章には必ず一人の恋人が現れておれに言葉をかける。甘美な会話、醜悪な会話、そしてふと目を覚ますと父が不機嫌そうに立っているのだ。おれは再び枕に顔を埋めてあの女の想いに耽る。おれは何故あの女が好きになったのか分らない。あの女のどこが好きなのか分らない。だが、おれは彼女から去ることが出来ないのだ。彼女がいくら拒み続けようとも、彼女はおれにとってただ一人の、たった一人の恋人なのだ。おれはいつからかマルキストになった。おれは現状を緻密に分析して目標を定め、その現状を強引にたたきこわし、ひきずって目標に近づけてしまう力をもった。おれはそれを誇りにした。だが、それを彼女に試みるや失敗した。彼女の心は決して変えることはできず、奪うことはできなかった。そして、それ以上に、おれは何もかものごとを進める自信を失ってしまったのだ。

彼女は男を愛することを恐怖している女、不幸な男性コンプレックスだ。彼女の古い手紙に自分でそう書いていた。彼女はかわいそうなのだ。彼女は父の専制支配下に育ち〝男〟に叩きのめされて育った。だから彼女は男に自分の心を開いて見せることを恐怖するのだ。

彼女は書いている。〝友情は、思想を乗り越えられるか？もし、られるなら、我々の友情は、未来に向って、無限に保っていきたいものです。られるか否かは、我々に課せられた問題ですネ、我々は可能な限り、られるの方向へ持っていきましょう。〟

なんと美しい言葉だろう、そして、彼女の望みにそむいて粗暴なふるまいで彼女の期待を打ち砕いてしまったのはおれではないか。おれは全く彼女の心を知ろうとせずに横暴なふるまいに終始したのだ。

おれは女から奪うことは出来ても、決して与えることの出来ない不毛な人間だ。おれは彼女の中に求め、彼女に強いた。だが、ぉれは彼女の傷跡のある心を慰める努力を何もしなかった。彼女が男性コンプレックスなら、それ以上におれはマザーコンプレックスなのだ。

愛はなんと空しいことだろう。ぉれは酔った父から彼が自分の妻にどれほど全身的に愛を試みたかをきかされた。おれが少年の頃夜中に目覚めて母のすすり泣きを聞いた時は、父を悪魔のような人間に感じたが、父の疲れ果てたいまの表情は誠実そのものだった。我々は酒を飲み、互いに別のことを考えながら笑った。ああ、老いた父上よ、あなたの人生はなんと不毛なままに閉じようとしているのか、そして、あなたの息子の人生もまた同じなのです！　父上、ぼくは「どうしておれを愛さないんだ！」と女の子の頬を殴ったのです。すすり泣いた母は幸福だったのでしょうか、それとも人生の貧しさを噛みしめていたでしょうか？　そして、今、ぼくの愛する恋人も！

もっともっと彼女に激しく愛を試みて、激しい拒絶を受けよう、そして、この世界からプツンと関係を断つのだ！

不快な朝を迎えないように終わりのない眠りにつこう。

メモ　一月二八日

えっ、今朝は雪だって？　存分に降りたまえ、世界を真白に彩りたまえ、人々は凍え、緑は死に果て、ただ野兎どもが暴れ狂う荒野に変れ！

温き寝床。このように真昼に眠りこけ、深夜に目覚め、そして泥のような眠りの中で女を絞め殺し、浅い夢の中で逢引に耽る日々はよどんで暗い。

目の前に積み上げられた幾冊の本もすでに読むにたりない。毒だ、もっとたくさんの毒だ、毒がこの身に浸みわたっていく、骨の髄まで、脳の裏まで。

真暗な海。白い波頭が次第にその幅を拡げながら、音もなく私に近づく。
ああ、寒い、冷たい、竦むような寒さだ。
おお、巡礼の行進よ、おれを忘れるな、待て、待ってくれ！
我が同志たちよ、おれを見捨てて君たちは進むのか、せめて私がこのんで飲んだ毒と闘う少しばかりの時間をくれたまえ、おれはまだ呼吸しているのだ！

中原素子への手紙　一月二九日

中原素子様。

再び手紙を差し上げます。あなたは私の手紙を一〇通の中一通もまじめに読んでくれなかったことでしょう。だから、今さらきちんと読んで欲しい、とお願いする方がおかしいかも知れない。それよりも、この手紙は読まれないまま破り捨てられてしまう可能性もあるのだ。だが念じずにはいられない、私の意図する文意があなたに正しく把まれ判断されることを。

Ⅰ

昨日の集会とデモはすばらしかったと思います。青年労働者と学生が意識的に統一行動を追求し、それが実を結んだのは安保闘争以後初めてのことであり、しかもその力は野外音楽堂をほぼ一杯にしうる力をもっているのです。デモは終始戦闘的に闘われ、八重洲口の総括集会も発言者の内容が驚くほど密着した方向性をもっており、参加者の意識状況に山が少なかったように思います。帝国主義的再編強化が激成されるにつれ、その地底でも何事かが動き始めているようです。

私は、頭の中にはこうした闘争の総括をつめこんで、しかし心の中には鉛をつめ込まれたような思いで帰宅しました。なぜ闘争のたびに私の心には言うにいわれぬ哀しみが襲ってきて、私を打ちのめしてしまうのでしょうか。私は、ふと隊列の中に組織者ではない組織されている自分を見出します。シュプレヒコールとインターナショナルは私の意志に反して口先だけに消えていくのです。

Ⅱ

昨日の昼休み、ホールでずっと安倍と話し続けました。〈運動の退潮期に女の子にフラれてぬけがらのようになる連中がいるんだな……〉彼は、あのいつもの無限の彼方をみつめているような顔でしたが、私はぞっとして目をふせました。たしかに私はここ数週間何かが変り、何かがおかしくなりました。しっかりしなくては、といくら自分にいいきかせても私の体は袋に包まれでもしたように手も足も出ないのです。

私は、秋空の下でぶっ続けに原潜闘争を闘い続けたあの快活さを失った。朝は同志の下宿で七時に目覚め、二つの改札口を無札で通り抜け、空腹に耐えてビラを刷り、登校して来る学生に〈おはよう〉といってビラを渡した。そして、一年生のクラスをとびまわり、一言一言吐く言葉に注意し、彼らの表情を見守り、彼らの質問を待ち、たった一〇分間の間にクラスの空気をいっぺんに変えて食堂へむかった。一二枚貼りの看板に黒々と文字を書き、昼休みに「前進」を配って、ハンドマイクでアジリ、〈戦争に反対するって言ったって、そもそも生きているってことの意味にオクさんは疑問を感じませんか?〉と言う活動家にマルクスの労働論と疎外論を話してきかせ、次の闘争に必ずくることを約束させた。暗くなってからガリ版に向い、いく人かの仲間と翌日のビラのタイトルをめぐって激論を交した。そして口笛を吹いて守衛に別れを告げたあの日々。

だが、一月に入ってからというもの、私はビラは一度しか刷らず、看板は二回しか出していない。一昨日は民青に肩を叩かれて〈おい、近頃元気がないナ〉と言われて何も言い返せなかった。そして私のまわりに集っていた活動家は散っていき、スターリニストに逆オルグされ始めている。〈いけない、いけない! 私は全国委員会なのだ!〉

闘争から打ちひしがれて戻り、MK、支部代、活動者会議、そして前進社の往復。私は幾人もの人々と革命的雑談を交し、元気づき、次第にあのとぎすまされた意識にたち帰り、ほっと安心します。だが、朝、父に揺り動かされて目覚めると、私は不快な夢からひきずり出されて途方にくれるのです。私は布団のぬくもりの中で毎朝苦しまねばなりません。私は何のために目覚めたのだろう？　服を着け、何処へ出掛け、何をしようというのだ？

Ⅲ

革命家は愛の空しくおそろしい淵を決してのぞき込んではいけないのかも知れません。しかし、私は全く不用意にその淵にふれてしまったのでした。除夜の鐘を聞きながら父は私に、彼が自分の妻にどれほど全身的な愛を試みたかしれないことをきかしてくれました。そして、父の今の疲れ果てて老いた表情が誠実そのものに感じられ、少年の頃夜中に母のすすり泣きで目覚め父を憎悪したことを恥じました。私たちは酒を飲み、互いに別々のことを考えながら笑い合いました。父上、あなたの人生はなんと不毛なまま閉じようとしているのでしょうか。そして、あなたが幸福であれと念じているはずのあなたの息子もまた同じように苦しんでいるのです。だが、父上、すすり泣いた母上は幸福だったのでしょうか。それとも人生の貧しさを噛みしめながら嗚咽していたのでしょうか？　そして私の恋人は？　求愛されて断る人間の心は静かにそして澄み切っていることでしょう。〈あなたは好きでも、私は嫌いよ〉とカルメンは別の男を心に描いてきっぱりと言うのでした。人生のこの局面はなんと凄まじく白々しいのでしょうか。

Ⅳ

私は正月のある晩、鎌倉の海岸で愛し合う男女を霧の中に見ました。さまざまな仕種で抱擁し合う二人は互いにひとつのものになろうとするこの世界で〈美しい〉と呼べるただ一つの努力に全力を注いでいるようでした。私は心の中に熱い力を感じて、私に同情してくれる人の良い愚鈍な友人の言葉を思い

出していました。〈くよくよするなよナ。女はいくらでもいるんだから〉

確かに彼の言葉は正しいものです。この世界にはみずみずしい腕をした若い女がたくさんおり、彼女らはあるいは朗らかに、あるいは悲しげに、何かを求めて生を営んでいます。私たちは幾人もの女の子たちと歓談し、歌い、踊り、抱き合います。だが哀しいことに、人は人生の中にたった一人の恋人しかもてないのです。そして私はあなたを好きになり、どれほどもがいてみてもあなたから逃れることができないのを知りました。

時間は人間の記憶を濁らして進んでいきます。毎日新しい女に出会い、毎日新しい政治状勢の中でものを考えているといつかはあなたのことも忘れることができるのです。だが、私はあまりに不幸です、都内の学生たちがひとつの場所を求めて集ってくる日、私の視線はいつの間にか落着きを失って歩き出し、あなたを探しに行ってしまいます。そして私はあなたの視線に出会うのです。あなたのあの黒い目に出会うと私の周囲のものはすべて凍りついたように見え始め、私の心の中にいく日もかかって築かれた積木がなだれをうって崩れてしまうのです。

あなたは、なぜ、あなたの父上の如く振舞った男を敵意に満ちた目でみつめないのです。なぜあのように物憂げな、私がひきずり込まれた以前に変らぬ目でみつめるのです。あなたは私をもてあそんでいるのか、それとも私が錯覚に陥っているのでしょうか。

Ｖ

私は今晩またあなたの家の前に立って幾十分かをすごしました。あなたの振舞いのように鉄の下し戸が冷たく私を拒んでおり、二階の窓からはかすかに暖かそうな光と軽い音楽が洩れていました。姉上が帰宅し、そして父上が家を出、そしてそれ以外に何事も起りませんでした。私はふと自分の姿に恥じて受話器を手にする。七……一……一、だが私の頭の中にはさまざまな予想がごったがえし、指は硬直し、足はかすかに痙攣している。〈自分を愛さぬ、と言って頬を殴った女に電話して今さら何を言おうというのだ。彼女は冷たくまた〝何の御用でしょうか?〟と言うに決っているではないか〉

受話器を置くとほっとため息が出る。ああ、こうした晩を何度くり返しただろうか。そして私はいつまで繰り返すのだ。

〈岩崎、この頃市大は若干ピンチなんじゃないか。党派闘争の熾烈な時期だし、参院選も近い。元気だせよ!〉〈うん、分っている。元気だよ、すごく〉私は革命家なのだ。そして革命家の生涯は徹頭徹尾革命的であらねばならない。安倍が好きだったあの『哲学の貧困』の終章に引用されたジョルジュ・サンドの言葉〝闘いか死か、血みどろの闘争か無か。問題は厳としてこのように提起されている〟――を私は極めて実体的な次元で解釈します。私は全力をあげて闘うか、それとも死を選ぶかしかないのだ、と。

私はぬけがらとなって生きることは出来ない。おどおどと隊列にくっついていくことはできない。私は、私の恋人にもっと激しく愛を試み、そしてもっと激しく拒絶を待つのだ。

VI

火の気のない凍りついた夜気の中で、私の心も澄み切って静かだ。ああ、あなたの愛を得て戦線にたち戻り、本をむさぼり読み、原稿を書きなぐるあの生活にもどれたらどんなにすばらしいことだろう! 恥じることを知らぬ傲慢さであなたに言おう。あなたは私を、男を愛することを恐れているのではないのか? 否、否、否! 私はあなたにとっては愛するにたる男ではないのだ、うぬぼれ者め!

前者なら私に心を開いて下さい。そして後者なら激しく憎悪に満ちた言葉を私に投げて下さい。そして私にとっては前者なら生、後者なら死だ。

ああ、あなたの傍に十分間だけでもいられたら！　一言も語らずとも、ただあなたの肩によりかかって、まどろむことができたなら！

私の永遠の恋人よ、その魅惑的な唇を開いて言葉を放って下さい。私を愛して下さい。

六五・一・二九　　　　　　　　　　　　　　　　　　　　　　浩平
おお、いつ降ったのだ、世界は真白ではないか。

あなたは、この雪の夜に何を夢見て眠っていることだろう？

佐藤政夫への手紙　二月二〇日消印

今八本目の注射をうたれました。ぼくの鼻は警棒の一撃で骨がグシャグシャになってしまい、一週間は静かにしていないと、以前よりもっと曲って固定化してしまうのだそうです。ですから医師に従っておとなしくしています。看護婦は若くて優しい女の子ばっかりです。

連絡を受けましたが、事が起ると突然ハッスルする連中をこの機会になんとか固定化できないものでしょうか、よろしく指導願います。

試験後の二、三日で活動家はチリヂリになるでしょう。二五日からの学習会には一人でも二人でもよいからひっぱってくるように山口を通じて手配して下さい。

三月合宿は〝まずMより固めよ！〟ですが、稲村はもうひと押しのところへいっています。坂井、中島、山田、石原の参加予約をとるよう願います。

遠井はまだ出てきていませんか？　市大では参院選の討論がぜんぜん進んでいないのが心配です。その指導もよろしく。

来週は脊髄に針を突込んでみて、なんともなかったら退院だそうです。ではくれぐれもよろしく。

蒲田総合病院四二六号室　　　　岩崎　哲

ノート　二月二六日

久しぶりに日記帳を開く。

原潜闘争のあの興奮から覚めて、学生戦線の政治的弛緩状態の中で、私の自己変質は静かに、確乎たる足どりで進んでいる。特にこの一カ月は自己変質運動の山を形造り、今回の一定の運動はその終盤に近づいていると思われる。

人間は、客体的にどんなに偉大に表現された者であっても、その主体的自己にあっては、日々の活動は矛盾し、錯綜し、常に左右に自己乖離する苦しみの裡にあるのではないか？

〈いや、そう大袈裟に構えずに私について述べよう〉

私の生活はまるで渾沌としたドロ沼のようだ。私はある一日、自分の意識が昼間の中にどれほど変るか注意深くしていたことがある。朝目覚めて感じることと、父との二、三の会話のやりとり、電車の中の雰囲気、京浜急行で友だちと出会ったこと、学校へいったら誰にも会えなかったこと、第二ホールで本を読んでいたら山口がやってきたこと。そうしたありとあらゆる瑣末な出来事の全過程で私の意識はめまぐるしく変ったことを知った。

あらゆる人々がまたそうであろう。私にとって今問題なのは、そうした私の意識のめまぐるしい変化を、いかに意識的に統一し、一貫性を形造るかということである。

これまで、私は、日記帳に現実的な生活過程の出来事をならべたてて書くことができず、つねに総括して（それも過程的・中間的総括）書くことしかしなかった。なぜなら現実は私にとっては否定的な対象であったからである。今でもこのことに変りない。だが、中間的・過渡的総括をむりやりに最終的な総括にしてしまおうとしてあせってはいけない。私の克服し難い欠陥はそこにあったのではないか。総括は絶叫であってはならないはずだ。

これから私は出来るだけ事実を客観的に（自己を離れ、それにとりまかれている自己を眺めやりながら）書こう。そしてその事実から引出しうる結論への見通しをその事実に踏まえ、いたずらに展開せずに事実に見合った糸だけを引出すことにしよう。そして、それが私の新しい日記帳の任務であるはずだ。

私は渾沌としたドロ沼の中にある。そのドロ沼を整理しその中から白い糸をたぐりよせることとしよう。これが自己を変革する最も現実的な方途でありそうだ。

さて、残念ながら私はNを忘れることができない。大雪の降ったあの晩私は最後の手紙を彼女に書いた。拒絶するならもっと強く拒絶してくれ、と書いた。それからデモで彼女を見た帰り電話した。彼女の声は冷たく明晰で何のこだわりもなかった。「あたし、そこへはいかないわ」。もう思い残すことはなかった。さばさばしていた。私はあの晩むせび泣いたが、それが済むと静かだった。そして久しぶりに元気になった。

しかし、どうしたものだろう。二・一七羽田闘争にむけて法政で決起集会をやった日、ぼくは彼女を一目見た。会場から出ようとすると彼女が立っていたのだ。ぼくは体中が熱くなり顔をそむけた。彼女はぼくより先に気づいたらしく横をむいていた。美しい顔だった。それ以来ぼくの心の中にまた彼女が宿ってしまった。

そしてなんということだ。二・一七闘争で倒れて入院しているベッドのぼくに彼女が安倍たちと一緒にケーキを持ってくるなんて。

一体彼女は何を考えているのだろう。一体ぼくをどう思っているのだ。あんまりぼくを弄ばないでくれ！

ノート　二月二八日

政治的過程と日常的過程とは生活の中では確かに分裂している。しかし、論理的には決して分裂対立しないのではないか――と考える。

この問題の明確化は人間存在にとって、政治とは何かということの本質的解明になり得ると思う。

病苦、飢え、社会的栄光への希望の切断、失恋、友人との和解しえぬ対立、愛する者との別離――そのような苦痛の中で人は闘い、それから脱却しようとしている。

この闘い、この脱却への人間の努力こそが我々が注目すべき一切なのではないか？　この闘い、この努力がひとつの渦をなしていて、そこから文学と芸術と宗教と哲学と政治が生れるのであろう、ではないか。

むろん、このことは、だからといって一切の文学・芸術・宗教・政治を是とするものではない。文学にも様々な内容がある。そして宗教はいずれにおいてもこの渦の中から誤り生じた畸型児に外ならない。そして政治にも、これはしたり、様々な形態がある。

だが文学・芸術・宗教・哲学・政治は同じ腹から生れ、同じ故郷へ帰ろうとしている異なった兄弟たちなのではないか。

われわれが政治的過程に存することは、決して文学的過程（それより日常性を多く含むから、我々にとって問題なのだ）を拒絶していることを意味しない。我々は自分たちの存在を常に渦に立ち帰って捉え返さねばならない。そうした把握の中でこそ文学の本質が明らかにされ得るし、逆に政治が人間生活から特殊に切り離された一分野としてではなく、全くその一部であることが鮮明となるのである。ただ政治は文学に比べてより科学的緻密さに富んでおり、一貫して論理的であるにすぎないのである。哲学との関係は、哲学の実践的過程が政治である、ということにつきる。

兄への手紙　三月三日

ぼくの敬愛する兄上へ

マルクスは「資本論」の第一編第一章第三節の但し書きで次のように述べております。

「人間は、鏡をもって生れてくるのでもなく、また吾は吾なりというフィヒテ的哲学者として生れてくるのでもないから、人間はまず、他の人間という鏡に自分を映してみる」

ここ一、二ヵ月間にわたって、ぼくは自分の人格性がある過渡期を迎えていることを意識してきました。ぼくはその構造を正しく把みとり、それに積極的に働きかけようと様々な努力を試みたつもりでしたが、今晩に至るまで、これを果すことはできなかったようです。ぼくは自分の人格の問題性についてある時には絶望しながら、ある時にはそれこそぼくをぼくたらしめている根拠だと思い込んだり、またある時には全くうやむやにしたりして、根底的に探り出すことを遂にやらなかったと言えるでしょう。

思えば、三年を経ますが、ぼくは浪人時代を迎えたばかりの頃、一人の貴重な友人を失いました。彼は安保闘争後のさめやらぬ興奮状態があらゆる日常生活にまで食い込んでいた時代に、ぼくに最も鋭い批判を投げ続け、ぼくの生活に影響を与え続けました。ぼくの彼に対する批判は鎧に矢を射ている如くに意味を持たず、彼のぼくに対する批判はどれもみなぼくの心臓を射抜いたものでした。ぼくは彼に反抗し、卒業後ぼくたちは訣別しました。それから三年を経、その間に四度ほどふとしたキッカケで彼の姿を見掛けました。その度に、ぼくは背筋に悪寒を覚え、彼がぼくに与えた批判に十分応え、それを成就した存在になりきっていない自分の姿に赤面しました。しかし、今日この頃は、やっと思想的形成と現実の過程に対するぼくの闘いによって彼をすでに乗り越え、彼を客観的に捉えるところまで、こぎつけたと思えるようになっていました。兄上は覚えているでしょうか、村岡健君です。中原素子との交流は、ちょうど彼と訣別した時から始まりました。

自分の不毛さがあまりに白日の下にさらされると、赤面することを忘れて静かな気持になるものですね。ベトコンとアメリカ軍との戦闘を思い浮べます。アメリカ軍の重火器部隊は一斉に猛り狂ったようにベトコンの根拠地に砲弾を打ち込みます。ところが、ベトコンはそこにはいなくて地面に伏せてアメリカ軍を眺めています。ベトコンの兵士に頬杖をつかせましょうか、それともアッケにとられて呆れている表情を与えましょうか、あるいは母のように静かな微笑をほほえますことにしましょうか。アメリカ軍はぼくで、ベトコンは中原素子と思って下さい。

兄上、初めぼくはてっきり兄上が山本派の思想にオルグられて来たかと思って慌てふためき興奮しましたが、やがて問題の所在は別のところにあることを知って、ほっとしました。ぼくは昨年の夏以来、彼女にあんな口調で論争を挑んだことは全くありませんし、ぼくと彼女との問題がそんなところにあるとははじめから思ってもいませんでした。兄上は山本派の現実を全く知りませんが、この二年間というもの、ぼくたちは文字通り命を賭して革命運動の戦略と戦術を模索し続け、今日の運動の中でそれを検証して来たのであって、自分たちの理論については深々とした自信をもつに至っており、あんなに無骨なやりとりをすることなく、実際の運動の中では山本派の人々とも接しております。そして過去の彼女とのやりとりについての苦々しい反省ならともかくとして、現在では、彼女とぼくとの越え難い思想の溝を、それはそれとして捉えるゆとりもぼくには出来かかっているのです。ただぼくは、すでにぼくが全貌を見究め十分に許容しうるに至っている思想体系を、兄上が彼女の場に移行してぼくの思想体系に攻撃を加えるように感じたので、激しい焦躁感に駆られてあんなことになってしまったのです。

緊張がほぐれてからのお話は全くその通り、ぼくが黙って頷かざるをえないことばかりでした。兄上は臆することなく言い続け、ぼくはますます縮み上らねばなりませんでした。そして、「彼女は大人だね」という言葉はぼくの不様な姿をいよいよ鏡に大写しにし、ぼくにベトコンの戦闘を思い浮べさせたのでした。

マルクスはあるところで、「人間は自ら解決しうる課題をしかもちえない」と言い放っています。電車の中でもふと思い出しましたが、中学の数学の教師が、「私が学生時代に数学が好きだったのは、必ず解けるからなんです」と言ったことがあります。人間にとって、課題は課題でしかなく、それは解かれるためにのみぼくたちの前に立ちはだかっているのでしょう。課題について無知であっては話になりません。しかし課題の内容が把めたら、それは解決に向うはずです。あと必要なのは大胆さと人間的な努力だけでしょう。ぼくは勇気をもって努力してみるつもりです。

今晩ほど心静かに彼女の姿を思い浮べ、素子を身近に感じることはありません。ぼくは二年半昏迷し続けた末とうとう好きになった彼女を絶対にぼく以外の男の手などに渡さないつもりです。きっといつかは七・二事件についてお互いの意見の中に自分の主張を見出すことができるでしょう。そして、今度のことを「女の子を手に入れるにはそれなりの手が必要なんだ」などという俗悪な確認に終わることだけは慎みたいと思います。

彼女はなぜかこの半年の間に目立って美しくなりました。そしてぼくは彼女を静かに愛して、もっと美しくなった彼女を兄上に見せたいと思います。初めて手を握り合った六月のあの甘美な夕べを取り戻すことができたら、ぼくのもっていくサントリー・レッドを飲んで下さい。

昭和40年3月3日　浩平

☆この手紙は「兄への手紙写し」と付記されて全文がノートに写しとられていた

あとがき

奥　紳平

駒鳥は巣立ちしてまもなく林の中を水平に一直線に飛翔するという。そして、多くの若い駒鳥が樹木に衝突して地に落ちる。

浩平が生まれたのは昭和一八年一〇月だから、二〇年五月二四日のＢ29梯団攻撃によって恵比寿通りの生家が、父の経営していた近くの軍需工場と共に燃上し、他の兄弟が疎開していた埼玉県の山村に両親と共に避難してきたのは、生後八ヵ月足らずの時だった。

その村は、現在の寄居市と荒川の流れを隔てた鉢形城跡の奥に位置し、秩父連峯に連なる山並にかこまれた変化に富む地形にあって、文字通り山紫水明の山村であった。浩平はここで小学校二年の初めまでの幼年期を過した。当時の農村には、伝統的な閉鎖性と都市居住者に対する文化的劣等感があり、食糧難という事情もからんで幼い子供までが疎開者を露骨によそ者扱いする風潮が強かったので、末子であった浩平は母親のそばを離れぬひっこみ思案のタイプを身につけた。村立小学校に入学してからも、ほとんどの生徒が裸足で登校するという環境の中で、東京生れの脾弱な〝疎開人〟として生活したのである。

小学校二年に進んだ春、戦後東京で父の始めたいくつかの事業が失敗して一家は東京に引上げた。そしてわずか一ヵ月後に一六年に亘る父母の結婚生活が突然破綻し、父か母か二者択一を迫る事情の下に姉と次兄と共に母に連れられて、茨城県那珂湊市の母の実家に身を寄せることになった。この那珂川の注ぐ海に面した土地では、よそ者扱いされぬかなりのびのびした学校生活を送ったらしいが、その生活も短かった。丁度一年後の六月、法律的にも離婚が成立したため、父は二人の兄弟を引取り東京で教育を受けさせることを主張し、母もこれに同意することとなって、二つ違いの次兄と共に父の下に引取られた。その当時は未だ経済的にも不安定で特に女手のない父と私との生活の中に小学生であった幼い二人を呼びよせることには、少なからぬ無理があったが、送り出した母親にも、男の子だから都会で教育を受けさせることが結局本人のためだと考えた以外に、何らかの、あるいは多くの理由が存したのであろう。

九歳だった浩平は母と離れて上京することを強く拒み、執拗に哀訴し続けたという。後年、親しかった友人に語ったところによれば、母の説得を受けつつ那珂川の海に注ぐ入江の附近を歩き続けた夕暮の、折しも筑波の山に落ちようとする夕陽に、空一面あたかも火を放ったように燃え、そして静かな川面に反映する情景は、哀しい心の風景として幼い浩平の胸に焼きつけられたようである。

父に引取られることによって始まった東京での生活は、ほとんど女手なしに送られたのだが、父と二人の兄とのとかく潤いの少ない家庭生活の中で別段卑屈になることもなく成長した。父は三人の兄弟に対して成人するまでという期限つきではあったが、母との文通をも厳禁していたし、母からも安否を気遣う便りすらなかったので、浩平と母との間には一一年に及ぶ歳月が音信不通の状態で流れたのである。

その間に世田谷区立守山小学校を卒業し、目黒区立第六中学校に入学し、学校新聞を編集する新聞部でのサークル活動を通じて、上級生とも接触をもつ中から、浩平は急速に生に目覚めて行った。そして、親友の、今は民青に加盟し中学校教師を志している藤本君と熱気を滞びた議論をよくするようになった。これらは専ら新聞部を担当されていた豊畑先生の影響力に負うところが大きく、後年教師になるなら中学校の先生でなければならないという主張にも見られる通りである。豊畑先生は、サラリーマン教師の多い現在むしろ特異な存在となってしまった程の教育熱心な方で学校教育を通じてこの社会に生きる真の姿勢を中学生に確立させることに打込まれる傍ら、教育問題について執筆活動を続けられ、また日教組の活動家でもあった。浩平は中学三年の時、高校進学に追われて三年生は誰一人立候補しないことがいわば慣例となっている生徒会の委員長に立候補したが、先生はこれほど計算のない正義感にあふれた生徒はその後も出なかったと述懐されている。私も、朝礼台に立って立候補演説をするのだからタスキに墨で氏名を書いてくれるように父に頼んだ浩平には一驚した。それまでの家族の知っていた浩平から想像も出来ない変転だったからである。

こうした思春期と呼ばれる年代において経験される自意識の目覚めによってその生活が生彩を放ち、後年の意識生活を大きく左右することとなった。そしてまた、この六中での三年間は、二一年の短い一生のうちでは単純な意味で最も幸福な時期だったのではなかろうか。

高校は二人の兄が卒業した都立青山高校へ進んだ。東大進学率を競って予備校化する傾向にあった高校を嫌い、兄たちの会話を通じて感じとっていた自由な校風に憧れを持っていたためである。

しかし、それなりの希望をもって入学した青高では、豊畑先生のような教師にも恵まれぬままに、入れ違いに卒業した上の弟の影響から音楽部に入り、コーラスの指揮を務めたり、歌劇「真間の泉」で自ら歌ったりしたが、あまり音楽的な資質には恵まれていなかったらしく、自分でもそれを悟ってか、後にはほとんど活躍しなくなった。ノートの中に時折登場する重原時子はこの音楽部のメンバーで、一年下級生だった。まえがきでも少し触れたキリスト教研究会は、安保後も卒業まで継続していたが、信仰的ではなく文字通り研究的態度だったことは自ら書き記している所からでも明らかである。

そして安倍邦夫君の一文の中にもあるように、安保を境にして暗中模索的なそれまでの姿勢がある程度の方向性を持ったものに変ったのである。樺美智子の訃報が伝わった、二年に進学して間もない六月一六日、浩平は顔色をかえてその抗議デモに加わった。父は事故を怖れて直接の参加を固く禁じたが、その説得を受けつけようとしなかった。そのような頑強さは、父や二人の兄にとって初めて目の当りにするものだった。その夜初めて家を空けた浩平は、翌朝、泥まみれの姿で上り口に倒れ死んだように眠っていたのを記憶している。

安保と樺美智子の死に触発されて始まったその後の内的生活は、その直前に体験した大浦圭子の死を踏まえたものだが、後年繰り返し想起される友人、その交流というよりはむしろ訣別が決定的であった村岡健とは高校時代三年間同じクラスで過し、意識的に目覚めて自己を見つめるこうした時期の誰しもが一時的にそうであるように、自己に対する甚だしい無力感にうちひしがれ、自分の置かれている状況にも絶望的であるという点で、二人の交流が成立していたらしい。そして、村岡はその現実を、自分の足下に丹念に踏みかためて行く地道な努力の中で自己をより確かなものに築こうとしていたが、浩平は現実をありのままに直視し、これに立脚するというのでなく現実は乗りこえるものであって、一気に脱却の契機を摑もうとして、常に猛々しく前方に向けて働きかけるという姿勢において村岡と対峙的であり、村岡の批判を受けていたものらしい。三年のある体育の時間に外苑一周のマラソンが行なわれた時、ゴールにほど近い登り坂で後から追いついた村岡が少し休んで行かないかと声をかけると、浩平は息切れしながらも険しい無言の一瞥を加えて走りつづけ、その夜のうちに手紙で、苦しいという点で共感したその同一基盤に立ちながら、なぜ励まし合うことによってその苦しさを乗り起えようとしなかったのかと、厳しく非難したというエピソードがある。

私の知っている家庭内の日常生活の面では全く陰のない快活な弟であったが、他との連携を不可能にする性質の、内心の深層部に重く澱んだ孤独感を抱いていて、それを決して人に見せまいとしていた、と村岡はいう。そして、同時に他との人間的交流への欲求は、合一にまで達しようとするほど苛烈で、村岡に対し、その多くの共感と心情の交流を通じて男女間における一種の陶酔に近い一体感まで求めようとする傾向さえあったという。こうしたことは思春期においてかなり一般的に顕れる現象だと考えるのだが、母親なしに育ったために一層その傾向が強くなったのではなかろうか。

このようにして、少年期から青年期にかけて、「石にしがみついても」真摯に生きようとする希求を通じて結びついた村岡は、ある程度まで、浩平の死に至らぎるをえぬ性向のようなものを感得していたらしい。高校卒業の直後、それまでに記していた日記風のノートと共に村岡に宛てた手紙を取戻して焼いたのは、村岡との数回目のそして決定的な絶交を通じて、それまでの自己をはっきりと否定し去り、過去からの完全な脱却を図って、新たな自己を再出発させようとする決意に基いてのことであったのだろう。

高校卒業の年には、歴史を専攻しようという明確な目的を持っていくつかの大学を受験したのだが、それなりの受験勉強を積んでいなかった当然の結果として浪人することが決まり、母と姉とが復帰して親兄弟全員揃った生活が十一年ぶりに始まろうとしていた。東京と茨城とに別れて、父親と三人の兄弟、母親と娘という形で営まれていた生活は、再び一つ屋根の下に纏まろうとしていた。もはや娘や息子たちも親を是が非でも必要とする時は過ぎ去っていたが、父母もまた、互に激しい愛憎の感情を介せずに協同の生活を営める齢を経たはずだし一対の夫婦とその子らが一家庭を営むことこそ最も自然な人間の生活形態であるはずだ、という私の意見に兄弟が賛成し、父母が説得された結果であった。すっかり段取りの備った段階で、浩平は茨城に母を訪ねた。二泊三日後に帰京した浩平の様子には父も私も神経質だったが、小学校二年以来の再会であったにもかかわらず、ほとんど反応らしきものを見せようとせず、言葉少なに鉾先を転じて内心の衝撃を表わさなかったのは、よほどつらい気持を抱いていたからであろう。

中原素子との交流が始ったのは、その直後のことなのだが、それが幼少から抱き続けていた母のイマージュが再会によって瓦解したことと関連しているかどうか、私には判らない。ともあれ、村岡健と訣別し、浪人し、自ら命を絶つことになるひばりが丘の新居での一家揃った生活が始まろうとしていた時期だった。

そして、その一家揃った生活も、ごく短期間で再度の破綻の兆を見せ、再会によって受けた衝撃に加えて、一層浩平の心を傷つけることとなった。五〇代の夫婦におけるそれなりの愛情が回復されることなく、感情的違和と冷えびえとした対立が生じてしまった。母は母なりに、最も母親の愛を必要とする時期に生母としての愛を注いでないという罪の意識から、特に幼くして別れた末子の浩平には、何かと特別の配慮を向けたのだが、父母の対立に心情的に父の味方とならざるをえなかったこともあって、かえって浩平の反撥を買う結果になった。受験勉強のためほとんど家で母と共に過していながら、母もとまどうほど浩平の気持は母から遠のいていったのだった。そして、こうした家庭環境で行われた受験勉強は、家庭そのものからの脱出の夢を育ませたらしく、大学へ入ったら一人で下宿したいという希望さえもらしていた。しかし、高校卒業を控えて自ら編集したクラス雑誌に書いているように、「少しでも有名な大学に入り、少しでも給料の高い会社に入り、少しでもきれいなお嫁さんをもらい、少しでも多く退職金をもらって、少しでも長生きする」という人生を拒否していた通り、ガツガツ受験問題集にしがみつくということもせず、岩波新書を片端から読破するというような、はた目にも心配になるような性質の勉強をしていた。

こうして国立には不合格となり、民族友好大学合格によるソ連留学の計画も失敗して横浜市立大学文理学部に入学すると、いよいよすさまじく、貪欲な読書を始めた。

その年の暮、少なからぬ家庭もまたそうした経過をもっているように、それなりに少なくとも表面的には平穏に、危機を乗り切ることが出来るかに見えた父母の仲は、一方的な母の決意によって全く突然に破られた。これに対して私や上の弟は執拗に説得を試みたのだが、浩平はやや沈痛にただ一言「行かせてあげればいいじゃないか」と言っただけだった。そして、母が去ってからの浩平にはむしろはれやかそうな節さえ見うけられたのである。

中原素子のファーザー・コンプレックスに対置して自らをもマザー・コンプレックスだとしているのはこうした状況を背景としていたのである。小学校二年という女親の無償の愛を何よりも必要としている時期に突きはなされるようにして別れ、文通も禁じられた幼年期から思春期に亘る一〇年間の母に対する烈しい思慕は、女気のない家庭生活が続けられたことも相挨って、浩平の中での母の、ひいては女性一般の理想化を結果させたに違いない。そして、母との再会によって、それまで抱き続けて来た浩平の内なる母の偶像は失墜したのだが、それでも尚、女性を観念的に捨象してしまう傾向として根深く残り、女性を具体的に現存する姿において肌身に感得することを阻まれていたに違いない。思春期における男性は多かれ少なかれスタンダールの恋愛論に云う結晶作用をまぬがれえないものではあるが、個々の女性はやがて色褪せることが必定なのであって、その結果「物語の中の女しか愛せなくなる」こともむしろ当然である。しかし、成熟した肉体に支えられるこうした一種の精神病理学的な現象は、そのことによって少しも女や女への愛の希求を衰弱させはしないし、女性と女体との分裂を激化させることになるのではなかろうか。

かといって、それ故に外見上の性格にある種の歪みを生じたというようなことはなく、その文章にも時折顕われるようにユーモアがあり、明るくて人にも好かれるタイプであって、その決断力の強さや活動的な行動力には目をみはらせるものがあった。父のこうした性格にかける期待は少なからぬものがあり、自らの思想と実践に全存在を投げかけて生きる青春に対して肯定的で、学生運動に反対するようなことはなかったし、結果的に公安条令違反などの確信犯的違法行為や手足の負傷には目をつぶろうとしていた。金鐘泌来日反対羽田闘争で水上署に拘留され三日後に釈放されて帰宅したときも、警棒による眉の中の裂傷を気づかっただけで小言めいたことは一切口にしなかった。ただ後遺症の出るような負傷を避ける努力を促し、父より先に死ぬようなことさえなければ、それが唯一、最大の親孝行だと力説していたのであった。

私は浩平より七歳年上で、六〇年の二月に早大を卒業しているので、いわゆる安前派に属しているのだが、自己解放の唯一終局的な道としてプロレタリアートによる社会主義世界革命を実現し、不条理と絶望とのこの現実の秩序を根底から止揚することによってのみ自己を貫徹せんとする思想のシンパサイザーとして浩平のよき理解者であることを心がけていたし、他の家族たちの負託に応えて、その困難を乗切って行く援助者の役を務めようとしていた。しかし、互いにふんだんな会話の機会を持つことが少なかったのと、浩平の近況報告が多くは叙事的であり見るからに逞しい活動意欲を漲らせているのが常だったので「頭を殴られないように気をつけろ」という忠言に止まることが少なくなかった。

私が、浩平の変化を初めて目の当りにしたのは六四年一一月一四日のことだった。原潜寄港反対デモが三波に別れて行なわれる予定で、出発点になっていた清水谷公園の集会に出ていた時のことである。連日の闘いに疲弊し泥まみれになった数百人の学生が一団となって地べたに坐り込みデモの出発を待っていたが、なぜか浩平だけは遠く鈍色の空のかなたを見つめて立ちつくしていたのだった。一週間前に横須賀基地前で受けた目の上の傷跡に、ベッコウ飴のような大きなかさぶたをつけたその横顔にはゾッとするほどむごたらしい孤独の翳が落ちていた。近よって私が肩をたたいてもいつになくニコリともせずに自分でカッテイングしたビラを手渡し、まもなく行われる委員長選に立候補しているのだといっただけで、綿のような疲労と、なにかぬきさしならぬ苦悩の色をみせたのだった。

そして原潜闘争も一段落ついた一二月の初め、革命的共産主義者同盟全国委員会に正式に加盟した。加盟書を懐にして私の勤先を訪れた浩平は痩せて一層まなざしを鋭くし、蒼白な顔を沈痛に歪めて、これから加盟書を出しに行くと告げたのだったが、かつて私の驚異の的であった旺盛な食欲はすっかり影をひそめてしまっていた。この頃は運動の上でも最もピンチな時期であり、圧倒的な民青に打ち勝って確乎たるケルンを築かねばならぬ横浜市大に於ける闘いが苦難を極めていたことは事実だった。しかし、七・二事件後の、浩平の言葉を借りれば「空気の入って」ない「消耗」ぶりの主要な原因は、やはり中原素子との関係に於て「目に見えぬ袋につつまれて手も足も動かすことができなくなった」至純と絶望と孤独の渾沌たる意識に発していたのであろう。

大浦圭子の死を契機として始まった人の生き、己の生きるということが何故であり、如何なるものなのかという探索と自我の追求は、青年期の誰しもが経験する対自的思惟の凝縮であり、一つの確信への熾烈極まりない模索であったはずだ。この期に安保の与えた影響は甚大で、自我の問題は人間の問題に敷衍され人間とは何ものなのかという問は人間はいかに在るべきかという問の中で追求され、マルキストの道を選んだものの、対自的意識の明晰さと本来の感受性の鋭さは、「松ボックリとブドウ」に象徴される明暗両極を振子のように揺れ続ける中で、いつの世にも人が自ら生きようとした時に必ずつき当る「哲学の永遠の課題」がこの世は生きるに値しないのだという否定的回答を強いたのだろう。こうした基調の上に、尚かつ現実の秩序を打ち砕き人間を解放せんとする闘いを遂行していったのだ。否むしろ、この闘いによってしか浩平は己の生を支えることが出来なかったのかもしれぬ。そして、一切の情熱を論理的に正しいと信ずる行為の内に燃え上らせ、一種精神主義的ストイシズムを武器として自らとの闘いをも続けていたのであろう。私はまえがきにかえる文章の中で浩平の死は中原素子を主要動機としていると書いたが、尚かつその死はいわゆる失恋自殺だと認め難いものではなかろうか。そして、中原素子に対する一因集中性さえあると思う。

ともあれ、七・二事件を境にして二人の関係は悪化した。そこには若い男女間に共通なお定まりの微妙な心情のからみ合いと、相手方の努力の割には不充分な意思の疎通の他に、革マルと中核に二分したマル学同のドラスティックな党派闘争が色濃く影を落していた。「六月の甘美な夕べ」以前においても、以後においても、浩平の渇望した二人の思想的同一性の獲得による最も熱き恋の燃焼は、屡々甘き囁きを以って充たすべき時間をぬきさしならぬ思想論争にしていたに違いない。浩平は単に中原素子への強引極まる説得を試みたのではなくて相互の議論を通じて双方の自己批判を経ることによってのみ止揚される両者間の変革の希求に貫かれていたと考えて差しつかえないようだ。しかしながら中原素子のきわめて心情的なセクト主義の純粋性はいたずらに頑強な反抗の姿勢をとるだけで、自らを論理的に明らかにすることなく、一層の恋情と苛立たしさを掻き立てたのではなかろうか。死の数ヵ月前からは「思想的同一性なくして他との一体感は成立しえない」という信念も「それなりの対立は認めつつも双方の努力によって連帯感を共有しよう」とする所まで変ってきていたのだが、その頃には中原素子は頑固な防衛的態度の中に籠城してしまっていて手の施しようもなくなっていたのが実情らしい。中原素子の浩平に宛てた手紙は、七・二事件後、ハッキリと断念して生きようとした時期に焼却されているのでこの辺のことは検証すべくもないのだが。

今年の正月は、浩平も食欲をとりもどしてかなりの快活さを見せた。多量のアルコールと雑多な料理は、父と三人の兄弟の小宴を賑わせ、夜を徹する談笑を楽しんだのだったが、それから一ヵ月も経ぬ一月二六日、帰宅しない夜は大抵泊り込んでいた同志でもある学友の下宿で、ブロバリンを飲んだのだった。

青春は、いつの世にもある種の壮絶さとめくるめくばかりの輝しさと、そして致命的に痛苦なものを持っているものだ。人が真に生きようとする時に陥る精神状態という言葉の真の意味におけるノイローゼ、絶望と孤独によって、たとえ現実の死に至ろうと至るまいと、それ故に一層よくものが見え、聞える人生のこの時期を、やはり私は浩平に生き貫いてほしかった。とはいえ私には生きることの意味を、是が非でも生きねばならぬ意味を論理的に説得しうるわけではない。ただ、この時期を生きぬいた浩平と互に暗黙の微笑を交すことによってその手ごたえのある重さの感覚を共有することができただけなのだが。

その未遂に終った服毒自殺を経た後も別段のめだった変化は認められなかった。椎名訪韓反対闘争とそれ故の十日間の入院、退院まもなくして川崎鉄鋼に始発電車でビラ入れに行くなど、思想的な挫折の気配は全くなかった。そして三月六日、はっきりとした決断と一切への全き断念の上に射す溢れるような性来の快活な明朗さの光の中で、自ら、再び決して目ざめることのない深い眠りに陥ったのである。

告別式には百余名の同志が集り、涙のうちに「インター」「ワルシャワ労働歌」「同志は倒れぬ」を繰り返し唱ってくれた。その同志たちは、マルクス主義者としての立場を生活の全領域に亘って貫こうとし、それ故の内的矛盾を全面的に開花せざるをえなかったし、また、マルクス主義者としての崇高な道を選びとったが故にその最も困難な道を歩まねばならなかったというパラドックスの中での浩平のこの現実の全面的放棄をどのように受けとめ、実践的にとらえかえすのか。浩平の死から何ものかをつかみとるとしたら、やはりこの生の中で浩平が求めようとしたもの、そして果たしえなかったもののはずである。

しかしここに収めた遺稿はあまりに少なく、また中原素子への書簡を中心とした偏重のきらいが否めない。すべてを読みとるにはこれだけの遺稿では無論不充分である。しかし紙一重の差でこの世代を生きぬいた青春も計り知れず多いに違いない。そうした人々の一定の共感を得るにはある程度満足すべきであろう。

このあとがきも、兄弟として浩平の死を充分に意味づけることは、とうてい紙数が許さず、ラフなスケッチと私なりの主観的な懐想でしかない。かりに私がこうした形で浩平の生と死とを偏狭にくくろうとした所で、それは自づとはみ出してしまうであろうし、またそのはみ出すものこそ最重要なものだと信じている。

最後に遺稿の収集、編集におしみなくご協力下さった友人、同志の方々、とりわけ安倍邦夫、中原素子の両君に心から感謝したい。また、終止一貫してご懇篤なるご配慮を賜り、遺稿集出版に際しては浩平のおかれていた運動の状況について特にご執筆下さった北小路敏氏に対し衷心よりお礼申し上げたい。

第2部

奥浩平を読む

写真出典：『青春の墓標』（文藝春秋刊）

『奥浩平　青春の墓標』刊行にあたって

レッド・アーカイヴズ刊行会

奥浩平の遺稿集は『青春の墓標』と題されて、一九六五年十月に文藝春秋より単行本として刊行されました。七九年までに四十七刷、二十六万二千冊を発行、その後文庫化されて八一年までに七刷十六万五千部を発行、十六年間にわたって合計四十二万七千冊が刊行され、読まれました。

「ある活動家の愛と死」のサブタイトルの付いたこの種の出版物が十六年間にわたり読み続けられたことは他に類を見ないといっても過言ではありません。長く読み継がれたことによって、この本が多様な階層の人々に影響を与えことも事実です。レッド・アーカイヴズ刊行会編集部は同書の復刻にあたり、同時代に生きた者たちの証言を解題としてまとめました。また、散見した限りの奥浩平に関する刊行物について、「アンソロジー」として掲載しました。

奥浩平は一九六二年三月に都立青山高校を卒業後、一浪して横浜市立大学文理学部文科に入学しました。当初キリスト教に向けられていた彼の「問い」はマルクスに依拠して思想的な営為の道をたどり、大学入学時点で彼はすでにマルクス主義者でした。

六〇年安保闘争の敗北以後、全学連の崩壊による運動の弱体化という状況下で、彼は「第二次砂川基地拡張反対闘争」「日韓会談反対闘争」「アメリカ原潜横須賀寄港反対闘争」「ベトナム反戦闘争」などの政治課題を満身創痍となって闘い抜いたのです。彼は机上の理論家ではなく正に闘士でした。新しい読者は、彼の文章の率直さと表現力に驚くことでしょう。高校時代からはじまる厚い一冊のノートに、彼の人生の大切な部分のほとんどが表現されています。マルクス主義へと深く踏み込むその姿勢は、六〇年安保の国会で殺害された樺美智子のヒロイックな精神を受け継ぎ、素朴かつ根本的な問題意識で日本資本主義がもたらした『不条理』の根源を問い続けるものでした。

現在の政治、社会状況は二〇一一年三・一一東日本大震災と福島第一原発事故、二〇〇一年九・一一米国同時多発テロを抜きには考えられません。そして時代を画するこの大事件に共通して現れたのが、警察国家的な情報統制と情報操作によるデマゴギーです。これらを前にして自分たちの生活と子供たちの未来を再建していくこと自体がとても難しくなっています。どのような場面でどのように闘うにせよ、闘いを担うのは「人」です。国家権力の非人間的なシステムが発する政策との確執は「人間としての基準」をもってやりとげなければならないと思います。

『青春の墓標』を再び刊行することに対して「古き良き時代の回顧」という批判があるかもしれません。しかし私たちは、奥浩平のなげかけた問題はいまだその鋭さを失ってはいないと考えます。とりわけ誰もが駆け抜ける青春期の苦悩と葛藤は、時を超えて普遍的と言えるでしょう。

二〇世紀のさまざまな指導理念が失われ、先が見えない時代の今だからこそ、原点に向かう思考が大切でありましょう。本書はそうした営みに知的刺激を与えてくれると確信します。

（付記）

文藝春秋版では巻末に北小路敏氏による「学生運動の潮流と課題」という当時の運動の解説が掲載されていますが、著作権者との連絡がとれず割愛しました。「学生運動の各派系統略図」は当時の党派関係を知るうえで必要と考え、新しく書き直した図を関連年表とともに巻末に掲載しました。なお、原本にある明らかな誤字は編集部の責任で訂正しました。

当然のことですが、現在の党派状況を前提にして本書を読もうとすると、さまざまに奇妙な、矛盾的な場面となってしまうところがあります。五〇年の時間の近さとまた遠さを念頭に読んでいただければ幸いです。

Ⅰ　同時代人座談会「奥浩平の今」

［出席者］　川口　顕、遠藤英也、飯野保男、軍司　敏、斉藤政明（敬称略、発言順）

(1)　奥浩平との接点

川口　再刊が決まりまして、『青春の墓標』についてリアルな、横浜市立大学の同時代の人たちからのさまざまな感想、推薦、この本はこういうふうに読んで欲しいとか、この本はこういういいところがあるとか、ひとしきり語っていただいて、昼すぎたらもう一歩突っ込んだ領域で、斉藤さんと私が書いた文章を別送いたしてありますが、こだわっている点というか、彼を今評価していく視点というか、そんなような発言があるとちょっと引き締まったものになるのではないかと思います。

突然五十年の時代を遡るわけですが、あの時代からということで、お話をいただきたいと思います。

遠藤　僕はですね、活動し始めたのは大学二年の時。一年のときは平民会（平和と民主主義を守る市大生の会）というのが、横市大の大衆を集めた反代々木系の団体としてあったんですけど、そこに時々顔を出すくらいで、二年になってから顔を出す時間が多くなり、その時に一年生で奥浩平が入ってきて、私が二年で、斉藤君はその前から一年の時から活動していた人ですけど、私は斉藤君と奥浩平と接触して本格的な活動に入っていった。

本格的と言っても、私は大学二年の時からアルバイトを週三回、塾でしていて、三年以降は週五日ぐらい夕方から塾のアルバイトをやっていて、その時間になると抜けなければいけないということで、デモの途中から、集会始まってちょっとすると新橋まで走っていって、鎌倉に塾があったんですけど、帰るというそういう生活をしていたんですよね。

ですから、運動グループの近くにくっついていたというか、そういう感じでしたよね。で、奥が入ってきて、斉藤―奥という態勢になって、横浜市大の学生運動が新しく出発し始めたかなと。それ以前の先輩たち、六〇年安保を闘った先輩たちは卒業しましたからね。

で、私は三年の終わり頃ですかね、奥が死んだのは、そのあとは、一種の精神的な病みたいになっちゃって、あとで考えるといろいろ原因があったことがわかるんですけど、精神的に状態がおかしくなったということがあって、しばらく運動から離れていて、また活動を始めたのは三十歳近くになってからでした。

それから四八歳まで一八年間くらい杉並にいたんですけど。その時はほんとうに、ただの、なんというか縁の下の力持ち的な支援というか、そういう活動の中で考えてみると、奥浩平君との、約二年間位、すごい輝きですね。

話は前後するんですけど、僕が鎌倉で下宿していた時に、十数人で、アパートですね、そこに私より五つくらい上で、若い頃新日文（文学団体・新日本文学会）で活動していた人がいて、この遺稿集を見せた時に、「いやこれはすごい」「こういう感性をもった人はいない」「これは二十年後、五十年後の後世で光り輝くね」「今の、同時代人はなかなか分からないかもしれないけど、後の人が気がつくね、これはすごい」と感嘆していました。

川口　なんという方?

遠藤　五十嵐さん。散髪屋さんで、後年、アートネーチャーの創業者のもとで会社を支えてきた人ですけど、そのあとアートネーチャーから独立してカツラ屋さんやって、もう亡くなりましたけどね。

私も遺稿集を読んだ時は衝撃でした。こういう感性がある人間、こういう感性をもった、言葉をもった人が一緒にいたということがたいへんな衝撃。一緒に活動しているときはもう一方的に言いまくられる、どっちかというと、相手にされない口ですかね。手紙が何回か来たんですけど、手紙に返事をする暇もなく、それから言葉も持ち合わせてないというか、返事もしなかったら、手紙もこなくなった。手紙といっても、この本に書いてあるこういう言葉が来る訳ですから。理解しきれないというかね、その時代では。だから同時代一緒に生活し一緒に活動していても、なかなかついていくのが大変、そういう印象でしたね。

ただ、言っていることは理路整然としているし、言葉もはっきりしている。人を引きつける話術というか、そういうものも持っているし、同時代を生きた者としては、誇るべき人物だと思います。

私の間借りの家は鎌倉にあったんですけど、アパートに移る前は戸建ての別棟みたいな、同じ棟なんだけど入り口が違って、そこが会議場になるんです。そこで会議して、朝まで寝て、朝そこから学校に行って、飯をみんなで作って、そこで会議して、飯くって、朝出かけていくという、そういう場所になっていました。

ある時は奥浩平が一人で来た時なんか、料理がうまいんですよ。凝った料理を作って、「うちの親父はネギマを作ってくれた」って。どういう料理かというと、出し汁をとってネギを入れて、最後にマグロのぶつ切りを入れる、これがネギマ。それとご飯で大ごちそうだった。

とか、この家は木がたくさんあるところで、入り口に長芋のツルがある、葉の裏側に零余子（むかご）がなって、「これがうまいんだ」といってフライパンで炒って、つまみにしてビールを飲んだ。私といるときは真面目な話はしない。真面目な話をしてもしょうがないと向こうは思っているからね。

斉藤君のところに行っている手紙を読んで、斉藤君は応答できるからいいけど、僕の方は応答できない、これはだめだと彼は扱っていた。いろいろ物知りだったし、教えてもらい勉強させてもらったという感じですね。

斉藤君が何度も書いているように、死んだ後も奥とともに生きているという、それが絶えずどこかにありますね。

川口　昔はＭＫという組織会議を定期的に開いていたじゃないですか。そのときはどういう感じだった？　普段の生活ではなくて、そういう組織会議の中のことで覚えていることがある？

遠藤　あんまり覚えていないけど、組織会議のなかでは、ほとんど覚えてないなあ。すごいですからね、彼の言辞は。九割がた一人でしゃべっちゃって終わる。

飯野　私が入学したのは六五年なんですね。奥浩平さんがなくなったのが三月でしたから、私は奥浩平さんと面識もなければ、以前の活動とか、いま話に出たようなことは一切知らないわけなんです。

大学に入って最初は、民青の方にちょっとオルグられたりして、それでちょろちょろやってた時に、私の高校時代の友人から、こんな本が出たよと、お前の大学の学生が死んだんだ、とにかくこれ読んでみろ、といわれて読んだのが『青春の墓標』でした。それまでは本の存在すらも知らなかった。

それで、ちょうどそのころ、女性問題とか社会に対する悩みとか、それなりに抱えていたんですけど、正直言って、読んだらとにかく、なんというか、圧倒されましたね。驚きとか、とにかく、すごいね、例えば「革命」という言葉が出てきても、あのころすでに「革命」という言葉も死語に近いと言われていたときに、「革命」ということに対する、自分の全身全霊でやっているというか、言葉に対する偽りがないという、そういう熱情というか、それを読んで、その後、斉藤さんたちの中核の運動に入っていったんですけど…。

ですから奥浩平さんとの接点はまったくないわけで、私が大学を卒業してからは運動から離れていったんですけど…。

川口　中核派には加盟していたんでしょ？

飯野　そこはちょっと川口さんにおこられたんですよ。お前はなんで加盟書を書かないんだと。その時、川口さんがキャップだった。私もねえ、それを優柔不断に避けていた。

ただ、川口さんも池袋（中核派の事務所・前進社）に行っているし、あと残っているのは石川さんと僕と須藤くんぐらいだった。それで斉藤さんの文章に出ているんですけど、遠藤さんが、奥浩平さんが亡くなったのは斉藤さんが池袋に行ったからだと、もっと支えてやればいいんだという話があったけど、私たちも同じような状況だったわけなんですよね。

話がずれるかもしれないけど、私なりに悩んだ時もあったんですよ。それで、違うかもしれないけど、うちの兄が、組織というのは、今は仮に三人だとしてもまた時代が変われば変わっていくんだから、例えば六大学野球で明治が優勝し、来年は早稲田が優勝したりして、そういうことなんだよと、そういう話が出てね…。

川口　お兄さんは活動家じゃないんでしょ？

飯野　活動家じゃあないんです。

川口　活動家じゃない人に、組織にちゃんと参加しろといわれたわけだ。

飯野　そうじゃなくて、三人でやっていて、なかなか思うようにいかないなというのを、兄貴が見ていたわけですよ、一緒に住んでいたから。自宅でね。あんまり思い詰めるなと…。だから手記にも出ていましたけど、ここでそういう話が出てたら、また違った展開になっていたんじゃないかと。

それから最後に、手元に『青春の墓標』の本がないんで、そのときの記憶でいうんですけど、遠藤さんも仰ってましたけど、言葉というものをそのまま体現できる人だったのかな、と。モノを書いたり言ったりしたとたんに、ちょっとこう自分の意識と言葉との間にズレというものが出てくることがあると思う。それが奥浩平さんの場合には全然ない、というかそれだけすごい人だったんだなと。そういうふうに思って、あらためてすごい人だと思った。

軍司　僕は斉藤くんと同級生なんですけど、同盟員になると言ったんですけど、文字（加盟書）をかくなんてことは後で知ったんで、文章を書いたことはないです。だれにオルグられたかも、僕ははっきり覚えてないんだよね。ただ、入れと言われてウンと言ったことは覚えている。

当時、社会問題には関心を持っていて、奥ともいろいろ喋ったはずですけど、何を議論したかはすっかり忘れてしまいましたね。

ただ奥のことで一番鮮明に覚えていることは、よく東京にデモにきたわけです、横浜から。なんのデモの時だったか、私の靴が脱げちゃったんですよね。デモが終ってみんな集まったでしょ、靴がないのがわかって、買って持ってきたんですよね。これ履いて帰れって、横浜に。僕は、奥はこんなことするんだなあって、あらためて思って。それずうっと忘れていたんだけど、これ（座談会）があって、あのとき奥はこういうことしてくれたんだって、また思い出しましたね。

そういうことで、僕は横市大終ってから都立大に行ったんですよね。で、そのころは横浜で積極的に活動してたとは全然言えない。デモにはよく行ったけど。都立大に行っても同じようですね。あのころは大学紛争あったころでいちばん騒いだ頃なんですけど、別段一生懸命やったことはないんですね、ただ中核派は都立大にもいたので、集会とかに行って聞いてたくらいです、それ以上のことはやらなかった気がします。

そのぐらいでしょうかねえ。活動したということでいうとしたらですね。

ただ、僕が宇都宮大に勤めてから、遠藤さん来たよね、宇都宮にね。なんかのカンパだったか、忘れたけど。それから石田君も来ましたね。そう。ただ川口君は来なかった。

遠藤　だから川口君のアレじゃないかな、保釈金カンパね。それで行ったんじゃないかと思うけど。

斉藤　宇都宮大だったら時代が違う。

軍司　そういうのじゃない…忘れちゃったな。

川口　だけど活動していくっていうのは、左翼運動でやってたわけで、そのことと勉学上、哲学で、専攻はサルトル？　哲学という領域で教師になろうと決めたのはいつ頃なの？

軍司　大学の時だね。

川口　当時、「革命的インテリ」って言葉があって、大学院に行ってそうなれといわれた？

軍司　そうですね。

　奥の印象について言うと、僕は、奥ってのは人懐っこい人だなあってことだよね。なんか、いつの間にか来て話すんだよね。そうすると、なんか抵抗なく話せるんだよね。こっちも。

　そういう印象と、やっぱり靴（サンダル）買ってきたということが、僕には強いですね。

　あなた（川口）については、芝居をやっていたでしょう。あなたのイメージは、僕はそれだよ。いちばん最後のシーンに登場して、締めくくりのセリフを言っていたね、一人でぽつっと出てきて…。

斉藤　「明治の柩」（脚本、宮本研）のころ。

川口　それなら六七年の春です

斉藤　彼はもうその時卒業してるから、その前の春じゃないかな、彼が言っているのは。

川口　まあ、春・秋公演やってたからね。

斉藤　私は今、長崎県の離島の壱岐にいて、壱岐に来てもう五年になる。そこに帰る前、最後の四年間、実は私は奥浩平の墓に毎年行きました。で、理由が、この遺稿集の「はじめにかえて」と「あとがき」を書いているお兄さん（奥紳平氏）が亡くなって、それでお兄さんの墓参りを兼ねて四年間行って、その後は壱岐に行ったんで墓参りに行っていません。

その時、奥浩平の墓に行ったのは、彼が納骨した六五年、納骨した年だけど、なぜか道は完璧に覚えていた。覚えているかどうか試しながら歩いたんだけど覚えてました。

四年間、お兄さんを含めての墓参りをしたのは、実は小嵐が書いた『蜂起には至らず』と関係します。小嵐はそこに奥浩平についても書こうとしていたようで、書くにあたってお兄さんのインタビューを小嵐がやりたいというのが、「革共同」の小野正春さんに持ち込まれた。彼から広島の藤田氏（市大出身革共同広島県委員会、故人）に問い合わせということで、これは藤田氏も同じ横浜市大ということで、ところが藤田氏もぜんぜん付き合いがないということで、廻り回って、あいつなら知ってるはずだというんで、藤田さんから電話があって「お兄さんにインタビューしたい」と言っていると。

そのころ何か、彼の短歌か何か読んだことがあるんで、そういう人かと思いながら、それで、お兄さんの会社に電話したら定年退職しているので教えられないというんで、廻り回って調べて、お兄さんから電話があって、で、お兄さんに奥浩平にかんする本が出るからインタビューを希望されているので応えたらどうですか、と話しました。

本が出て読んだら、インタビューはなかった。で、小嵐に、この中で一番面白くないって手紙書いたら、「わかるか、いちばん力を入れなかった」というような返事が墨の字で来ましたけど。墓参りに行ったのはそんな経緯からでした。

川口　紳平さん亡くなったの七年ぐらい前？

斉藤　これから逆算すればわかるけど、ちょっと正確ではない。それで川口君にも亡くなったよという電話入れて、で、格好つけた言い方すると、人間がほんとうに死ぬのは、その人が記憶から消えた時に死ぬんだという言葉があるみたいだけど、その限りで言うと僕の中では、こういう契機がなかったらちょっともう、運動から離れて浩平のことはあまり思い出さなくなっていました。

で、約三〇年近く、二七年か…、仕事にかまけて思い出さなくなっていたという、それでふと自分で覚書をメモしようと言う時に、こういう動きがあったんで、そこからちょっと覚書をメモして、メモし終わってちょっとした頃から、田舎に帰ることもあって、田舎に帰って、川口君から電話があって、また思い出しながら書いた感じです。

川口　斉藤さんの話の中心は、文章のタイトルが『奥浩平がいた――私的覚書』（レッド・アーカイブズ第三巻で出版予定）となっている、その文章の話です。

斉藤　奥浩平に引き寄せて言うと、ちょっと僕は最近考えることがあって、やはり二度目の自殺であるというところにポイントがあると、僕は思っています。ちょうど自殺する数ヶ月前に、たまたま僕の下宿で自殺未遂したらしいんだけど、僕はその日、本社（前進社）に泊まっていましたから、分からなかったんだけど、葬式の日にそのことを聞いて、二度目だというので、一度目を知ったやつが言わなかったというのが、そいつに恨み骨髄というのが先に走ったんで、その時は何も考えなかったんだけど、いま考えると二度目であところに鍵があるのではないかと、最近思っています。

これは川口君が今思っていることと違うと思うけど、奥浩平には死にたいということがずうーとあって、で一回未遂、二回目で自殺になったのではないか。で、死にたいというのはどういうことか、原因というのはいろいろあって、ただ、死にたいということに対していろいろ言うのはいいんだけど、例えばの話ですけど、僕が高校時代に読んだ本で、また話がもどるけど、例えば原口統三の『二十歳のエチュード』だとか、藤村操の『巌頭之感』に感じた死への思い、高校時代に読んで、そういう思いというのが奥君にもあったのかなあ、と。最近は非常に感じることです。彼が、逆にそういうのを持って六〇年安保、高校三年生の時に全学連もデモに出て、六・一五の時には疲れきって家に倒れ込んで帰ってきたというのを、お兄さんが書いているけど、そういう風な彼が、その後、学生運動なりいろんなものを、三年間、全身をぶつけてやってきたんではないかと、最近、僕はそのように思うんで、この辺は川口君の見方と違うと思うんで…。

そのあと、奥浩平の遺稿集を読んで影響を受けたという人も多いので、例えば、僕は読んでないけど高野悦子の『二十歳の原点』とか、非常に多くの影響を受けたと言ってますね。

そういうふうに同じような思いを持って生きていた人の時代を彼がああいう形で、学生運動という形であれ、革命運動の創世期という、新左翼の、そういう頃を突き抜けたのではないかと最近は見ています。ただそういう言い方をすると僕は覚書を書けないだろうけど。

こういうことが自分に跳ね返ってきているという感じです。これは言い出すと切りがないのでこの辺にします。

川口　僕は一浪して六三年入学です。六三年は、遠藤君と似ているのだけど、生活のために一年間バイトやっていた。新橋の、デモの流れ解散の土橋の向かい、角っこにあったキャバレーでバイトやってた。まだアメリカ兵がかなり、あの辺を歩いていたんで、英語の喋れる案内係ということで、ボーイさんより一割ぐらいギャラがいい。会計係も兼任で。メンバーさんていう仕事。

ボーイさんはみんな水兵の格好していた。だけど案内係はスーツ着ている。オフィサー（士官）がいるのだけど、フロアマネージャーはやっぱりでかい人がいて、それがバーンと構えてる。

そんなところで一年間働いて、学費、生活費を稼いで、二年から大学に行き始めた。まあ一年の時にとらなきゃいけない単位がいっぱいあるんだけど、絶対取れなかったのが体育ね。あれは時間厳守だから一分遅れてもハンコくれない。だから四年か五年経ったあとでも、体育だけは成績表に全然丸がついてない。まあ、保守的な人が多いからね。体育の教師というのは。意地が悪くてね、必ず時間割の一時間目に入れて、一分でも遅れたら単位くれない。ソフトボールとかやっているだけなのにね。

まして別の「運動」やっているっていうのは、もう目を三角にして、ダメって一言で。

そんな具合で結構、一年の内も教養単位は大体とったんですけど、二年になってからは、演劇部と平民会の活動の二股で。その時にオルグに来たのが斉藤―奥のコンビネーションで、僕もその辺の話はきちっと文章にしようと思っていますけど、やっぱりいちばん運動に参加するきっかけになったのは、やっぱり世界観が広いというか、躍動しているというか、学園とか日本とかレベルではなくて、世界革命だからね、とにかく。そんな話、いままでの自分の生活の範囲では、語る人もいなかったわけだし、それから一生懸命、ロシア革命の本とか読んだり、トロツキー読んだりして勉強し始めたんだけど、これから世界はすごくなってくるんだな、という予感は持った。ロシアの十一月革命は一七年だからまだ地続きの時代ですよね。六〇年代ってのは。五〇年遡ったらロシア革命ですから。

そのこともあってグイグイ引きつけられた。三月合宿（中核派の学習会）にも行ったたし、学内学習会もやったし、勉強して、まあ一人前の同盟員、活動家になっていった。

だけど奥とはずいぶん話ができてないですよね。政治活動についての接点は非常に多いけれども、例えば演劇の話しても彼はあまりフィクションは好きでなかったみたいで、小説の話もしなかったし、まして演劇の話なんかぜんぜん出てこなくて、噛み合なかったということでしょうね。

だけどまさに演劇の世界は男女の葛藤をテーマにしているものが基本なわけであって、そこのところを彼が、それなりの共通の本を読んで、糸口が開かれて話ができるようになっていたら良かったんだと思う。

でも、まあ、かれは自分の世界を持っていたからね。しっかりしていたというか、殻も堅いというか、けっこう固い殻を、個人、自己意識として持っていたという気がしますね。

容易にそれは開かないというか、最後まで開かないで、日記の中にだけ彼は吐露していた。自意識の殻というのがすごく強い人だなと思いました。

あとは、葬式の話とか、斉藤君も書いているし、特に思い出すことはないんだけど、彼の家に、死ぬ前の年、だからたぶん斉藤君のところで自殺未遂をやった前後のことじゃなかいと思うんだけど、十月頃、俺が招待された。晩飯食おうかということで。ひばりが丘まで行って、親父さんがいて三人で酒呑んで、すき焼きかなんか食って、その時もすごく寡黙で、なんか話しそうなんだけど何も話さないで、なんで呼ばれたのかよく分からないでさ、飯だけ食って帰ってきたような、そんな記憶が残っている。

だから彼は、信号は出していたんだよね。斉藤君とこでもそうだし、俺をひばりが丘まで呼んだというのもそうだと思う。だけどそれが、周波数がいずれの場合も合わなかった。交通に至らず、断絶したままだったんだよね。寂しかったと思う。

僕は個人的にその点、奥が中原素子と付き合うころと同じ頃、今のかみさんと付き合ってたから、もっといわゆる「彼女」の世界の話をしておけばよかった。奥との接点というのはだいたいそんなところです。

(2)　今、奥浩平を読むということ

川口　二つ目の領域というのは、奥浩平の読み方というか、奥浩平をどう読むか、奥浩平へのアプローチ、視座、なんでもいいんだけど、やっぱり三十万部、四十万部売れたというのは、「活動家の愛と死」というあの帯、あるいは「チボー家のジャック」というストレートなイメージというか、そういう面で読まれて部数がのびたんじゃなかと俺は思っている。

実際、そういう風に読めるし…。ところが『幻想の奥浩平』(川口顕別稿)で書いたけど、中原素子はまったく恋心も、恋愛感情も、そういう対象としてすら奥のことを見てなかったんですよ。単に青山高校の社研の仲間というそれだけの付き合いで、まあ手ぐらい握らせたことはあるかもしれないけど、恋人としての、キスをしたこともたぶん無いだろうし、ましてセックスは無いわけでね。恋人関係を成立させるものは彼女の方にまったくないですよ。

いちばん気になっていたのは、機動隊に鼻を羽田でぶん殴られて入院していた時に、安倍邦夫と中原素子と二人で見舞いに行ってるの。本来の革マルだったら、政治的立場から言って、中核派が闘争で怪

我したからといって行かないですよ。政治的立場から言ったら。なんでヌケヌケと見舞いに行ったのか不思議でしょうがなくて、安倍にそのことを聞いたら、それは前提が間違っていると。要するに早稲田という、ビラを受け取れば革マルのビラしかないようなところで、単なるシンパであってね、そういう人で、もとのベースは社研の仲間ということから、見舞いは全然不自然なことじゃないよ、と。まして恋愛感情というのはまったくないわけだから、あっけらぽんと、見舞いにきた訳です。

飯野　漱石の三四郎の峰子という女性を「無意識の偽善者」と漱石が書いている。結局、それらしきポーズを三四郎に与えて、ふっと逃げたりするという、そんな感じがしますね、話を聞いていて…。

川口　そういう見方もある。彼らも自分たちのことをエディップスコンプレックス、奥の方は母親に対するコンプレックスを持ち、中原さんの方は父親に対するコンプレックスを持っているんだみたいなことを書いたりしてるのだけど、そういう視点からのアプローチも可能だけれども、それはあまり良くないと思う。心理学的にそういう言葉自体が、手垢がついていて、それを言うとなんか全部分かったような気になっちゃうというところもあるので、そういうふうなアプローチをするのであれば、もっと踏み込んで他のコンプレックスが心理学上の用語としていっぱいあるんですから。母親と似ても似つかぬ人に恋心を寄せるとかね、そういうのも心理学上の名前がついている。

そんなようなことが、五年ぐらい前だけどインタビューでわかって、そうとう私自身が、前提として恋愛観だとか、前提として革マル派だとか、そういう考え方で物事考えていたら全然違う。なにもなし。

奥のこの本の中でかもされて膨らんでいった恋心というのは、この奥の世界の中で、要するに例えば恋愛というフィールドを百の単位とすると奥には一ぐらいのものしか結果がなかった。ということが明かされて、ちょっと考え直す必要があるなと思った。

あと、第二の視点は、今のようなロミオとジュリエットの話ではなくて、やっぱり活動家としてちゃんと見ないとダメだよということなんです。

さっき斉藤君が言ったみたいに、アプリオリに人生に対する無常観というものがベースにあったんじゃないか、という話をしていたけど、人が一人死ぬ時に原因というのは分からないわけですよ。原因はわからないけど環境は分かるわけです。環境の中から何を導きだすのかということを考えないと、活動家として確かにすばらしい仕事をしているわけだし、もっとハイブローな言い方をすれば、革命運動というのは恋愛問題について考えない運動なの？　っていうことになるわけです。それを突き詰めるとリブの運動の、革命運動は女をただの女としてしか見てないの？　という話なわけでしょ。女は単なる女じゃないよという主張があって、その後、党派性を持ってくるのだけど、その辺の視点の転換というか、考え方の転換をしないと、彼の評価はできないのではないかと思っている。

三つ目は、七・二早稲田の事件にからまる、今日まで繋がる抗争事件。これの出発点であると、いくつかの「新左翼総括論」にはゲバの出発点は七・二だと言っているわけだけど、奥も当事者だし私も当事者なんですよ。突っ込んだ口なのね。斉藤もたぶん行ったと思うけど。

あの時、革共同として現場を指揮していたのは小野田襄二で、最近、雑誌『情況』（二〇一四年５、６月号）で彼は、ドキュメンタリックに書いているんです。あの時どうしてこういう行動をとらざるを得なかったのか、みたいなこと。あまり自己弁明的でなくて、読んでもいいと思う。資料的価値がある。

恋愛の破綻というシーンから、革命家として革命を志した人間としての奥浩平の姿を再確認していきたいということ。七・一一の事件というものを、もう一度考えてみる必要があるのではないかと。世間様では「内ゲバ」の始まりと言われているのだけど、私は、もうちょっと違った角度で見た方がいいのではないかと思っている。学生運動全体に対しての見方の変更を求めたいというのが私の気分だよね。その辺どうですか？

要するに恋愛の破綻という視角と、革命運動家としての浩平という視角と、社会的問題としての七・一一に彼は参加して、なおかつ「五分でケリをつけられなかったのは失敗だ」というあの有名な総括、そういう視角でこの本を、読み直すというのがひとつの「今」ではないかと。そういう提案なんだけど、ほかにもいろんな見方というか視点もあると思うので、斉藤君の方で何かあれば。

斉藤　話をもどすと、奥浩平の遺稿集は当時どっちにしても四十万部以上出たことははっきりしている。

当時、七〇年のころ、大学生というのは、大学歩くと分かるんだけど、九州の西南学院大学とか九大を歩くと、学生がこうやって脇に、『青春の墓標』を脇に抱えているといった風景があって、あとほかにもあったけどね、白い表紙の吉本の、言語にとって云々という分厚い大冊とか、みんな脇に持って歩くという感じで、その帯の反映かどうかは、なんとも分からんけど、みんな何かを求めるという時代があって、そこで読まれたという気はする。だいたい流行ると流行るもんね。大学生、学生服もう今はだれも着てないって、着てるのは応援団ぐらいと言われるけど、当時は学生服だからね。デモに行く時にも学生服なわけだから、その中で読まれているって気はするけどね。

そこで問いかけたキャッチコピーなんてものに応じたのか、それは何とも言えん。僕が見ている限りは、みんな何かを自分にいろいろ求めるっていう面があったんだろうな、って気はする。

川口　本出そうという時に景気のいい話ではないんだけど、今の学生は読まないんじゃないかと思う。
斉藤　だから僕は、マイナスな発言にしかならないと言ったのはそこだったわけ。
川口　逆に生死の問題というか、自殺という生死の問題という角度からのアプローチの方が多いんじゃないか。若い世代はむしろそっちの方に関心があって、社会一般にどう読まれるかというのはちょっとわからないね。

こういうシビアな運動をやってきた人間はどうしても、それこそ悪い夢を見て寝苦しかったりするわけだけども、そういうことから本当の病気になっちゃったという人間もいるわけです。それから脱却した人物がいて、本当に仏教に帰依してしまったというね、人間もいるんですよね。そういう人たちなんかは、まあ、幸せなんだけど、やっぱりあの時代をどういうふうに自分の中で押さえ込んで納得して、心静かな状態になれるかと考えたら、結局、道元なんか読むようになっちゃって…、ということらしいです。

時代的にというか、歳をとっちゃったという中で、奥浩平はなんであういう死に方をしたのか、まあ、考えるきっかけにはなるんじゃないかと。

斉藤　私は確か一九七〇年頃、「昭和の青春」「明治の青春」「大正の青春」という連作が出て、そこに奥浩平の文書も所収されたんですね。全文ではないですが。で川口君に、あの所収は「昭和の青春」という括りに入っていて、やっぱり「昭和の一コマ」という括りの中で見るべきではないか、と言ったら、彼はムッとした顔をしたけれど、僕はやっぱりそういう面が強いと思います。

ただ奥浩平個人に沿って喋ってはいませんけどね。沿っていたらまた別のいい方になると思うけど。あのころ、つまりみんななにか、そういうものを通して考える、読んで知るという感じじゃなかったかと思います。自分についてもう一回考えて行くという。

川口　話がそれに対応しているわけじゃないけれど、『チボー家のジャック』(マルタン・デュガール作)をね、彼は中原素子さんとのいろんな文通やなんかの間で読んだりして、ちょっと感情移入なんかしてるんだけど、『チボー家のジャック』は結構彼に影響を与えていると思う。つまり死に方の問題とかで。家庭環境は似ているんですよ。チボー家というのは、資産家、ブルジョワなの。ジャックは末っ子かな、結局、あの時代の反戦運動ですよね、第一次大戦だったと思うけど、あの戦争に反対するために彼が選んだ最後の闘い方というのは、飛行機をチャーターして、前線に飛んで行って反戦ビラを撒くという戦術で、それに命をかけてそこで死ぬんです。すごく漫画チックなんだけど、青少年のころ読むとそれが胸躍るような冒険話に近いような、勇気のある、大胆なというような。前線に飛行機チャーターしてさ、あのころは複葉機だから、下から鉄砲で撃つと、ドーンと落ちちゃう、そんな飛行機でビラ撒きに行って撃墜されちゃうんだけど、そんなような劇的な死に方がひとつのパターンとしてあって。

もう一つは、言うまでもなく樺美智子さんですよね。闘いの中で死ぬという。彼のイメージの中で一つ持っていた。

で、二回怪我したということもあるし、額を切った時と鼻をやられた時とあるんだけど、僕の経験からしてみると機動隊とぶつかっても、あまり顔は怪我しないんですよ。なぜかというと顔は伏せるからね、どっちかというと頭の方が怪我することが多くて、あんまり顔面を怪我することはない。顔を怪我するとすれば常に正面向いているということですよ。

飯野　やっぱり遺稿集の中でもあったけど、そうとう、真正面でやられたわけだから…、そうだね。

川口　その辺は奥の美意識であって、顔を伏せないというのがあって、闘いの中で死ぬというヒロイズムと繋がっているのじゃないかという気がしてる。

あと、睡眠薬を選んだといういきさつ。Ｏ君というあんなふわふわした人物にしか話せない、相談できない。だって斉藤君に「ブロバリン何錠飲んだら死ぬ？」って聞いたら「お前何考えているんだ」ということになるに決まっているわけでさ。しゃらんと「そりゃあ三百錠以上飲まんとあかんよ」と言われてその通りにしたというんでしょ。あの辺がなんか、自分の最終イメージをどこに持って行くのか揺れ動いていているって感じがするよね。

じゃあ、三つ目の問題というか、七・二のことは、ちょっと触れておきたいですが、あれ現場に行ったのは…。

斉藤　横浜市大からは四人だよ。奥と川口君、俺、大槻。現場に行ったのは。

川口　あれは後世、「内ゲバ」の始まりとか、問題視されているけど、ぜんぜんそんな類いのものでなくて、正直にいうと、あれは六四年の七月二日夜ですよね。ということは私の場合は中核派になったとたんに、やったことがあれだった。

斉藤　大槻君が初めて都自代（東京都自治会代表者会議）に来て、その夜なんだよ。川口君は二度目かな、だから俺は川口君だからやれたと思っているけど。

川口 だから俺は、学生運動ってこうゆうことやるってか…。

飯野 川口さんは体もデカいし、弁もたつし、明治大の集会だって革マル派が襲ってきたでしょ。川口さんは、よーし集まれって、それで指揮者になってた。

川口 そのために行ってたんだから。とにかく七・二は「ゲバ」っていうジャンルにはまだ入らない。僕はその当時も今も変わらないけど、早稲田学内でフロント（構造改革派）、社青同（社青同解放派）、中核は当時運動的にはあまりいないんだけど、要するに一番いじめられていたのは構改なんですよ。社学同もやられていた。彼らが学内で普通の学生運動ができなくなっていると、個人テロでコテコテにされちゃって、学校も行けなくなっていた。なおかつ自治会選挙で、革マルは負けていて、必然的に政権交代という時期を迎えていたわけね。革マルは躍起になっていて、政治的基盤守るために他党派の活動家であれば、テロって学校に来させなくさせるという、そういうことが続いている状況下で、中核派に応援して欲しいという依頼になって、政治的関係でそこで組んで応援しましょう、となるんですよ。

俺なんてさ、早稲田は、高校の時に芝居を見に行ったくらいで、大隈銅像から向こうに入る必要もないし、入ったことないわけだよ。地理もわからないし、革マルの自治会室を襲撃するって、襲撃してどうするんだよって。捕まえてぶん殴るのか、どこまでやればいい、そんなのなんの指示もなしなんだから、単なるデモンストレーション。角材を用意したけど、使い方なんて誰にも教わってないわけですから。あんなの膝でパキッと折れちゃうような柔な杉材ですから。こんなの持ってどうするのかな、と思ったけど、新米だし教わるしかないと思ってついて行った。逃げるたってどっちに逃げるのかも分からないんですから。

私はこういう機会だから喋っておこうと思ったけど、「内ゲバ」っていうふうに言ったり書いたりして、モノを考えることは不可能だと思う。なぜかというと「内ゲバ」は非常に偏見のある言葉で、マスコミが思いついた揶揄を込めた、軽蔑の言葉です。だから「内ゲバ」といった瞬間には、その事件なり抗争はどういういきさつで起きたのか、真面目な点はどこか、糾すべきはどこなのかというふうに前には進めなくなる。「内ゲバ」って言葉自体が「反内ゲバ」って言葉を含んでいるわけです。

「内ゲバ」賛成派というのはいなくて、「内ゲバ」反対派だけがいる。弁護しようとすると「内ゲバ」反対派が「内ゲバ」賛成派じゃないかって追及するね、そういう踏み絵になっちゃっているわけですよ。「内ゲバ」って言葉を使えば、思考停止ですよ。だから、どこから始まったかといえば、どこからじゃなくて、どれがそうなのか、ということがあるだけ。要するに七・二から始まってずうーとやっているという考え方はぜんぜん、現実が見えてない。こういう抗争があった、これはこういう抗争であった、そういう歴史。それを「内ゲバ」という言葉で一括するというのは、もう怠惰の罪だね。考えることをやめた人です、それは。

だって八・二一（六九年法政大学での海老原君死傷事件）にしたって、あれは殺し合いの始まりだと言われているけど、あれも実際の場面では、「うっかり事故」みたいなところがあるでしょ。「うっかり事故」がなぜ起きたかということを反省すれば、僕は獄中にいたんだけど、獄中にいて、あ、マズいことやったなこいつらって思ったけど、どうしてあそこにきちっとした本社の活動家がついてなかったのかと、あれの原因は、革マルが渋谷や新宿でやっていた中核のカンパ活動を襲撃して強盗行為を働いたことが原因です。それがあって、たまたま池袋の駅頭を歩いていた海老原君を取っ捕まえた、革マルがいたぞということで捕まえた。（教育大校内で『前進』売ってた中核派の学生をテロったグループに海老原君がいた、という情報もある）

そこまではいいわけ。取っ捕まえるまでは。取っ捕まえたら、そのカンパ金を取った取られたの範疇から出ないのが政治なんですよ。つまり、なんで捕まえたかといえば、お前たち、取ったカンパ返せと、海老原確保してるぞ、お前ら謝って金返しに来なかったら、それ相当の仕返しするぞと、いうこと解放社（革マル派）に言えばいいんです。そうしたらその範囲内で収まるわけです。謝らない、勝手にしてくれっていうんなら、別の問題になるけどね。たぶん、別に海老原君がすべての強奪の現場にいたわけじゃないんだから。

海老原君がなぜあそこまでやられたかというと、革マル派という組織ってものに対する憎悪が、さっき説明した事情で高まっていたという事情があるわけだけども、そんなふうに分解してしまえば、殺人の始まりでもなんでもない、あれは過失致死の世界。意図的殺人ではない。

その話の流れでずうっと行くと、厳密に言って、革共同は戦争行為として、つまり人を殺してもいいってレベルでスタートするのは、七四年に農林年金会館で弁護団と被告団が全員襲撃を受けたという事件があって、あの時に井上正治と浅田光輝が重傷という状態で、あと僕と防衛隊長の沖青委の山城の二人が重傷と、山城君は頭蓋骨骨折でかなりの重傷。一時期、重体と言われた。浅田先生も左手全部の指を粉砕骨折、井上正治さんにしては両手両足骨折という。本多さん（本多延嘉革共同書記長）もいたのだけど、防衛しきって、多少の傷はあったものの無事だった。

あれをきっかけにして、もう革マル派が鉄パイプ部隊として組織して、非武装の弁護団を襲撃するところまで来たということで、相当の腹は本多さんの中で固まったと思う。それから一年後、七五年に逆にやられちゃうんだけど、その体制を取るのに一年という時間では短かったのではないかと、もっと「前進」（中核派の機関紙）でバンバン煽っていた時代に、煽った分だけ戦争的体制は強まっていなければいけなかったわけだけれども、立ち後れたんじゃないかという気がするよね。「ゲバルト」という言葉にふさわしいのは七四年以降だと、僕の中では整理されている。

遠藤　そこのところを解明しないと六〇年、七〇年、八〇年、その後の新左翼運動が日本の社会全体に与えた影響の大きさの核心が分からないじゃないですかね。もし対革マルということで、われわれが血を流しても闘わなかったらなら、革マルは結構、社会の基幹部を抑えて、自民党なんかはじきだしちゃってね、国家権力をにぎっちゃうことは十分あり得た。そういうところまで含めて…。

「内ゲバ」論がどうのと、それも必要だけど、それよりもなんであの組織が、集団が左翼の皮をかぶって革命運動とか大衆運動に出てきたかだよね。それが力を持ってきて、闘うものに襲いかかることに対して反撃していった戦いが「内ゲバ」とくくられて、逆に大衆の足を引っ張って、日本の社会のあり方を変えてしまって、今みたいな状態になってしまった。その根本の革マルという組織と運動を解明することが全然なされてないというのは大きな問題だと思ってるんですよ。

飯野　最近になって黒田寛一の本が出てるでしょ。『革命的共産主義運動の…』とかシリーズで本が…

川口　そういうまとめの時代に入ってきたということですかね。だいたいおのおの方が終末をえる気配。中核派も革共同創設以来のメンバーが全員いなくなった。白井さんの本によれば全国委員会創立のときのメンバーのリストがある。（白井朗「ブントと革共同との歴史的関係について」『共産主義運動年誌』

〇七年)。

斉藤　話を戻すと、奥浩平なんかいた頃に、われわれはどういうところに位置して生まれてきたのか、というテーマはよく学習会であったわけ。例のハンガリー革命、戦後主体性論争、国鉄新潟闘争、そういうのを土台にして生まれてきたことを、僕なんかの世代の時は、ちょうど革マル派と分裂した時だからかなり叩き込まれたわけ、学習会で。俺も九州に行って、やってたけど、七〇年過ぎたらその辺の運動世代はまったく言わないというか、通じないというか、その辺でそうとう関わってくる人とわれわれの距離が大きくなっていて、自己運動していくような感じになっていて、その辺がなかなか通じなくなってだんだん奥浩平なんかが読まれなくなるというの、そういう香りとして体現しているからね、やっぱり。そういうものがまったく運動の中ではもうなくなっていったという気はするけどね。見ていて。

川口　今日はここまでで…

どうもありがとうございました。

Ⅱ　幻想の奥浩平

川口　顕

ひばりヶ丘の借家で奥浩平を見たのは、三月六日だった。そのとき三畳間には机と小さな本箱以外何もなく、少年時代につながる記念品や、写真など何もおいていない部屋の床に布団を敷いて、冷たくなって横たわっていた。父親は黙然と酒を飲み、時々涙をぬぐっていた。

当時、奥浩平をキャップとする横浜市大中核派は八人位いたが、奥浩平の自死に至る経緯を知るものは一人もいなかった。一度睡眠薬の量を間違えて自殺に失敗した奥浩平に「致死量のブロバリンの量」を教えたTという同盟員がいたが、彼の内面世界の苦闘を知らず、軽薄にも「物知り顔」で「三百錠のブロバリン」と言ったに過ぎなかった。誰にとっても不可解な死としか言いようがなかった。

奥浩平がふっといなくなってしまった。声をからして「労働の疎外」を語り「プロレタリアの自己解放」「反帝反スタ」を同志とともに語り合ってきた日々は何であったか。私たちは何の説明もなしに「置き去り」にされた空白感と幾分かの「裏切られた」気分にまとわりつかれた。そして、彼のノートが「遺稿集」として刊行が準備されていることも全く知らなかった。

学内では民青（日本共産党）が口汚く死者への悪罵を投げつけた。これと戦いながら、政治課題はベトナム戦争のエスカレートに抗議する「砂川基地闘争」「横須賀原潜寄港阻止闘争」へと展開していった。

半年ほどたち、奥浩平遺稿集『青春の墓標』が文藝春秋から刊行された。(「ある学生活動家の愛と死」というサブタイトルが学生、若者たちをとらえた。十年以上彼の本は読み継がれ、文庫本も含めて五四刷、四十二万七千部にいたった)

奥浩平の長兄・紳平氏から電話があり、何部かを私たちに寄贈したいとの申し出があった。文藝春秋の本社まで行き、数百冊を受け取った。その本は定価三百六十円にカンパを含めて五百円で売りさばき、活動資金となった。当初は、「遺稿集」を売って活動資金をつくることにためらいがあった。しかし、「遺稿集」が、彼の政治活動の破綻に主軸があるのではないことがはっきりとわかるし、中核対革マルの六三年分裂以降の組織的対立は不可逆的に進行している事実で、そこには感傷的なものが入る余地はなかった。学内政治では障害となるものではなかった。

むしろ「置いてきぼり」をくわされた、「裏切られた」という反感や、「死ぬ前にもっと話をしてもらいたかった」「私たちに何かできることがあったはずだ」という「断絶感」に一つの解を与えてくれたのである。

この遺稿集を企画したのは奥紳平氏で、原稿整理など編集作業をしたのは安倍邦夫と中原素子たちである。安倍は奥浩平とは青山高校での同級生で社研の仲間であった。安倍、奥浩平は横浜市大へ中原素子は早大へと分かれたが、安倍は青高社研時代に六〇年ブントの学生組織にも関わっていたが大学では政治活動はしていなかった。私たちの活動を横目で見ている、大人びたスタンスでつきあっていた人物である。

私は遺稿集の再刊を考え始めたとき、彼にあらためて話を聞く必要を感じた。彼はすでに自分の作った会社、上場した子会社のすべての役職からリタイアしていた。自宅に電話すると快く会ってくれることになった。四十年の時空を超えて、奥浩平を語る機会が実現した。

川口　遺稿集再刊を計画中ですが、私個人として「奥浩平の今」のような再評価が必要と思っています。遺稿集刊行時も、その後もずっとぼんやりした疑問をもっていたので、今回お話を伺いたいと思います。

一つ目はとても重要なことですが六五年春に椎名外相訪韓阻止闘争で、羽田空港にむけてデモをやったとき、奥は機動隊に警棒で鼻を打ち砕かれて入院した。そのとき病院に安倍さん、中原さんが見舞いに来たという記述があります。七・二早稲田の件以後に革マル的発言をしていた中原さんが、中核派の活動家の見舞いに来るというのは「解せない」とずっと思っていたのです。そういう政治的なスタンスを超える恋愛感情があったのじゃないかとも思えるし…。

安倍　あの時代の早大は革マルの全面支配で、学生運動の情報は革マル的なもので満ちていたわけで、そういう状況下で中原さんは奥浩平に接していた、というだけだと思う。革マル同盟員じゃないから、青高社研の仲間の感覚で見舞いに行ったので、それ以外特別な感情はなかったと思う。

川口　最近のはやりの言葉で言うなら中原素子との「恋愛的」関係は、彼女の家の近くまでいったりして物思いにふけったり、「ストーカー」的な追い求めがあったように思われるのだけども。どうかしら。

安倍　（すこし考えて）ストーカーではなかったと思う。一回会ったら、その時の対話や、気持ちを長い時間自分の中で反芻して日記書いているわけで、しつっこく追い回していたわけじゃない。

川口　奥はけっこう気が多くて、デモの帰りに偶然青高の女性にあって、彼女に彼氏がいることを知って悔しがったり、バイト先の工場の女工さんのことを軽蔑的な言い方で書いていたりする。革命運動をする者は女性労働者にたいして温かいまなざしを持っているものなんじゃないの。働いている女の子ってけっこうかわいいじゃない。

安倍（笑いながら）それはお前と奥との違いだよ。

川口 中原さんという人に会ったことがないのだけれど、どんな人なの。

安倍 パッとしない娘。かわいい感じというのじゃない。

川口 その後、中原さんとは連絡があるの。

安倍 何年か前に女性誌の取材申し込みがあって、紳平さんのところに連絡が来て、俺のところに振ってきたのだけれど、彼女は「もう孫の歳になってしまった奥浩平のことを今更話すようなことは何もない」という返事で、雑誌の取材は断った。

川口 かなりさっぱりしていますね。

安倍 うん。彼女はそういうところはあるよ。結婚していて、子どももいて…。

川口 紳平さんとは平成になったころから、八王子のオーナーズクラブ（ライオンズのようなオーナー社長のクラブ）で時々あってはいたのですけど、彼が大和生命をリタイアした後、相模原に自宅を新築し、数年後に自宅が全焼して紳平さんも亡くなったと聞いている。私は、そのころ一番仕事が乗っていた時期でヨーロッパとかアラスカとか飛び回っていたので何も知らなかったのです。その辺のいきさつを教えてくれませんか。

安倍 紳平さんは熱帯魚を飼うのが趣味で、自分の部屋一杯に水槽を入れて熱帯魚を飼っていた。どうも水槽のヒーターがタコ足配線になっていたらしい。それで、そこからの出火で家もろともに焼死してしまった。水落さん（オーナーズクラブ会長・青高先輩）に言わせると奥さん（尚子さん）が外出中だったこともあって、「自殺だ」ってうわさしているけどね。

川口　私は遺稿集が出版された時から気になっていることがあってね、一つはマル学同中核派に加盟するときの「加盟決意書」はノートに下書きがあって載っている。六四年頃に「NC」（革共同全国委員会）に加盟したことは、遺稿集にはその事実だけが書かれていて、NCの場合奥なら相当「革命的」な論文を書いたと思うのだけれど、それはメモ書きすらない。「学生活動家の愛と死」というサブタイトルとの関係で「職業的革命家」的な、モロに政治家的な部分は外したのではないか、という気がしていた。ノートから原稿化した時に、そういう取捨選択の編集をした記憶はない？

安倍　ノートとから書き写して原稿化した時、ほとんどノート以外のものはなかった。ビラとか、メモとか、私たちも探したが全く無かった。ほとんどノートまるまる写して本にしたというのが事実。

川口　文藝春秋へ出版の企画をつないだ福田善之さんか、紳平さんが、すでに素材の選択をしていた、ということだろうか。

安倍　そうじゃないと思う。ノート一冊が一冊の本の原稿として完成していて、それ以外の資料は編集チームにはなかった。紳平さんがそれなりの取捨選択をしたのかもしれないが、わからない。

川口　編集チームに中原素子も入っていた？

安倍　一緒にやってくれた。鎌倉で合宿して…。彼女はぽろぽろ涙をこぼしながら、原稿用紙に書き写してたよ。じゃ、このへんで。飯でも食べよう。

川口　どうもありがとう。

そのままで一冊の本になるようなノートが奥浩平の遺書であった。母や父にも、同志たちにも言い残した言葉はない。六〇年から六五年までの苦悩と苦闘が凝縮したノート。それが遺書である。そう思って「遺稿集」の書き出しを見ると「大浦圭子の母への手紙」には次のように「決意」が書かれている。「圭子さんの自殺を正しいと考えた時、僕はもっともっと以前に死んでいるべきだと思いました。もっと以前に死ぬべきだったのにこれまで生きてきたからには一刻も早く死ぬべきだと思いました」

全部で三通の「大浦圭子の母への手紙」の返事は残されていない。当然、大人である大浦圭子の母はさまざまな説得と生きるための励ましを書いてきたであろう。それは日記には転記されていない。奥浩平はそれから五年間生きた。そして、ノート＝遺書のとおりに自死を決行した。長い遺書の冒頭に、あたかも判決文のように「主文」があったのである。

しかし、「もっと以前に死ぬべきであった」とは何のことだろうか。最期の五年間を第二の人生とすれば、第一の人生に何があったのだろうか。ノートに書かれていない「もっと以前に」とは何であろう。饒舌な奥浩平がノートに書かなかったことがネガポジのように反転しながら、背後にある「死ぬべき」理由をさし示しているように、私には思えた。

本文中にある「村岡」君との交流ノートをすべて焼き捨てるように、「遺稿集」となるノートをなぜ焼き捨てなかったか。個人の日記はあらかじめ読者を想定していないから、普通は断片的であったり、支離滅裂であったり、独善的なものであろう。日記とはそういうものだと、わたしは思っている。奥のノートにはそうした記述は全く見られない。これは遺書であると同時に、「報告書」、「最良の息子」として生き抜いたレポートではないかと感じた。では、誰に読んでもらうために？

その答えは紳平氏の「まえがきにかえて」「あとがき」にある、と私は思った。

母との九歳からの離別、十一年をへて家族の和解と合流の時をむかえて、浩平は母の郷里を訪ねた。東京へ帰ってきての浩平は「ほとんど反応らしきものを見せようとせず……内心の衝撃を表さなかった」「よほどつらい気持ちを抱いていたからだろう」。

私はここに二度目の決定的な、回復不能な「失恋」が隠されていると思う。しかし、母への思慕の情を募らせながら、「遺書」は恨みを残してはいない。「報告書」でありながら「どれだけ努力して美しくいきられるか」「どれだけ強くいきられるか」をやりきった浩平をみてください、やりきった浩平をほめてください、という悲歌が鳴り響いているように思うのだ。

奥と私が最後に会ったのは、品川駅前の京急ホテルの喫茶室であった。早春の午後、浩平は茶のツイードのスーツで現れた。鼻の傷は治っていて、何の傷痕も見えなかった。スーツのせいでひどく大人びて見えた。蟹股でひょこひょこ歩く癖も消えていた。

「NCではまた高対をやることになった」と言葉少なく語った。全体にいつもの躍動感のある、笑顔をみせる、快活な奥ではなかった。私は、鼻の怪我で入院していたからだろう、と勝手に推察し、市大のことや、今後のM（中核派）の指導についてぽつぽつと「引き継ぎ」のような話をしたが、全く熱が入っていなかった。NCの高対にはすでに数人のオルガナイザーがいたが、どういうオルグ活動をしているかは知らなかったし、奥が何から始めるのか決めていたようにも見えなかった。二人とも盛り上がるような話もなく、「じゃ」と別れた。

それが奥浩平との最期の別れであった。

ちゅーりゃーらー
ちゅーりゃーらー

横浜市大の校門から金沢八景駅までの細い道をたどって、東京のデモに向かう何人かの活動家の中に、何かの曲の出だしだけを口ずさむ者がいた。夕暮れにかかる道を、各人がそれぞれの思いを抱き、とっとっと歩く。

ちゅーりゃーらー

奥浩平が小さく歌っていた。私はいつも彼がその曲を歌うのを奇妙に感じていた。

彼はそのマイナーな旋律の甘く、切なげな流れをまとって、一人きりになっている風であった。私はその曲名を知らなかったが、耳の奥にずっと残っていた。

浩平の葬儀の時、同じ旋律が流れ、紳平氏が「浩平の好きだった『フォーレのレクイエム』です」と紹介した。浩平は自分のためのレクイエムをあの時から歌っていたのであったと気が付いて、私はこみ上げてくるものを抑えきれなかった。（二〇一五年三月二日）

Ⅲ　『青春の墓標』をめぐるアンソロジー

遺稿集は多くの人に影響し、関連文や評論が書かれました。そうしたものの中から六編を紹介します。

(1)『飛龍伝─神林美智子の生涯』　つかこうへい著
集英社　一九九七年一月
文庫版あとがき（二〇〇一年）

つかこうへいは、この本の「あとがき」に凝縮した文章を書いた。二つの告白と三冊の影響を受けた本についてである。

本について、第一番にアルベール・カミュの『異邦人』をあげる。「社会という枠組みにはいならければ生きることのできない私の孤独」をそこに見る。

二冊目はJ・D・サリンジャー『ライ麦畑でつかまえて』である。主人公ホールデン・コールフィールドを、「適当に生きることのできない少年の絶望的な自己矛盾」をとおして一九五〇年代アメリカの「病理」が描かれていると見た。つかこうへいは「ホールディングという少年の孤独に立ち向かう優しさと愛おしさは、私がこの世に生まれ、生き続けることの意義に大きな希望を与えてくれた」と感じた。

三冊目は、奥浩平の遺稿集『青春の墓標』である。奥浩平は中核派の学生活動家である。この本がつかこうへいに「激しい衝動と焦り」を与えた。「韓国人である私にとっては、いわば、大家の親子喧嘩に店子が口を出すわけにはいかないという思い」の自制を超えて、金峰雄（つかの本名）に「つかこうへい」のペンネームを決断させたのである。「今まで秘してきた『つかこうへい』のペンネームの由来はこの『奥浩平』にある」という秘密の暴露が記されている。

この「あとがき」では「韓国人である私」としてしか在日韓国人二世であることの記述はないが、九八年『娘に語る祖国』（光文社刊）で「パパは韓国人です」とわかりやすい文体で出自を明らかにしているので、秘密の告白とは言えないかもしれないが、奥の遺稿集との対話はつかこうへいにとって大きな結節点をなしている。彼は「日本人ではない私は運動に参加できないもどかしさを募らせ、機動隊と全共闘委員長との禁じられた愛を、芝居という手段を用いて描くことでしか闘志たちと思いを共有することができなかった」のであった。こうしたシバリがかかった中で「飛龍伝」は生まれた。

つかこうへいの二つの告白は最深部で絡み合っている。

「(『青春の墓標』の) 切ないまでに熱い思い、そして絶望は、日本との関わりを遠ざけていた私に多くのものを問いかけてきた。その問いに対する答えが見えた時、独り誠実にだけ生きるということが欺瞞であるということに気付いたのだ。それから私は他者との関わりを求め始めた」

一つの立脚点を奥との対話の中で得て、そこから次の根源的な民族的立場を引き受けていくばねとしていくのである。

『娘に語る祖国』の解説で演劇評論家の梁木靖弘氏はこう記している。

「八〇年代半ばに演劇界から離れ、韓国を体験したのち、つかこうへいは大きく吹っ切れた。（中略）その記念すべき転回点は、この『娘に語る祖国』にある。舞台以外で、もっとも重要なつかこうへいがここにある、と言ってもいい」

つかこうへいこそ、奥浩平と最もよく対話した人物といえるだろう。

(2)『二十歳の原点』　高野悦子著

新潮社

『二十歳の原点』　六九年一月二日〜六九年六月二十二日

『二十歳の原点　序章』　六六年十一月二十三日〜六八年十二月三十一日

『二十歳の原点　ノート』　六三年一月一日〜六六年十一月二十二日

『二十歳の原点』（以下『原点』）、『二十歳の原点　序章』（以下『序章』）が、六九年の東大闘争が終わったころ、新潮社から文庫本で発行された。

当時、私（川口顕）は巣鴨拘置所に未決で収監されており、この本も差し入れしてもらった記憶がある。世上では「奥浩平『青春の墓標』の影響を受け…」と語られていたので見過ごすわけにはいかなかった。

その時は『原点』から読み始め、三十分ほど流し読みして投げ出した。文字通り独居房の片隅に放り投げたのである。嫌悪感が募り、翌日には早くも「宅下げ」（房内の物品を自宅に戻すこと）してしまった。

「自殺なんて、なんだろう。そんなものこそ理屈も何もいりやしない。風みたいな無意味なものだ」(坂口安吾『堕落論』)とそのころは考えていたからだ。『原点』の臭気は独房には合わなかった。

四十五年程たった。今回、『青春の墓標』にまつわる出版物の紹介のために三巻を通読した。『原点』は電子書籍化しており、すぐに手に入った。他の『序章』『二十歳の原点 ノート』(以下『ノート』)は物置の中から赤く日焼けして出てきた。

年代的に『ノート』から読む。みずみずしく、おキャンで、少し内気な少女がそこにいた。「ジュディー(日記を擬人化して名付けている)、あなたには私のすべてを告白します。私は自慰をします。そういうことは男女が自然のなりゆきでするのが自然の姿だと思っています。しかしその快感に負けてしまうのです」。健康な女子中学生がそこにいた。おねしょをすることを告白している。十四歳なのに恥ずかしい、とも書く。

奥浩平のことは、十七歳の誕生日に友達が送ってきたお祝いのカードと一緒に「奥浩平クン…の写真が一枚」と記されている。それまで遺稿集を読んだことは日記には記載されていないから、いかにも唐突である。まるでアイドル・ブロマイドの様だ。女友達が、悦子が浩平へ熱をあげていると誤解したのかもしれないし、既に何人もの浩平ファンが学校にいたのかもしれない。

数ケ月後の日記。

「奥浩平さんを知れば知る程(『青春の墓標』を読めば読むほど)彼のようにやってやろうというファイトと、いやもうだめだという気持ちが入りくんでくる」

「彼のように」というのは革命運動をやるという意味ではさらさらない。

さらに数ヶ月後の日記。

「二、三月ころの日記を読んでみておどろいた。前進しようという前向きの姿勢がにじみ出ている。奥君の影響だけど…」とある。

奥のもっているアグレッシヴな論理は、また稚なさの残る十七歳の少女をも打ったのである。

『序章』ではこの点での奥浩平との対話はさらに多くなる。立命館大学へ入学し、歴史研究をテーマに勉強し始める。彼女の成長に対応して奥の文章との対話も核心的なところへと発展していく。

六七年四・二八沖縄デーの日の日記。ビラを読んだりして沖縄問題へのアプローチを試みるが「わからないことばかり」なのである。

「私の日記は奥浩平君のいう〝自虐的な文〟でつづられている」とはどういうことだったのだろうか。

私は初め読んだ時にには見過ごしていたが、通読後にこの日記の性格が厳密に規定されていることがわかり、実際〝自虐的な文〟だけがつづられていることを知った。

日記には〝バリケードの中へ〟という彼女の人生の大決断については一切書かれていない。わずかに高野三郎氏による略歴の中に数行だけ書かれているにすぎない。

男たちとの性的関係においても、ワンゲルの仲間の小林という男にラブホテルに連れ込まれ、レイプされたこと、バイト先の二人の男たちと「肉体だけの」関係をもち、男たちを怒りをこめて捨てるいきさつは記されていて、〝自虐的〟である。しかし絶筆に近い詩の中に無名の「彼」がいて、ここだけに甘美な性的雰囲気が漂っている。これが多少の救いになっているが…。

もう一つこの日記（悦子の人生）に奥浩平のシバリがかかっている。「動→反動→凝縮」という思考のことである。樺美智子「徹底的学習と闘争の中でのみプチブル性はなくなっていく」を引用しつつ、「私にとって必要なのは徹底的学習だ」と、闘争の二文字を無視している。（十一月二十五日付日記）

「民青への加入をためらいながら奥浩平を思い出した。真理はマルクス・レーニン主義の中にあるのだろうか」

利発な彼女は自分に欠けているものを知っている。一月十五日付「奥浩平の思考は、動→反動→凝縮という形をとったが、私は基本的な意志力がないためにいつまでも初歩的なところにたちどまっている。楽観的に考えるだけにとどまり行動を起こしていない」

六九年一月の立命館大の紛争では、彼女はバリケードの中に入っている。機動隊になぐられて、奥浩平のように鼻を怪我したりしている。しかし「動」の頑張りもここまでだった。三月からホテルのバイトを始め、友人関係も自分から断っていく。確かにここには「動→反動」の大きな波動がうねっている。しかし「反動→凝縮」のプロセスには、更に大きなエネルギーが必要であった。AもBも否定してその先へ行く、孤独で力のいる営みである。そこに手をたずさえ前進する「彼」がいたならば小さな息継ぎや、一歩先の道を発見できたかもしれない。しかし、彼女を犯した男たちは馬鹿者ばかりであった。

高野悦子の自殺から四十五年以上たった今、私は三冊の彼女の日記を読み通し、私が若かった頃に読んだ印象とはまったく違う、自分の娘の生涯をたどったような愛おしく、切ない気分になった。

彼女には自分が未熟で空っぽであることを他人に知られたくないという警戒心がわだかまっており、生きていくことは世の中を「だまして」いくことという罪悪感に陥っていた。高野悦子は二重の罠にはまっていた。この状況を突破していくものはいったい何なのか。問いはいぜんとして私たちに投げかけられているままである。

父親風に私は言いたい。ここまで生き抜いてきたことがお前の戦果なのだと。

自立するということは、なんと残酷な試練を与えることなのかと、今は思うのである。

(3)『明日への葬列』高橋和巳編
合同出版　一九七〇年七月初版　一九八〇年二月第十六刷
第二章　耐えることの重み　3　奥浩平（横浜市大生）＝自殺　穂坂久仁雄著

穂坂氏の評論は明快である。

書き出しは、三月三日、奥紳平氏（浩平の長兄）が初めて中原素子に会う。帰路、紳平氏は浩平に二つの感想を語る、と始まる。一つは、女を獲得するにはそれなりのテクニックが必要だ、ということ。二つ目には浩平より中原素子が数段「大人」に見えた、ということである。

その三日後、三月六日夜、玄関のドアを激しく叩く音に扉を開けると、そこに父が息を切らせて駆け込む。

「水を一杯飲ませてくれ」

「どうしたのですか」

父は紳平氏の顔を見て

「わからないか…」と呟いた。

「自殺」

この情景は穂坂氏が紳平氏に取材して得た情報で、これまで公表されていなかった事実である。父の「わからないか…」という言葉は、浩平が、いつの時点からか「自殺するのではないか」という家族の危惧の中にあった、ということを意味している。浩平は家族に対しては自殺の気配を漂わせていたのだ。

三月三日の中原素子との談話は数時間に渡ったという。それ程の長い時間の中で「浩平のことをどう思っているの」という会話がなかった――と想像するのは難しい。

紳平氏は「女を獲得するにはそれなりのテクニックが必要である」ことと、彼女が浩平よりも数段「大人」に見えたと語った。このことの意味は、穂坂氏の筆力によって、次第に明らかになっていく。

穂坂氏はかなりアグレッシヴに井上光晴氏の文章（「朝日ジャーナル」記事）を『遺稿集』の内容を基に否定する。浩平の死の理由を「病院にぽつんとひとりいたため」とする井上説を一蹴する。彼は端的に言う。「私は彼に死を決断させたのは、この中原素子との関係ではないかという気がする」

恋愛関係ではなく「中原素子との関係」とニュートラルな表現に意味がある。

「二人の女性としてではなく、一人の〈人間〉としての彼女を意識しはじめ」「そのことは中原素子を女として意識していないということと同義である」

「中原素子との関係」とは、「二人の関係が深まれば深まるほど、彼女は一人の男としてよりも一人の人間としての奥浩平に対そうとする」というものと氏は考えた。

浩平は、兄・紳平氏の許婚者（尚子さん）とその妹Mさんを含む一行六人で白馬へ旅行する。そして〈ああ俺はMさんを好きになっている〉という告白めいた手紙を中原素子に書いた。これでは浩平と中原素子の関係が恋愛に発展するとは考えられない。

六四年になり、七・二事件が起きる。浩平はその直後七月十七日にマル学同に加盟する。そのことも中原素子への手紙で明らかにする。党派性は七・二事件の総括、奥浩平の名言の一つ〈反省することがあるとしたら、三分間で粉砕できなかったことだ〉で示された。

中原素子との関係は緊張感を増す。

浩平は日常的に女性の肉体を求め、夢想し日記に書くが、

「この『女』から中原素子は除外されている」

「二人の関係は、いっさいの肉体的なものを排除したことで成立している」

七月二十五日、〈便箋が一枚、白紙のまま〉

断絶状態を穂坂氏はこう考える。

「浩平は言葉を失っている。彼女に対して語りかける言葉を」

苦悩の五ヶ月間を経て、浩平は最後の手紙を書く。〈もっともっと彼女に激しく愛を試みて、激しい拒絶を受けよう。そして、この世界からプツンと関係を絶つのだ！　不快な朝を迎えないように終わりのない眠りにつこう〉と決意する。（一月二十九日の手紙の下書き）

穂坂氏の結論はこうである。

「中原素子だけは、彼には最後まで理解できなかった。変革することさえ不可能だった」これがどれ程の苦悩を与えたか――と言う。〈その愛も変革もかたくなに受け入れようとしない一人の〈人間〉が厳として存在してしまう〉この事実から離れられない。浩平は状況を屈服させ、とりこむように中原素

子に対した――と言う。

この部分だけは、私は理解できないところである。浩平が論理をもって中原素子を取り込むことに失敗したことが、彼の死の原因と考えている。

浩平の愛の対象は、「肉体的な接触が不可能な」「神聖にして侵すべからざる女性」なのであって、じつは、それは母なのである。中原素子はその母の仮象でしかなく、彼女には何の罪もない。父や長兄が、危惧していた自死の背景は、中原素子の姿ではなく、二度に渡って浩平を捨てて去った母の姿があったことを予想させるのである。（別稿『幻想の奥浩平』参照）

【奥浩平の死は、井上光晴氏が「朝日ジャーナル（六五年三月二十八日号）で紹介したことで世の中に知られることとなった。何故か「活動家としての挫折」トーンを強調した文章となっている。井上氏は『遺稿集』の本文レベルの情報は知らず、「O君の友人」情報だけで書いたらしい。悪意はないが、次のように誤解、偏見に満ちた文章である。

「『活字を読みたい』というので〝中核〟と〝前進〟を渡すと、『なんら意義なし』といった」（傍点筆者）

この言葉を根拠に井上氏は誤った感想をもった。

「恋人を説得できなかった、大きな壁にぶち当たったのだろう」

ここで、この時代の用語解説をしておこう。

この時代の活動家は「異議なし」と言う。活動家は集会で発言者に向かって口癖のように言うが、決して「何ら意義なし」とは言わない。「意義のない発言」には「ナンセンス」という罵倒語で応える。「イギナシ」は、二重否定の強調語であって、賛成！　ＯＫ！　ＧＯＯＤ！　の内容が込められた活動家用語なのである。井上氏はこのことを知らず、浩平の理解において根本的な誤りに陥ってしまった。彼の文筆家としての仕事ぶりから見て、まったく信じられない、残念なことではある。穂坂氏はたぶん知っていたと思うが、なぜかレポートの中ではこのことに触れていない。】

(4)『青春再訪』　高木茂著

幻冬舎ルネッサンス　二〇一四年一月

Ⅰ　奥浩平『青春の墓標』

まず、この著作の出版年を確認していただきたい。つい先だってのことである。五十年たち、いまだに、当事者以外に奥浩平を語る人があったと、驚きである。そして、喜びでもある。

しかし、学校の先生は油断がならない、のである。

これこれ等の「学生運動で死んでいった者の手記」があるが、「今読み返して心の琴線に触れるものは何もない。『青春の墓標』のみが今も私の心を打つのは、書き手の瑞々しいまでのナイーブで、しなやかな感性と生得的と思わせる文学的表現力が滲み出ているから」と言う。

ベタ誉めである。「類書を抜きん出ている」とまで言う。

しかし最後まで読み返せば（三十頁足らずの評論であるが）、彼の結論はこう書かれている。

「日本革命、世界革命と引き換えにしても、ひとりの女性との〈愛〉の方が重いのだ」

「人間は類的存在などではなく、一人一人が代替不可能な単独者なのだ」

「彼の死後、中核派も革マル派も……その他の新左翼諸党派も権力との闘いの進行とともに自らの本性を現し、目を背けたくなるようなグロテスクなものへ変質していった」

出だしと結論が矛盾しているではないか、という気がする。教師が授業の始まりに使う口当たりの良い小話に奥浩平が使われているような後味の悪さが残る。「人間はあくまで個に生き個に死する存在なのだ」という力の入った結論は、高木先生自身の人生においては一つの真理かもしれない。しかし、奥浩平は「類に生きる」＝「我々は」と常に考える。そのことと、個人的な愛の世界との葛藤が問題の中心ではないのか。

本を読むということは、そこにどのような誤りが含まれていようと、著者の最も言いたいこと、その優れたところを発見する作業ではないだろうか。高木先生は奥浩平の文章の一部分しか読み取れていないような気がする。

入院している奥へ安倍と一緒に見舞いに行ったことに触れて、「この中原素子という人は、何と魅力的で、またなんと罪深い女性だったことか」と、あくまで「恋愛関係」の枠の中で解釈しようとする

いずれにせよ、高木先生は、古い時代の偏見の中にあるようだ。次の文章はその典型である。

「一般に女性の態度はその日の気分で豹変する……そのたびに男は振り回されるのだ。奥浩平に対して中原素子はこのことを極限まで遂行した」

ふーむ、こういう読み方もあるのか、とも思う。中原素子は、奥浩平と恋愛関係にはなかったが、最後まで、死して後まで献身的に彼の「根本的な愛」の行く方を見届けていたのである。このことは文面的には容易に分らないことだが、彼女は「大人だね」（奥紳平氏）という評価のもとには、そうした寄

り添う「大人の」愛があったことを私は感じる。

学校の先生は油断がならない――と書いた。「類に生きる」苦闘を書いた奥の遺稿集から語り始め、終わりには「個に生き個に死す」という自説で締めくくる。私にとって奥の遺書に近い遺稿集をマクラに使ってもらいたくないという、ちょっと嫌な気分が私に残った。

しかし、ここで浩平なら言うだろう。

「そういうところが、お前はナンセンスなんだヨ。遺稿集を読んだこと、それでも『人間は個に生き個に死する存在なのだ』と考える人たちにこそ、『我われは』と語るべきなんだ。未来へむかっての闘いについて語り合うべきなんだ」「彼に言う言葉は、『今度会って、話さないか』以外にないんだ」と。

(5)『あやしい本棚』　中野翠著
文藝春秋　二〇〇一年四月
Ⅲ もう一度読みたい　『青春の墓標』ある学生活動家の愛と死

奥浩平の遺稿集について中野さん（彼女の文章を読んでいると、ついこういう馴れ馴れしいことになる）が語る時、とても自然体で軽く、明るい。いつもそうョと返事がありそうなくらいに深刻ぶらない、ご婦人のお茶会で語る感じである。

「どこがどう、というのではない。多くの学生が『青春の墓標』という本に夢中になった。あの時代が懐かしいようなのだ」

「読み直してみて、私は少々驚いた。昔読んだ印象とかなり違うようなのだ…」

「さて、私が驚いたのは、この本が『愛』、いや『性愛』についての本だったということである」

「昔、私が読んだ印象では、もっと社会改革の苦悩（組織と個人、政治と実生活の葛藤）がつづられていたように思ったのだが…」

中野さんは間違っているわけではない。人の顔は左右非対称だから、左から見た時と右から見た時で印象は変わる。しかも、一人の男の顔である。運動の場面、家族との場面、「恋人」との場面、でそれぞれ違う顔を持っている。時を経て、中野さん自身の本とのスタンスの変化もあるだろう。

そういう「性愛」の筋で読むと、「女には男の『性』がやっぱりよくわからないのだ」となる。

この感想には穂坂久仁男氏の言葉を返しておこう。「彼の周囲にいた友人も、女友だちも彼には理解できた。…中略…だが中原素子だけは、彼には最後まで理解できなかった」。奥だけでなく、世の男には「女の性」は、やはりよくわからないのだ。

中野さんは中原素子の方に「興味やシンパシー」を感じていた「のかも」と言う。中野さんが一年生の時、中原素子はやはり早稲田大学の四年生だったのだから当然かもしれない。この年に『青春の墓標』が出版されたのだったし、「ある時代のある気分を強力に濃縮した本」に出会ったわけだ。

私たちがいま、こだわりたいのは「ある時代のある気分」と「この時代のこの気分」との落差なのである。とはいえ、「その時代その時代の若者たちの精神状況を象徴するような死がある」とは、奥の遺稿集への最大の賛辞である。

⑹　奥浩平『青春の墓標』をめぐって
――「かれの屍を超えて進む」とはどういうことか――
滝沢克己著

『読書案内』第七号（西南学院大学生活協同組合）一九六九年七月

三段組み、五頁ほどの短い文章である。しかし、哲学的視点から奥の個性に光をあてている貴重な文章である。滝沢克己（一九〇九～一九八四）は執筆当時、九州大学文学部哲学科教授として、六七年十・八羽田闘争、六八年佐世保闘争、六九年東大闘争という激動期に、奥浩平の本に出会う。彼は「活動家」としての、生き生きとした奥浩平を発見する。

「その日常生活の内部、その心の細かい、襞にまで立ち入って、現実の一人の人としての『活動家』に少しでも触れる思いが、三まわりも年のちがう私のなかに生まれ得た（後略）」

「問題の所在」として二つの点をあげる。一つは、「人間は生まれて来るや否や、人間として生きなくてはならない。生きながら生きる術を学ばなくてはならない」すなわち根本的な人の孤独である。（芥川龍之介『侏儒の言葉』からの引用）

二つ目は、自分、現実社会、人生に「がんらいそれ自体で実在する確かな基礎、神聖侵すべからざる唯一の目的」があるらしいのだが、それがわからない。それを明らかにしていくためには「この根本的感覚＝徹底的思惟が欠けている」、しかもそのことにも気づかない。

氏は、現代人のこの「怠惰」あるいは、まどろみ状態を根本のところから批判する。

奥浩平の場合を考える。「頼るものなき人生」「だれにも訴えようもない孤独の悲しみ」は、「両親の不和、慕わしい母から引き離されたその日から」始まった、と氏は見ている。氏が驚かれたのは「人間は、この自分は、そもそも何であろうか。何であるべきか?」という重要なる問いに対する「思惟の鋭さ、細やかさ、それにともなって生まれる書物の読みの精しさと広さ」という点であった。

氏は、奥浩平の最も優れた、奥らしい初歩的疑問のもつ「初源的」な問いの重要性を指摘する。

「余剰農産物の蓄積は〈階級分化〉に一つの条件を与えたにすぎないのか、それとも必然だったのか」(六二年五月五日付、中原素子あての手紙)

「個人間に少しでも経済的な格差が起こった時に(いったいなぜ)それが人間の力によって、すぐ埋め合わされる方向へ向かわず、全く逆の、より一層拡がるように働いてしまったのだろうか」

手紙の日付に注目したい。六二年であるから奥は浪人中であった。この頃すでにマルクス自身や、その後のマルクス主義者たちが解き明かすことのなかった問題=人間社会の根本的問題を提示していた。滝沢氏の評論は、他の人士による評論が、全体として「恋愛関係の破たん」に注目していることに比べ、奥浩平自身の問題意識の中心を捉えていることにおいて比類がない。

※本論評は、滝沢克己著『読解の座標——哲学・文学・教育』(創言社、一九八七)に収録された。同書より、以下全文を掲載する。

奥浩平『青春の墓標』をめぐって
——「かれの屍を超えて進む」とはどういうことか——

滝沢克己

まえがき

著者奥浩平は、一九六三年、横浜市立大学文理学部入学、七月、マルクス主義学生同盟中核派に加盟。六五年二月椎名訪韓阻止羽田闘争で警官隊と衝突、警棒によって鼻硬骨を砕かれて入院。同年三月六日服毒自殺。行年二十一歳六カ月。本書は、かれの死後、理解あるかれの兄紳平を始め、友人、同志たちの協力によって編まれた遺稿集である。

初版は昭和四十年十月三十日、文藝春秋から出ているが、私が始めて本書を手にしたのは、昨年の早春、一学生から伝え聞いてのことだった。とくに四十二年十月の羽田以来私は真剣な注意をもって、新しい学生たちの運動を見まもってきた。去年エンタープライズ闘争の最中には、九大新聞に『偶感』を寄せて「大学の自治」、「学問研究の自由」その他、従来の常識的観念が、根本的な再検討を迫られている旨を主張した。

しかし、その日常生活の内部、その心の細かい襞（ひだ）にまで立ち入って、現実の一人の人としての「活動家」に、少しでも触れる思いが、三まわりも年のちがう私のなかに生れ得たとすれば、それは何よりもまず、この遺稿集のおかげだといわなくてはなるまい。

そこに繰り展げられる日記、友だちや恋人への手紙、論稿やビラの内容は、その本質的な点にかんするかぎり、ほぼ私がすでに前稿で予測したとおりだったが、それだけになおのこと再読三読して、私の思惟を新たにせしめるに足るものだった。その後まもなく、私はその一端を、同じく九大新聞の拙稿『二十世紀後半の革命と大学』(1)の終章に披瀝した。新たに「書評」を草する以上、本来ならば、もう一度全巻を詳しく読み返したうえで筆を執るべきであるが、時間と紙数の極度に限られているいま、この日ごろいよいよその思いを深くさせられる二、三の点を簡単に記して本誌の編集者ならびに読者諸兄への責めを果たすこととしたい。

一、問題の所在

すでに半紀前、芥川龍之介が『侏儒の言葉』(2)のなかで、深い嘆きをこめて注意しているように、人間は生まれてくるや否や、人間として生きなくてはならない、生きながら生きる術を学ばなくてはならない。のみならず、最も困ったことには、自分自身の置かれている此処が、そもそもどういう場所か、結局のところ、人の生きるのは何のためか、――この肝要な点について、だれからも教わらぬまま、さだかには何もわからぬままで、日々生きること、他の人々と交わることを強いられる。現実の人生・社会が、大昔から現在に至るまで、どこか「狂人の催したオリンピック大会に似て」こないわけにいかないゆえんである。

　しかし、現実の人生・社会が多かれ少なかれ、いつもそうだということは、実際において、人生そのもの・人間の織り成す世界そのものに、がんらい裏にそれ自体で実在する確かな基礎も、神聖侵すべからざる唯一の目的もないということではない。ただ、どういうものか、私たち生まれながらの人間には、それがわからない。それとはっきり感じとれない。そればかりか、現実の人がほんとうに明るく楽しい生活・社会をいとなむうえに、絶対不可欠なこの根本的感覚＝徹底的思惟が欠けていることにさえまるで気がつかない。気がつかないままで、それぞれどうにか暮している自分ないし自分たちの生き方、他の人への対し方、ものの考え方を、唯一絶対・神聖不可侵のもののように思い込んでいる。このようなのが、むしろ人の世の常であって「人生は狂人の催したオリンピック大会に似ている」という現実の不条理に気がつくということが、すでにきわめて稀れな現象なのだ。そうしてこのことが、また、ますますもって、現実の人生・社会をして「狂人の催したオリンピック大会に似た」相を呈せしめることになるのである。

　しかし、実人生の場の窮極始原の構造、生命そのもののロゴスが、当の私たち人間にとってどうにもそれと把めないということは、そのなかに生起してくる人間事象は、すべてこれ何ら積極的・実在的な根拠のないまぼろしにすぎないということと、必ずしも同じではない。食べること、飲むこと、ぜひ「必要」なさまざな物を造り出すことはいうまでもなく、異性に対する思いさえ、少なくとも一生に一度は、例えば伊藤左千夫の『野菊の墓』に見られるような、純粋自然な美しさをそなえている。いな、窮極のところ、どこからそれが起こってくるかはしばらく問わないとしても、現実に「理由のない抑圧」を被(こうむ)るとき、なかにもそれが果てしもなく繰りかえされ、極限まで積み重なるとき、突如として激烈な抵抗・反撃の生起することは、これまた人間という一個の物に自然かつ必然の道理なのである。

二、奥浩平の場合

奥浩平の場合、頼るものなき人生、だれに訴えようもない孤独の悲しみは、おそらくはすでに、ものごころついてまもなく、突然に起こった両親の不和、慕わしい母から引き離されたその日から、時に激しく、時に鈍く、かれの胸奥を噛む思いであった。都立青山高校二年のとき、ある機会から、かれは日曜ごとに、プロテスタントの一教会を訪れるようになっていたが、ちょうどそのころかれの親しい下級生だった大浦圭子が自殺した。圭子の敬虔な母にあてた浩平の手紙は、あの日以来の暗い思いが、おぼろげながらようやく一つの形をとり、言葉となって、かれの意識を領し始めたことを物語っている。

やがて土門拳の『筑豊の子供たち』の衝撃と、日教組に属する豊畑先生の導きは、浩平をして急速に、キリスト教からマルクシズムへと傾斜せしめる。六〇年六月一五日、樺美智子の死。同十八日には、父の心配を振り切って抗議デモに参加。一年間の浪人のあと一九六三年大学に入学して三カ月後、マルクス主義学生同盟中核派に加盟する。その間、中原素子への熱い恋。革マル派に属する彼女とのあいだの苦しい葛藤。

しかし、その熱い恋と激しい闘いのさなかにあって、何よりも私を驚かすのは、あの肝要な一つの問い「人間は、この自分は、そもそも何であろうか。何であるべきか?」という問いにかかわる、奥浩平の思惟の鋭さ、情感の細やかさ、それにともなって生まれる書物の読みの精しさと広さである。一九六四年一月、マルクスの『経哲草稿』について書かれた二つの論文「訣別の歌―マルクス主義的自己形成の出発点」、「『経済学＝哲学草稿』への私たちの接近」は、同じ年の十一月、自治会委員長に立候補するにあたってのかれのアピール『学問研究活動の生きた担い手になろう!』が、決してかりそめの言葉ではなかったことを示して余すところがない。
『経哲草稿』前後の若きマルクスについての研究は、一応「ムード的な不安」を超えて「人間は、この自分は、そもそも何ものか、いかに生くべきか」という問いに、最後決定的な答えを与えたかのように見える。が、事実は決してそうでなかったことは、その後、死に至るまで数カ月のあいだに残された幾通かの手紙と多くのノートが、明らかにそれを示している。そのはずである。すでにはやく、一九六二年五月五日付け中原素子あての手紙のなかに一見さりげなく認められた次の問いは、エンゲルス以後の「マルクシスト」たちはもとより、当のマルクス自身さえ、生涯これを突きつめて明らかにしようとはしなかった根本的な問いだったのだから。

「ぼくは今こういうことを疑問に思っています。／余剰農産物の蓄積は〈階級分化〉に一つの条件を与えたにすぎないのか、それとも必然的だったのか、ということです。／つまり、みんなが絶対的平等のもとで必死になって生きていた時代から農耕へ移ると同時に、どうしていとも簡単に階級分化が進んでしまったのか、ということでず。ぼくには、このことは何か人間の本来的なものを示すことにならないかと思えるのです。結局、ぼくの言いたいのは、個人間に少しでも経済的な格差が起こった時に〔いったいなぜ〕それが人間の力によって、すぐにうめ合わされる方向にむかわず、全く逆の、より一層拡がるように働いてしまったのだろうか、ということなのです。もし〈必然〉だったとすれば、仕方のないことですが、〈条件〉にすぎなかったとしたらことは重大です。集団の中においてのみ、絶対平等の社会においてのみ生きられた人間が、まったく一つの個として、他をきりはなし（自ら）おさえつけ、経済的なヘゲモニー獲得に至るということは、何か人間の本来的なものを意味することになりませんか。／こんな疑問はトンチンカンなのかも知れません。勉強すればすぐにわかることなのかも知れないのですが、とにかく、ぼくの納得のいくようには経済学教科書にも書いてないのです。」

「最も初歩的な」この疑いと、その痛ましい死の三日前、兄紳平にあてて書き送られたかれの嘆きは、決して別のことではありえない。

「ここ一、二カ月間にわたって、ぼくは自分の人格性がある過渡期を迎えていることを意識してきました。ぼくはその構造を正しく把みとり、それに積極的に働きかけようと様々な努力を試みたつもりでしたが、今晩に至るまで、これを果たすことはできなかったようです。ぼくは自分の人格の問題性についてある時は絶望しながら、ある時にはそれこそぼくをぼくたらしめている根拠だと思い込んだり、またある時は全くうやむやにしたりして、根底的に探り出すことを遂にやらなかったと言えるでしょう……」

三、こんにちの状況

奥浩平が自殺してすでに満四年余り。浄らかな熱い恋と、恐れを知らぬ激しい闘いをとおして、次第に深く、かれの生命の芯に喰い込んだあの問いは、そののちの「新しい」左翼、かれが身を献げた中核派をはじめ、反代々木系諸派のなかで、どこまでまともに、真剣に承け継がれているであろうか。この根本的な点にかけて、われわれはほんとうのところ、どこまで「奥浩平の屍を超えて」進んだであろうか。日大、東大闘争の過程をとおして、この隠れたる小さな問いは、次第に大きくかつ重く、その本来の姿をあらわして来つつあるように見える。しかし、いわゆる「ノンセクト・ラディカル」の中枢を含めて、われわれは果たして、真実徹底的にこの問いに答え得たであろうか。酷い「内ゲバ」も、恋の破綻も、機動隊の警棒も挫き得なかったかれの闘志を、突如として途絶せしめたこの見えざる敵――もしも、この敵の測り知れぬ巧みな詐略が、それ自体としては確かに正当な「反帝、反スタ」・「反代々木」の標榜と憎悪のなかに、いな、奥浩平の恋がそのいけにえとなった「分裂」と「内ゲバ」のなかにまで、われわれが真ッ向からそれに立ちむかうことを怠っているその隙に、そっと忍び込んでいるとしたら！(3)

ここに至って、私はそぞろ想い起こさざるを得ない。――昭和二年、雑誌『改造』の懸賞論文募集に対して第一席を占めたのは、ほかならぬ宮本顕治の『敗北の文学』、第二席は、小林秀雄の『様々なる意匠』。そうして前者はあたかもその年の夏、服毒自殺を遂げた芥川龍之介の苦しみを、要するに一プチ・ブルの頽廃現象として無雑作に切り棄てた一文であったことを！

その幼なき日、すでに一人の奥浩平を把えて、陰に陽にかれの日常に付きまといつつ、次第に深く鋭く、生命の芯に喰い入った一つの問い――少なくともこの問いが、問いとして痛切に意識にのぼることなしに、旧左翼の落ち込んだ「統一と団結」の轍ちは、われわれがいかに、われわれの主体性と道義性、新しい「科学性」を誇ってみても、人間という物に固有な物理学上、決してこれを脱することはできない。そのとき奥浩平が、かつて別れを告げたナザレのイエスの次の譬えは、一厘の仮借なきその厳しさをもって、われわれ自身の「革命」の結果に――よしそれが一応の「成功」をかち得たとしてもその途端に――妥当することとなるであろう。

「汚れた霊が人を出ると、休み場を求めて水の無い所を歩きまわるが、見つからない。そこで、出てきた元の家に帰ろうと言って帰ってみると、その家はあいていて、そうじがしてある上、飾りつけがしてあった。そこでまた出て行って、自分以上に悪い他の七つの霊を一緒に引き連れてきて中にはいり、そこに住み込む。そうすると、その人ののちの状態は初めよりももっと悪くなるのである。よこしまな今の時代も、このようになるであろう。」（ルカによる福音書一一章四三―四五節）

註

（1）同誌一九六八年五月二五日、六月一五日号。のち『福音と世界』同年十月号に転載。近く新教出版社判の拙著『狭き門より入れ―学園新生の道を尋ねて』に収められるはずである。

（2）岩波文庫版二〇頁。拙著『芥川龍之介の思想』―「侏儒の言葉」と『西方の人』（新教出版社）、『競技・芸術・人生―附、将棋の哲学』（内田老鶴圃新社近刊）参照。（法蔵館版『著作集』第4巻、第10巻所収）

（3）問題は、決して一九七〇年の切迫という理由で、ただこれを後まわしにして済ませうるようななまやさしいことではない。もし、われわれ、物心両面・大学の内外にわたる「現体制」の根本的変革を志す者が、いつもただ眼前の現象に対する応急対策にのみ腐心して、この一つの問いとの格闘を永久に明日へ明日へと引き延ばすなら、それは、いかに「反体制・反安保」を叫んでも、この根本の姿勢において、現在の大学当局ないし政府と、いささかの異なるところもないこととなろう。簒奪（privatio＝私有）、競争・抑圧・分裂、という「疎外現象」の隠れた源、全人類の敵の首魁なる《Nihil＝das Nichtige》は「共産主義革命」の死闘の背後で、その快心の笑いを笑うであろうことを、現実の人たるわれわれ各自、よくよく心にとどめなくてはならいであろう。ついでながら「独占資本」批判の有益かつ詳細な資料と比較的柔軟な思惟によって魅力ある羽仁五郎『都市の理論』も、この奥深く隠れた点にかんして真に実践的・科学的な理論となるには、なお甚だ遠いといわなくてはなるまい。

（福岡町名島、一九六九・五）

関連年表ならびに全学連運動と主な党派の系統略図
（1957年～1965年）

65年3月　奥浩平　自殺

12月　都学連再建準備大会（民青、革マル、フロント派を除く）

7.2 早稲田大学　対革マル闘争

6月　日韓会談反対闘争

米原潜横須賀寄港阻止闘争

64年　ベトナム反戦闘争

9月　京都府学連提唱→全国自治会代表者会議発足

7月　全学連20回大会　マル学同分裂により「革マル全学連」となる

奥浩平　横浜市立大学文理学部入学

63年4月　革共同第3次分裂　革共同政治局多数派と革マル（山本）派

11.27 大管法阻止東大銀杏並木統一闘争（8千人）　総括をめぐりマル学同内部に亀裂

7月　参院選　革共同議長・黒田寛一候補2万3千票

62年4月　中原素子　早稲田大学入学

61年4月　全学連27中委　戦旗派とプロ通派の革共同全国委員会（マル学同）の合流によってマル学同主導全学連

7.29-30 ブント5回大会混乱→分派闘争→分解

6.16、6.18 安保条約成立、6.23 追悼集会

6.15 全学連国会構内突入　樺美智子虐殺

6.10、ハガチー来日阻止羽田闘争

5.20、5.23、5.26 デモ　5.24、6.4 国労スト

全学連国会デモ 4.26、5.19

三池炭鉱労組 無期限全面スト突入

60年1月　全学連　岸首相渡米阻止羽田闘争

11.17 安保共闘国民会議のデモ隊国会構内突入

59年8月　革共同第2次分裂　革共同全国委員会結成

12月　共産主義者同盟（ブント）結成

6.1 日共党本部で党指導部と全学連幹部の乱闘事件（ブント結成へ）

58年5月　全学連11回大会　全学連主流派（党中央反対派）と反主流派（党中央派）の対立・暴力事件

12月　日本革命的共産主義者同盟（革共同）に改称

7月　太田派離脱「トロツキスト同志会」結成（革共同第1次分裂）

57年1月　日本トロツキスト連盟（トロ連）結成

1945年 日本社会党結成

1919年 日本共産党結成

年月日昇順

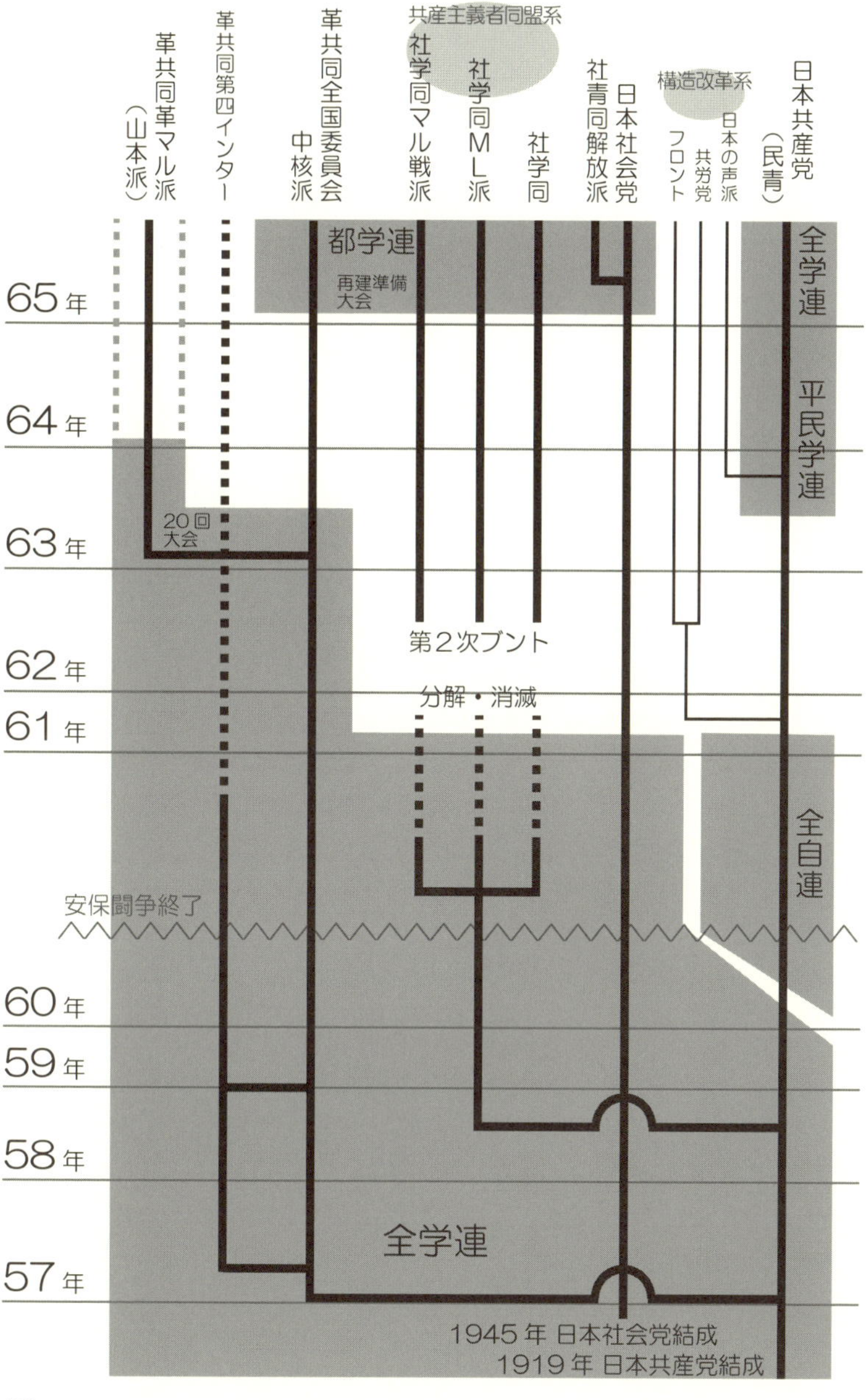
革共同革マル派（山本派）
革共同第四インター
革共同全国委員会中核派
共産主義者同盟系
社学同マル戦派
社学同ML派
社学同
社青同解放派
日本社会党
構造改革系
フロント
共労党
日本の声派
日本共産党（民青）
都学連
再建準備大会
全学連
平民学連
65年
64年
63年
62年
61年
60年
59年
58年
57年
20回大会
第2次ブント
分解・消滅
全自連
安保闘争終了
全学連
1945年 日本社会党結成
1919年 日本共産党結成

あとがき

「こんどの日曜デイトしないか」からはじまり、仲の良い「きょうだい」のように二人の関係は学習を、デモを競い合いつつ、二年余りの間に「求愛する奥浩平」とそれを拒む中原素子との関係に変化していき、奥浩平の自殺という終末をむかえたのでした。

第2部を設け、「奥浩平を読む」と題したのは、現在の様々な視点から『青春の墓標』を読みなおすことで、「青春論」の文学的カテゴリーや「昭和の一コマ」には収まりきれないものがあると感じたからです。奥浩平の問題意識は「若い世代に特有の悩み」をもちろん持っていますが、現在の私たちが根本的に考えなくてはならない問題を、初源的に明らかにしているからです。

あえていうならこの本は「永遠の青春」を呼びかけていて、時空を超えて彼との対話が成り立つ、という期待を持ったからでした。

レッド・アーカイヴズ刊行会は続刊として三巻を予定しています。

レッド・アーカイヴズ02『近過去――奥浩平への手紙』川口 顕
レッド・アーカイヴズ03『奥浩平がいた――私的覚書』斉藤政明
レッド・アーカイヴズ04『地下潜行――高田裕子のバラード』高田 武

奥浩平没後の五〇年間をカバーした三人の著者による長い物語ですが、それぞれ、まっすぐな感性と政治的緊張感にあふれた作品になっています。

02『近過去――奥浩平への手紙』 奥浩平にオルグされて中核派に参加した横浜市大の同級生がその後の闘い（一〇・八羽田、一・一八東大、など）によって五年余の懲役刑に服していく獄中記を中心に、佐世保闘争のディテールなどの回想など、テンポの良い語り口に爽快感すらおぼえます。

03『奥浩平がいた――私的覚書』　奥浩平とともに横浜市大の学生運動を作り上げ、卒業後に革共同九州地方委員会のリーダーとして、一九七〇年代の過程を生き抜いた記録です。著者の無類の記憶力の良さは政治的場面、闘う人々との交流を充分に記録しつくしているので、この時代の「九州政治絵図」として詳細。あくまで「覚書」に徹しているので、弁解や自慢じみた記述がないところがいさぎよい手記となったのでしょう。

04『地下潜行――高田裕子のバラード』　七〇年ころ慶大生の裕子は、ガス弾と汗と血の革命運動に身を投じ、その中で高田武を恋人に選びました。二人は「お嬢さんと貧乏人」と自分たちで言って笑うほど睦まじい関係になりました。武は高校中退、再婚、一回りも年上だったのです。それは運動の中でこそ起こりうる、不思議な出会いだったといってよいでしょう。八六年三月、高田武、全国指名手配「成田、羽田空港へのロケット弾発射」事件容疑。同年十月、高田裕子、岩手県で「非公然武器工場」が公安警察の急襲を受け、現場逮捕。武の容疑は「自衛隊迫撃中隊に所属した経歴あり」だけに頼ったでっち上げでした。

それは破壊活動防止法（略称「破防法」）。旧「治安維持法」を焼き直した現代の悪法）の時代ならではの公安警察の横暴といってよいでしょう。

武は直ちに地下潜行していきます。裕子は裁判ののち「爆取」（爆発物取締罰則）違反という重い刑をうたれ、七年の獄中生活を強制されます。武は一五年間の地下潜行を貫き、権力の追っ手をしりぞけました。しかし、彼らを待っていたはずの中核派組織はなぜか彼らを排斥したのです。闘い抜き、愛し合い、添い遂げた、たぐいまれな二人の物語です。（二〇一二年七月高田裕子病没）

最後に、奥浩平著『青春の墓標』の著作権を、レッド・アーカイヴズ刊行会のために譲渡してくださった奥尚子様、奥修兵様に深く感謝申し上げます。

復刻・再版のために版面の使用をご快諾くださいました文藝春秋ライツ管理部、つかこうへい著『飛龍伝』からの文章使用をお許しくださいました生駒直子様、この件で仲介の労を取ってくださった光文社文庫編集部の皆様のご好意に厚くお礼申し上げます。

レッド・アーカイヴズ刊行会

奥浩平　青春の墓標　　レッド・アーカイヴズ 01

2015年6月26日　初版第1刷発行

編　集――――レッド・アーカイヴズ刊行会
代表　川口　顕
E-mail : redarchives15@gmail.com

装　幀――――中野多恵子

発行人――――松田健二

発行所――――株式会社 社会評論社
東京都文京区本郷 2-3-10
電話：03-3814-3861　Fax：03-3818-2808
http://www.shahyo.com

組　版―――― Luna エディット .LLC

印刷・製本――株式会社　倉敷印刷

Printed in japan